BRUCE DICKINSON
Uma Autobiografia

BRUCE DICKINSON
Uma Autobiografia

TRADUÇÃO DE JAIME BIAGGIO

Copyright © Bruce Dickinson 2017

Publicado em inglês pela HarperCollins Publishers Ltd.

Direitos morais do autor assegurados.

TÍTULO ORIGINAL
What does this button do?

PREPARAÇÃO
Ângelo Lessa
Carolina Rodrigues

REVISÃO TÉCNICA
Leonardo Haberfeld

REVISÃO
Édio Pullig

DIAGRAMAÇÃO
Ilustrarte Design

DESIGN DE CAPA
Claire Ward

ADAPTAÇÃO DE CAPA
Julio Moreira | Equatorium Design

FOTOS DE CAPA
© John McMurtrie (frente); © Ross Halfin (quarta capa
e lombada); © Shutterstock (orelhas)

CIP–BRASIL. CATALOGAÇÃO NA PUBLICAÇÃO
SINDICATO NACIONAL DOS EDITORES DE LIVROS, RJ

D547p

    Dickinson, Bruce, 1958–
    Para que serve esse botão : uma autobiografia / Bruce Dickinson ; [tradução Jaime
Biaggio]. – 1. ed. – Rio de Janeiro : Intrínseca, 2018.
    320 p. ; 23 cm.

    Tradução de: What does this button do?
    Inclui encarte de fotos
    ISBN 978-85-510-0314-5

    1. Dickinson, Bruce, 1958-. 2. Iron Maiden (Conjunto musical). 3. Cantores - Ingla-
terra - História. 4. Músicos de rock - Inglaterra - Biografia. I. Biaggio, Jaime. II. Título.

18-47383

                                   CDD: 927.824166
                                   CDU: 929:78.067.26

[2018]
Todos os direitos desta edição reservados à
EDITORA INTRÍNSECA LTDA.
Rua Marquês de São Vicente, 99, 3º andar
22451-041 Gávea
Rio de Janeiro – RJ
Tel./Fax: (21) 3206-7400
www.intrinseca.com.br

Para Paddy, Austin, Griffin e Kia.
Se a eternidade falhar, vocês ainda estarão lá.

Sumário

Prefácio, 9

Nascido em '58, 11
Vida em Marte, 19
Queria uma escola? Conseguiu, 24
Desabrochar angelical, 29
A vingança do filhinho de papai, 33
Uma jornada inesperada, 41
Tranquem suas filhas, 51
Minivândalo, 56
Na trilha dos cães, 62
Um conto baseado, 68
Uma cruzada heavy metal, 76
Presunto dos deuses, 86
Vizinho da besta, 91
O grande carro, 104
Embarcando no vagão, 115
Nova bateria, 121
Tubos de um órgão, 132
Powerslave, 135
Cortinas de ferro, 140

Neve, couro e bondage, 146
Os meninos do Brasil, 150
Muito a cortar, 154
Você vai acreditar que um baterista pode voar, 158
Isso é holandês para mim, 165
Você não pode estar falando sério, 172
Moonchild, 179
Trucidando filhas, 184
Linhas de falha, 190
Louco por asas, 195
Fora da frigideira, 206
Sob fogo cruzado, 209
Pirata na rádio, 224
Edison e o momento eureca, 229
Troca de cérebros, 236
Primeiros passos no Goose, 242
Voar, desviar, 248
Setembro negro, 253
Por pouco, 257
Bruce arrumadinho, 265
O que poderia dar errado, 268
Bruce Air, 272
Alquimia, 279
Experiência amarga, 283
Enfrentando a tempestade, 294
Foda-se o câncer, 297

Posfácio, 316
Agradecimentos, 317
Créditos das imagens, 318

Prefácio

Fazia duas horas que eu voava em círculos sobre Murmansk, mas os russos não nos deixavam pousar.

— Autorização para pouso negada — diziam com o melhor sotaque de Mr. Chekov, do seriado *Star Trek* original.

Não sabia se aquele controlador era fã de Iron Maiden, mas de qualquer forma ele jamais teria acreditado em mim; um astro do rock fazendo bico como piloto de avião comercial — inacreditável. Independentemente disso, Eddie não estava a bordo e aquele não era o Ed Force One. Era uma expedição de pesca.

Um Boeing 757 da Astraeus Airlines com duzentos assentos vazios e eu como copiloto. Só havia vinte passageiros na rota Gatwick–Murmansk: um monte de caras com segurança pessoal cerrada, todos armados até os dentes. Não que lorde Heseltine precisasse. Sabia manejar um bastão muito bem caso fosse necessário. E havia ainda Max Hastings, ex-editor do *Daily Telegraph*. Estava a bordo, também. Será que o controlador russo havia lido algum de seus editoriais? Acho que não.

— Que tipo de peixe há em Murmansk? — perguntei a um dos caras.

— Peixes especiais — respondeu ele, impassível.

— Peixes grandes? — sugeri.

— Bem grandes — concluiu, saindo da cabine.

Murmansk era o quartel-general da Frota do Norte soviética. Lorde Heseltine era ex-secretário nacional de Defesa, e o que Max Hastings não soubesse a respeito das forças armadas do mundo não valia a pena publicar.

O mundo abaixo de nós era secreto e obscuro, submerso sob um leito algodoado de nuvens baixas. Para negociar, eu Dispunha de um rádio e de um velho celular Nokia. Incrivelmente, ele captava o sinal em meio a cada órbita-padrão de espera, e eu podia mandar mensagens ao setor operacional da companhia, que falava com Moscou por meio da embaixada britânica. Não havia telefone por satélite nem GPS, nem iPad, nem Wi-Fi.

Como diz James Bond a Q no início de *007 — Operação Skyfall*: "Uma arma e um rádio. Não estamos exatamente no Natal, não é?"

Depois de duas horas voando em círculos, física e metaforicamente, as regras do jogo mudaram:

— A não ser que vocês se afastem, vamos abatê-los.

Um dia, pensei enquanto dava meia-volta rumo a Ivalo, na Finlândia, eu devia escrever um livro sobre isso.

Nascido em '58

Os eventos que se fundem para formar uma personalidade interagem das formas mais estranhas e imprevisíveis. Eu era filho único, criado até os cinco anos pelos meus avós. Leva um tempo até que se entenda a dinâmica de uma família, e para mim a ficha demorou a cair. Minha criação, percebi, foi um misto de culpa, amor não correspondido e ciúme, mas tudo revestido por um opressivo senso de dever, de obrigação de fazer o melhor possível. Percebo agora que não havia muito carinho, mas tinha uma razoável atenção a detalhes. Eu poderia ter me saído bem pior, dadas as circunstâncias.

Minha verdadeira mãe se casara jovem, às pressas, com um soldado ligeiramente mais velho. Ele se chamava Bruce. Meu avô materno fora encarregado de supervisionar o namoro, mas não estava à altura da tarefa, mental ou moralmente. Suspeito que simpatizava em segredo com os jovens amantes. Ao contrário da minha avó, cuja filha única estava sendo roubada por aquele rufião que nem sequer era do norte, mas um intruso das planícies e da desolação salpicada por gaivotas da costa de Norfolk. O leste da Inglaterra, seus brejos e charcos — um mundo que, há séculos, é o lar dos não conformistas, dos anarquistas, da vadiagem e de uma vida ganha a duras penas, garras fincadas na terra recuperada.

Minha mãe era *mignon*, trabalhava em uma sapataria e havia ganhado uma bolsa de estudos na Royal Ballet School, mas fora proibida pela mãe de ir a Londres. Ao ter negada a chance de viver seu sonho, se agarrou ao próximo

BRUCE DICKINSON

sonho que apareceu, e eu fui o resultado. Eu costumava contemplar uma foto dela, em que estava na ponta dos pés, provavelmente com uns quatorze anos. Parecia impossível que fosse minha mãe, uma jovem estrela com jeito de fadinha e cheia da alegria mais pura. O retrato no alto da lareira representava tudo o que ela poderia ter sido. Agora, a dança deixara seu corpo e só lhe restava tempo para o dever — e um gim-tônica aqui e ali.

Meus pais eram tão jovens que é impossível dizer o que eu teria feito se estivesse no lugar deles. Sua meta de vida era educação e progresso para além da classe operária, mas trabalhando em mais de um emprego. O único pecado era não se esforçar.

Meu pai era bastante sério em relação a várias questões e se esforçava muito. De uma família de seis, era filho de uma camponesa vendida e submetida a regime de servidão desde os doze anos e de um depravado estivador e motoqueiro local, capitão do time de futebol de Great Yarmouth. As máquinas e o mundo dos mecanismos, dos ajustes, dos projetos e da arte de desenhar eram o grande amor da vida de meu pai. Ele amava carros e dirigi-los, ainda que considerasse que as leis referentes a limites de velocidade, cintos de segurança e dirigir embriagado não se aplicavam a ele. Depois de perder a carteira de motorista, se apresentou como voluntário para o exército. Voluntários ganhavam melhor do que os recrutados, e o exército não parecia muito exigente no que dizia respeito a quem dirigia os jipes.

Carteira de motorista (militar) instantaneamente restituída, os talentos de engenheiro e a mão certeira renderam-lhe um emprego desenhando planos para o fim do mundo. Ao redor de uma mesa em Düsseldorf, marcava cuidadosamente os círculos de extermínio em massa esperados para o previsto apocalipse da Guerra Fria. No restante do tempo, é de se imaginar, bebia uísque para afogar o tédio e a desesperança daquilo tudo. Foi ainda durante o período de alistamento que esse musculoso campeão de natação — borboleta, nada menos — de Norfolk arrebatou minha mãe bailarina desgarrada.

Como rebento indesejado do homem que lhe roubara a única filha, para minha avó Lily eu representava a prole de Satã, enquanto para meu avô Austin eu era o mais próximo que ele chegaria de um filho homem. Nos primeiros cinco anos da minha vida, eles foram *in loco parentis* para mim, na prática. Para uma primeira infância, foi bem decente. Havia longas caminhadas no bosque, tocas de coelho, pôres do sol invernais assombrosos na planície e o brilho difuso da geada sob céus púrpura.

Meus pais de verdade viajavam a trabalho, se apresentando em um clube noturno atrás do outro com seu número de cães amestrados — ou seja, poodles, arcos e malhas justas no corpo. Vá entender.

O número 52 na casa em Manton Crescent era pintado de branco. Era uma casa padrão de tijolos da moradia social, em uma rua de casas geminadas. Manton Colliery era uma mina subterrânea de carvão, onde meu avô trabalhava.

Meu avô era mineiro desde os treze anos. Pequeno demais para ser autorizado a trabalhar, mentiu ardilosa e descaradamente quanto à idade e altura, que, como a minha, não era muita. Para driblar a regra segundo a qual deveria ser alto o bastante para descer até o poço "e sua lanterna pendurada à correia presa no cinto não arrastar no chão", ele simplesmente dava alguns nós na correia. Quase foi para a guerra, mas acabou por não passar do portão do jardim. Integrou o exército territorial como voluntário em meio expediente, mas, como a mineração de carvão era considerada serviço essencial, não precisou lutar.

Assim, lá estava ele de uniforme, a postos, quando seu pelotão partiu para o combate na França. Foi um daqueles momentos *De volta para o futuro*: se aquele portão de jardim tivesse sido aberto e ele tivesse ido para a guerra com seus companheiros, muita coisa não teria acontecido, inclusive eu. Minha avó postou-se, desafiadora, mãos na cintura, à porta de casa. "Se você sair por esse diabo desse portão, quando voltar não estarei aqui", disse ela. Ele ficou. A maior parte do regimento jamais retornou.

Com um avô mineiro, tínhamos moradia garantida e recebíamos carvão de graça, e a arte de fazer fogo a carvão para aquecer a casa me tornou piromaníaco para o resto da vida. Não tínhamos telefone, geladeira, aquecimento central, carro ou banheiro dentro de casa. Usávamos a geladeira dos outros e possuíamos uma pequena despensa, úmida e fria, da qual eu fugia como o diabo da cruz. Para cozinhar, duas chapas elétricas e um forno a carvão, embora eletricidade fosse vista como um luxo a ser evitado a todo custo. Tínhamos um aspirador de pó e meu utensílio favorito, uma calandra — dois cilindros que torciam a água da roupa lavada. Uma alavanca enorme fazia girar o maquinário, e lençóis, camisas e calças eram despejados em um balde depois de espremidos pelos cilindros.

Para mim, havia uma banheira portátil de plástico, pois meu avô usava os lavatórios da mina e já ia de banho tomado para casa. Às vezes, voltava do pub, fedendo a cerveja e cebola, e se aconchegava na cama junto a mim, roncando alto. À luz da lua que cortava as diáfanas cortinas, dava para ver as cicatrizes azuis que lhe adornavam as costas: suvenires de uma vida debaixo da terra.

BRUCE DICKINSON

Tínhamos um paiol onde martelávamos pedaços de madeira. Para quê, não faço ideia, mas para mim servia de esconderijo. Virava uma nave espacial, um castelo ou um submarino. Dois velhos dormentes de ferrovia no nosso pequeno quintal me serviam de barco a vela, e eu pescava constantemente na borda, capturando tubarões que viviam nas fraturas do concreto. Havia um canteiro e alguns crisântemos de vida breve que se esvaíram em fumaça certa noite de fogueira, depois que um rojão se desgarrou.

Não tínhamos animais de estimação, a não ser um peixinho dourado chamado Peter que viveu por um tempo estranhamente longo.

Mas algo que possuíamos de fato era... uma televisão. A presença desta TV redirecionou o foco de toda a minha tenra infância. Pela lente de sua tela — sete ou oito polegadas, em preto e branco granulado — um vasto mundo me chegava. Era à válvula, levava vários minutos para esquentar e, ao ser desligada, a luz se esvaía lentamente de forma singular, o que era por si só algo digno de se ver. Recebíamos visitantes que vinham observá-la, acariciá-la, sem nem sequer assistir a nada, tal era sua mística. No painel frontal, botões e mostradores misteriosos eram girados como segredos de cofre e através deles era possível selecionar os dois únicos canais disponíveis.

O mundo exterior, ou seja, qualquer lugar fora de Worksop, era acessado basicamente por meio de fofocas — ou pelo *Daily Mirror*. O jornal era usado para acender o fogo, e eu em geral lia as notícias com dois dias de atraso, pouco antes de serem consignadas ao inferno. Quando Yuri Gagarin tornou-se o primeiro homem a ir ao espaço, lembro-me de olhar para a foto e pensar: *A gente vai queimar isso?* Dobrei a página e guardei-a.

Se fofoca ou jornal velho não dessem conta, talvez fosse preciso um telefonema para o mundo exterior. A grande cabine telefônica vermelha servia de centro de distribuição de tosse, resfriados, gripe, peste bubônica, "a doença que imaginar você pega", para toda a vizinhança. Sempre havia fila nas horas de pico e uma combinação infernal de botões a apertar e discos a girar para se fazer uma ligação, sendo necessários baldes de moedinhas para conversas longas.

Parecia uma versão bastante inconveniente do Twitter, com palavras contadas em função do custo e dos olhares vingativos das outras vinte pessoas à espera na fila para inalar a essência de fumaça e saliva do bocal e pressionar junto à cabeça o fone de resina sintética suado e oleoso do cabelo alheio.

Havia certos códigos de conduta e procedimentos a se obedecer em Worksop, ainda que a etiqueta de suas ruas fosse bem relaxada. Havia pouco

NASCIDO EM '58

crime e quase nenhum tráfego. Meu avô e minha avó andavam para todo lado ou pegavam o ônibus. Caminhar cinco ou quinze quilômetros atravessando campos para trabalhar era simplesmente algo que haviam sido criados para fazer, e então eu fazia também.

Toda a vizinhança vivia em estado permanente de atenção aos turnos de trabalho. Cortinas fechadas durante o dia no andar de cima significavam "Passe na ponta dos pés — mineiro dormindo". Cortinas fechadas na frente da casa: "Passe rápido — cadáver depositado na sala para inspeção." Essa prática macabra era bastante popular, ou assim dizia a minha avó. Eu me sentava na nossa sala — permanentemente congelante, mortalmente silenciosa, adornada com medalhas de arreio e candelabros que demandavam polimento constante — e imaginava onde o corpo poderia jazer.

À noite, a atmosfera mudava e nossa casa virava uma tirinha viva de Gary Larson. Cadeiras dobráveis de madeira transformavam o local em um salão de cabeleireiro instantâneo onde o azul era cor única e não havia outro penteado que não o bolo de noiva. Mulheres com joelhos enormes e toucas de plástico na cabeça evaporavam lentamente embaixo de lâmpadas incandescentes enquanto minha avó lhes fritava a cabeça, fazia bobs e produzia aquele cheiro horrível de cabelo molhado e xampu industrial.

Minha válvula de escape era meu tio John. No que se refere a qual botão apertar a seguir, ele foi uma referência das mais importantes.

Para início de conversa, ele não era meu tio. Era meu padrinho — melhor amigo do meu avô —, integrava a RAF, Força Aérea Real, e havia lutado na guerra. Rapaz brilhante de classe operária, fora sugado por uma RAF em expansão, que necessitava de ampla gama de habilidades tecnológicas em falta, como um dos aprendizes do marechal Trenchard. Engenheiro elétrico durante o Cerco de Malta, o 1º Sargento John Booker sobreviveu a alguns dos bombardeios mais enervantes da guerra em uma ilha que Hitler estava determinado a esmagar a qualquer custo.

Fiquei com suas medalhas e uma cópia de sua Bíblia, com versículos devidamente assinalados para servir de alento em uma época em que as perspectivas deviam ser inimaginavelmente sombrias. E há fotos; em uma delas, ele aparece em pleno aparato de voo, a ponto de esgueirar-se em uma operação aérea noturna que, como membro da equipe de solo, era absolutamente desnecessária para ele — feita só porque lhe deu vontade.

Sentado no seu joelho, ele me regalava com suas histórias de aviação enquanto eu tocava sua medalha prateada do curso de pilotagem de Spitfires e

15

BRUCE DICKINSON

o aeromodelo de latão de um Liberator quadrimotor, com hélice de acrílico feita a partir de peças derretidas de um Spitfire abatido e um pedaço de feltro verde aplicado à base de madeira, cuja origem era uma mesa de sinuca despedaçada em um clube noturno bombardeado em Malta. Ele falava de dirigíveis, da história da engenharia na Grã-Bretanha, de motores de avião, bombardeiros Vulcan, batalhas navais e pilotos de testes. Inspirado, eu perdia horas, como tantos meninos da minha geração, brincando com transfers — depois passei a usar decalques, que pareciam muito mais inteligentes. É um milagre que meus pilotos de plástico tenham sobrevivido a qualquer combate, levando-se em conta que seus corpos viviam inteiramente cobertos por cola, e seus canopis, por marcas de dedos. Surpreendentemente, a loja de aeromodelos em Worksop, a partir da qual ergui minha força aérea de plástico, ainda estava lá da última vez que cheguei, por ocasião do funeral da minha avó.

Como tio John era um sujeito de inclinação técnica, fizera o próprio lago artificial do tamanho do reservatório de Möhne, cheio de peixinhos vermelhos e devidamente cercado por arame de galinheiro, e dirigia um esplêndido Ford Consul que, claro, era imaculado. Aquele carro me conduziu ao meu primeiro espetáculo de aviação, no início dos anos 1960, época em que precauções de saúde e segurança eram frescura e o termo "redução de ruído" nem sequer era de uso corrente.

Jatos como o Vulcan, com suas gigantescas asas em delta, faziam o chão tremer e chacoalhavam telhados ao executar manobras verticais em espiral, enquanto o English Electric Lightning, basicamente um rojão supersônico com um homem empoleirado em cima, chispava de cabeça para baixo, a cauda quase tocando a pista de pouso. Era impressionante.

Tio John me apresentou ao universo das máquinas e dos mecanismos, mas eu me sentia igualmente atraído pelas locomotivas a vapor que ainda operavam na estação de Worksop. A passarela e a própria estação continuam praticamente como eram na minha infância. Juro que o mesmo madeiramento que pisei quando garoto ainda existe. As nuvens de fumaça, vapor e cinzas que me encobriam se misturavam ao bafo de alcatrão do betume para irritar minhas narinas. Faz pouco tempo caminhei até a estação, ida e volta. O caminho me pareceu longo para cacete, mas na infância aquilo não era nada. O cheiro continua no ar.

Eu teria facilmente escolhido ser maquinista, ou então piloto de caças... e, se ficasse entediado, astronauta era sempre uma possibilidade, ao menos nos meus sonhos. Na infância, nada se perde.

16

Em algum momento a diversão precisa acabar, e assim fui para o colégio. A Manton Primary era a escola local para filhos de mineiros. Antes de ser fechada, chegou a se tornar notória junto aos leitores do *Daily Mail* como a escola em que meninos de cinco anos batiam nos professores. Bem, não me lembro de ter batido em nenhum professor, mas fui agraciado com asas e também com lições de boxe depois de uma confusão relacionada a quem faria o papel do Anjo na peça de Natal. Estava doido por aquelas asas, mas acabei tomando uma boa sova na briga que se estendeu para fora dos portões da escola. O resultado não teve nada de satisfatório. Quando voltei para casa, todo desgrenhado e com a roupa rasgada, meu avô fez com que me sentasse e abrisse as mãos, que eram macias e rechonchudas. Já as dele eram ásperas como lixas, com nacos de pele calejada agarrados feito fiapos de coco às linhas profundas que se desvelavam quando ele abria as palmas. Ainda me lembro do brilho nos seus olhos.

— Agora feche o punho, rapaz — disse ele.

Obedeci.

— Desse jeito não. Vai quebrar o polegar. Assim.

E me mostrou como fazer.

— Assim? — perguntei.

— Isso. Agora soque minha mão.

Não foi exatamente um *Karatê Kid* — nada de ficar de pé em uma perna só na beirada de um barco, nenhum momento hollywoodiano do tipo "encerar para dentro, encerar para fora". Mas após mais ou menos uma semana ele me chamou em um canto e, muito gentilmente, mas com uma determinação pétrea na voz, disse: "Agora vá lá catar o garoto que lhe bateu. E dê um jeito nele."

Obedeci.

Acho que nem vinte minutos se passaram até eu ser puxado pelo professor e arrastado à força e com veemência até em casa. Minhas lições de boxe haviam sido efetivas demais, e meu juízo, aos quatro ou cinco anos, sem muito discernimento.

As batidas na caixa de correio evocaram à porta um avô impassível: chinelos, camiseta regata e calças largas. Não me lembro do que o professor falou. Só lembro que meu avô disse: "Vou dar um jeito nisso."

E assim fui liberado.

O que tomei não foi nem uma surra nem uma bronca, mas reprovação silenciosa e uma preleção sobre moralidade em brigas de rua e regras do jogo, que basicamente se resumiam a não intimidar pessoas, saber se defender e

BRUCE DICKINSON

nunca bater em mulher. Gentil, piedoso e meticulosamente decente, nunca deixava de proteger o que importava para ele.

Nada mal para 1962.

Em meio a tudo isso, meus pais de verdade, Sonia e Bruce, haviam retornado do circuito de espetáculos de cães amestrados e viviam em Sheffield. Visitavam-nos aos domingos, na hora do almoço. O rádio de baquelite marrom e creme que vivia ligado nessas ocasiões está até hoje comigo. Sempre tratavam de assuntos um tanto tensos, que me deixaram com uma aversão eterna a refeições à mesa, além de gim-tônica e batom. Eu empurrava a comida pelo prato e ouvia um sermão para comer a couve-de-bruxelas e ficar atento aos riscos de não se comer quando o alimento é racionado, o que, óbvio, não era mais o caso, mas essa realidade ninguém conseguia compreender. Esta mesma ressaca do pós-guerra nos limitava a 7,5 centímetros de água para banho, gerava ansiedade quanto ao uso de eletricidade e medo mórbido do torpor psicológico causado por falar demais ao telefone.

As conversas eram salpicadas por desastres locais. Não sei quem teve um derrame... a tia sei lá qual caiu da escada... a gravidez na adolescência come solta... um coitado havia afundado os pés na crosta de uma das muitas pilhas de refugo ao redor do poço que estava repleta de brasas incandescentes por baixo, e as queimaduras foram horríveis.

Logo após um almoço de domingo específico, em que comi a couve-de-bruxelas e o frango que antes ciscava pelo quintal, chegou a hora de seguir em frente na vida e me mudar para a casa dos meus pais. Com o tio John eu sempre me sentava no banco da frente, mas agora fora acomodado no de trás, observando pelo vidro traseiro enquanto os primeiros cinco anos da minha vida sumiam à distância — e depois virando à esquina.

Finalmente voltei-me para a frente, para o futuro incerto. Eu sabia lutar um pouco, havia capturado vários insetos nojentos, comandado minha própria força aérea e estava bem perto de desafiar a gravidade. Viver com os pais — seria tão difícil assim?

Vida em Marte

Jamais fumei tabaco, a não ser pelo estranho período entre meus dezenove e 21 anos, do qual trataremos mais tarde. Digo isso porque, na prática, provavelmente fumava um maço por dia só por estar perto dos meus pais. Deus do céu, que chaminés. Aos dezesseis anos, tentaram me alistar na sociedade da erva maldita, mas meu grande ato de rebelião foi fugir de suas garras amareladas.

Bebida era algo frequente, e frequentemente irresponsável. Meu pai era contra cintos de segurança com base no argumento de que você pode ser estrangulado por eles, e perdi a conta de quantas vezes ele dirigiu de volta para casa bêbado de cair.

Na infância, nada se perde, a não ser, às vezes, os pais.

Assim, hoje em dia não recomendo que se beba absolutamente nada alcoólico quando for dirigir, mesmo que seja um único drinque. É claro, a indestrutibilidade e a juventude demonstram que sou culpado por hipocrisia no mais alto grau, mas felizmente cresci um pouco antes que me matasse ou, pior, matasse outra pessoa inocente.

Mas acabamos acelerando um pouco demais na nossa máquina do tempo. O botão a se apertar no gravador de fita cassete nem sequer existia quando entrei na minha nova escola, em uma área supostamente barra pesada de Sheffield, Manor Top.

Na verdade, pareceu-me ok. Aprendi a expelir purê de batatas, peixe e ervilhas (afinal de contas, era sexta-feira) por entre os lábios contraídos, for-

BRUCE DICKINSON

mando uma cortina com a qual era possível competir com os colegas de mesa para ver quem a sustentava por mais tempo antes que caísse tudo da boca.

Imagino que Gary Larson tenha frequentado esta mesma escola, pois os óculos medonhos de armação grossa da equipe feminina deixavam todas elas com aquela cara de guardas de campo de concentração tão típica dos filmes sexualmente apelativos dos anos 1970. Ainda melhores eram os tipos à la Hannibal Lecter encarregados dos castigos físicos. Abusos ao purê de batatas e às ervilhas eram dignos de surras, e uma vara de marmelo descia com força em nossas mãos estendidas. Para ser bem honesto, não lembro se doía tanto. Só me parecia algo bizarro, testemunhado e solenemente registrado na ficha de castigos. A impressão era a de que eu deveria estar usando pijama listrado na Ilha do Diabo.

Não fiquei por muito tempo naquela escola porque nos mudamos. Trocar de casa viria a se tornar uma característica eterna na minha vida, mas o capital da minha família era se mudar, principalmente para ganhar dinheiro. Minha nova residência era um porão que eu dividia com minha nova irmã, Helena, já então um ser consciente capaz de proferir palavras.

Havia uma janela do tamanho de um iPad que dava para uma sarjeta cheia de folhas secas. Tinha uma geladeira com um adorável curto-circuito. Eu me prendia a ela com um pano úmido para ver quanto de carga elétrica conseguia aguentar até meus dentes começarem a bater. Acima dos degraus de pedra ficava o resto da humanidade. E nossa... que humanidade. Eu vivia em um hotel. Um albergue. Meus pais o administravam. Meu pai tinha comprado. Vendia carros de segunda mão na entrada.

De forma dramática, a casa ao lado foi vendida. De repente, o império contra-atacou e ergueu uma extensão que ligava as duas propriedades. Papai desenrolou a planta, que ele mesmo havia desenhado e projetado. Achei um pedaço de papel de parede e tentei projetar uma espaçonave com sistemas de suporte à vida para ir embora para Marte.

Operários surgiram e pareciam trabalhar para ele. Quanto a mim, ganhei um emprego oportuno, ainda que mal remunerado. Não erguia casas, mas era divertido à beça derrubá-las. Demolir banheiros era minha especialidade. Mais tarde, quando fui para a universidade, nunca consegui levar muito a sério conclamações a "derrubar o sistema"; eu sabia mais sobre derrubar cisternas do que eles jamais saberiam. Era tudo muito impressionante.

VIDA EM MARTE

Em seguida, o hotel, o Lindrick, ganhou um bar projetado por papai. Até onde sei, o Lindrick jamais fechava nos fins de semana, sobretudo se papai estivesse no comando do bar. Na segunda-feira, eu escutava as histórias de Lily.

"Nossa, aquele Fulano deu uma cabeçada no sr. Rigby... e então aquele outro camarada foi dançar em cima da mesa e caiu. Nossa, quebrou a mesa ao meio, sabe? Era madeira de teca. Acho que foi a cabeça dele que fez o estrago..."

Os caixeiros-viajantes eram muito promíscuos, e algumas pessoas que ficavam ali eram simplesmente estranhas. Um indivíduo sinistro hospedou-se por duas semanas e me entregou um cartão, sussurrando: "Oi. Eu faço karma yoga." Saía então às sete da noite e vagava pelas ruas até a madrugada. E não, não levava cachorro algum para passear.

Outras pessoas chegaram, algumas nunca foram embora. Outras tantas caíram duras na cama. Se tivesse sido uma morte horrível, a vovó Lily se encarregava de informar a todos. "Ela foi queimada até a morte dentro do carro..."

Certa noite, dois cavalheiros surpreenderam um ao outro no escuro, ambos achando que estavam bolinando uma hóspede mulher. Deu trabalho explicar tudo na manhã seguinte. Era como viver em permanente estado de farsa.

O hotel vivia ganhando mais partes, e mais gente da família se mudava para Sheffield. Meus avós paternos, Ethel e Morris, venderam a pensão deles à beira-mar e se mudaram para o fim da rua. Vovô Dickinson era a cara do ator velhaco Wilfrid Hyde-White, só que com sotaque carregado de Norfolk. Um cigarro de palha atrás de uma orelha, um lápis atrás da outra e o jornal de turfe na mão, dedicava-se ao que hoje se chamaria de "repaginar" prédios. Na prática, isso queria dizer derrubá-los, só que usando as pedras de revestimento para erguê-los de novo em outro lugar.

Vovó Dickinson era uma mulher formidável. Tinha 1,83 metro de altura, cabelo preto revolto e encaracolado e um olhar capaz de derrubar uma árvore a vinte passos de distância. Vivera como servente após ser comprada em um vagão de trem onde morava com mais dezoito moças. Era boa na corrida e poderia ter sido atleta, mas não tinha dinheiro para comprar sapatos: duzentos metros descalça não dariam nem para a saída contra competidoras de sapatilhas de corrida. Ela morreria sem jamais se esquecer daquela humilhação.

Enquanto Ethel assava bolos, Morris saía do banheiro com um cigarro de palha pela metade e apostas cravadas nos cavalos. "Aqui, menino… Não deixa ninguém ver", dizia e me entregava meia coroa, a moeda caindo de sua mão calejada pelos anos assentando tijolos e manejando espátulas.

BRUCE DICKINSON

Em uma reunião de família em que bebeu a tarde inteira no bar do nosso hotel, tio Rod (que era de fato meu tio, ou seja, irmão do meu pai) me fez vários favores, um deles foi me persuadir a jamais fazer uma tatuagem. Carismático, para dizer o mínimo, Rod francamente se parecia um pouco com um daqueles gângsteres malandros que imaginamos ver cercados por mulheres disponíveis. Naquele momento, contudo, eu estava sentado no seu joelho, aos dez anos, enquanto ele me explicava o sistema de censura britânico. "Veja, há filmes com classificação X e, basicamente, uns são X por causa de sexo e outros são X por causa de terror..."

O que quer que tenha dito depois ficou em segundo plano enquanto eu olhava para as cicatrizes nas costas de suas mãos. Na juventude, tio Rod tinha o hábito de sumir com os carros de terceiros. Apesar de todos os esforços da família, era tão prolífico que foi mandado para uma terrível instituição para menores infratores conhecida como Borstal. Autotatuar-se com pó de tijolo e tinta era moda em Borstal, e marcava alguém para sempre como produto daquela instituição. Tio Rod havia gastado uma quantia considerável naquele tempo para remover as tatuagens. Foi uma versão primitiva de um enxerto de pele, e hoje serviria de efeito especial para um filme de terror de baixo orçamento. E eu só pensei: *Acho que prefiro continuar como estou. Isso aí não parece nada divertido.*

Tio Rod então passou a falar de filmes de guerra. Eu os havia visto aos montes com vovô Austin: *Inferno nos Céus*, *Labaredas do Inferno*, *A Batalha da Grã-Bretanha*, *A Carga da Brigada Ligeira*.

— E *Estação Polar Zebra*? — perguntei, animado.

— Esse eu não vi — respondeu, e voltou-se para sua cerveja.

Estação Polar Zebra foi o filme que me apresentou à minha primeira banda de rock. Sim, com um caminhão, guitarras e shows agendados. O nome era The Casuals. Eles haviam feito sucesso com uma música chamada "Jesamine" e naquela época tocavam em clubes como banda fixa mais ou menos semanalmente. Estavam hospedados no hotel e, durante o dia — que, para eles, criaturas da noite, só começava ao meio-dia —, emergiam com seus olhos vermelhos e cabelos compridos, de botas de cano longo e calças brancas, para um café da manhã tardio de chá e torradas, oferecido por Lily, que ficava toda falante.

Devo ter parecido imaturo com minhas perguntas sobre foguetes e submarinos, e foi provavelmente para adequar o nível da conversa que o guitarrista foi buscar seu instrumento. Ele explicou com detalhes como funcionava, e

VIDA EM MARTE

eu fiquei apenas olhando os círculos de aço sob as cordas, tentando imaginar como o som saía, produzido por fragmentos tão mínimos com cordas vibrantes de som tão metálico.

Como tantas bandas, eles ficavam absurdamente entediados de dia e decidiram ir ao cinema. *Estação Polar Zebra* estava em cartaz no Sheffield Gaumont. Saco de pipoca na mão, dez anos de idade, sentado no cinema com uma banda de rock, assistindo a um filme de guerra sobre submarinos nucleares e foguetes: *Isto que é vida*, pensei.

Papai expandiu seu império e comprou um posto de gasolina falido. O espaço era enorme, uma velha garagem de bondes com quatro bombas de gasolina ancestrais, sem cobertura e com oficinas impregnadas de manchas de óleo e 1,5 centímetro de sujeira grudada em tijolos com cinquenta anos de existência. O comércio de automotores começava a dominar nossas vidas. Eu enchia tanques quando não estava caindo de andaimes (repaginando prédios), polia carros e limpava rodas com palha de aço até que meus dedos ficassem azuis no inverno. Limpava para-brisas, calibrava pneus e observava os carros entrando e saindo, à medida que os negócios melhoravam.

Papai era uma enciclopédia de autopeças. Era um engenheiro inato e ia direto à raiz do problema. Seu diagnóstico dificilmente estava errado. Era capaz de discorrer sobre a origem do sistema de escapamento do Fiat-qualquer-que-fosse e o porquê de ser superior à geringonça da Ford, mas de qualquer forma um gênio húngaro desconhecido havia projetado ambos. Essas coisas. Se lhe dessem corda, levava horas naquilo.

Vendemos o hotel quando ele abriu uma concessionária da Lancia, que foi muito bem até eles produzirem um carro que enferrujava mais rápido do que você conseguia dirigi-lo. Imagino que tenhamos ganhado dinheiro nas negociações da casa porque havia um boom imobiliário, e uma casa ainda era um objetivo factível para uma família operária. Em determinado momento, cometemos o erro de vender antes de termos outro lugar para morar. Deve ter sido um negócio e tanto.

No fim das contas, nos mudamos de volta para uma casa geminada a menos de cem metros do hotel que havíamos desocupado cerca de um ano antes. Algumas pessoas são viciadas em crack. Nós éramos viciados em mudanças.

Queria uma escola? Conseguiu

No meio disso tudo, fui redirecionado para um ambiente mais produtivo. Estava sendo sorrateiramente afastado da influência maligna do purê de batatas, do cuspe e de ser arrastado à força pelos locais.

Estava a caminho de um colégio particular: a escola preparatória Birkdale, *alma mater* de, entre outros, Michael Palin, célebre pelo Monty Python. Foi das instituições de ensino mais estranhas e excêntricas com que já me deparei e, no fim das contas, até que gostei bastante. Digo no fim das contas porque no início o bullying foi razoavelmente intenso. Uso este termo, "razoavelmente intenso", apenas para efeito de comparação com o que viria mais tarde, no colégio interno.

O bullying acontece porque pessoas fracas precisam sustentar o ego surrando ou humilhando outros. É claro que um recém-chegado, ou alguém diferente, vira um alvo primordial. Eu cumpria todos os requisitos. O pior era a hora do recreio, quando eu era prensado contra as latas de lixo enquanto doze garotos me batiam sob o olhar de uma professora que, imagino, devia se sentir o máximo por não intervir. Na lembrança dos meus avós eu me recusava a me submeter. Minhas chances eram ridículas, mas eu revidava mesmo assim. Não desistiria.

Depois de mais ou menos um ano, a coisa acalmou. E passado mais um ano, era como se nada tivesse acontecido e minha singularidade tivesse sido assimilada pela mente do grupo — ou ao menos eles assim pensavam.

QUERIA UMA ESCOLA? CONSEGUIU

Refugiei-me nos livros, na biblioteca, nas aulas de escrita criativa e teatro. As asas angelicais de outrora voltaram a me assombrar, e meu nome foi citado pela primeira vez em uma resenha de uma peça da escola em nada menos que o *Sheffield Star.*

"Toupeira, de cara suja, interpretado por Paul Dickinson." (Bruce, claro, é meu nome do meio, mas vocês já sabiam disso.)

Fiquei meio desapontado por não terem mencionado que consegui fazer a plateia rir com gosto. As lições iniciais de *timing* cômico que a montagem escolar de *O Vento nos Salgueiros* me conferiu também incluíram derrubar a espada de madeira durante uma pausa dramática, fazendo os mais próximos ao palco perderem a compostura de tanto rir e proferir da maneira correta a fala "Texugo, digo-lhe que este frango está uma delícia" enquanto comia o que era obviamente um tartelete de limão.

Outras montagens se seguiram e eu estava fascinado pelo palco, embora a verdade fosse que atores pareciam levar aquilo muito a sério.

As aulas seguiram normalmente. Em outras palavras, não me lembro de nada, a não ser que carneiros da raça merino tinham lã espetacular e de um resumo esplêndido de Tolkien da parte de meu professor de história, o sr. Quiney: "Um diacho de um banquete atrás do outro, uma caminhada aborrecida sem fim, uma batalha e algumas canções bobocas." Li *O hobbit* e *O senhor dos anéis* quando tinha doze anos. Divertido, mas ele não deixava de ter razão.

Para quem desejasse aprender francês, lá estava o sr. White. Mas ele só se interessava por seu enorme trem de brinquedo, que ocupava metade do último andar. As aulas de francês consistiam em ver o modelo do Flying Scotsman chispar pelos trilhos por vinte minutos.

As turmas eram separadas em A, B, C e D, dos alunos mais brilhantes aos que tinham muitas dificuldades ou não se interessavam muito. Eu zanzava de uma turma para outra. Nunca estava muito interessado, mas era subornado para me sair bem com a promessa de ganhar uma bicicleta com guidão de corrida caso minhas notas aumentassem.

Quando já estava para sair de lá, fui parar em uma turma que só tinha oito alunos, e não tínhamos aulas propriamente ditas. Sentávamo-nos, conversávamos, discutíamos, debatíamos, escrevíamos porque queríamos e pregávamos peças que se propunham a ser interessantes, não somente cruéis. Os professores vinham e conversávamos como iguais. Foi extraordinário. As ideias pulavam no meu cérebro, como pipoca na panela. Encantador.

25

BRUCE DICKINSON

Claro, havia uma razão para aquilo. O objetivo de todo aquele processo era uma bateria razoavelmente difícil de provas que duravam uma semana e nos dariam acesso aos competitivos colégios internos, dos doze ou treze até os dezoito anos.

Coisa de gente grande.

A escola, contudo, não era o único lugar onde me educar. Aprendi a andar de bicicleta e saía desembestado pela vizinhança. Tinha um estojo de química, que se recusava a produzir qualquer coisa minimamente divertida, e meu pai me ensinou a jogar xadrez. Jogávamos com frequência, até que um dia ganhei dele e então paramos.

Nas férias em Great Yarmouth, eu passava o tempo cercado por baldes de zinco cheios de moedas. A expressão "baldes de dinheiro" era simplesmente um ensaio para o fliperama à beira-mar, que pertencia aos pais de meu primo Russell.

Cada ida a Great Yarmouth terminava no apartamento acima do fliperama, mobiliado por questionáveis mesas de centro sustentadas por estátuas de escravos núbios e um carpete que mais parecia um mar branco e peludo de tentáculos sintéticos capazes de nos comer se não gostassem dos nossos sapatos. Jogava-se conversa fora e eu então ganhava de presente as sobras dos meus primos: cardigãs horrorosos com frente de camurça e outras monstruosidades projetadas para fazer um menino de dez anos parecer ter uns cinquenta.

A capacidade de se manter à tona era um traço da família. Para aprender a não se afogar, meu pai havia sido simplesmente jogado no rio em Norfolk. Aprendi a nadar sob a supervisão dele, mas com um tratamento menos abusivo. Em algum lugar, no fundo de uma valise mofada, está o certificado do Heeley Baths, em Sheffield, atestando que eu, naquele dia, nadei dez metros no estilo correto. Depois de ingerir cloro suficiente para cegar um batalhão da Primeira Guerra Mundial, desviei meus olhos vermelhos do sol, aliviado por aquela provação ter acabado. Meu pai nadava feito um peixe. Garoto, nadava quase cinco quilômetros no mar. Já eu sempre vi a natação como algo verdadeiramente arriscado. Não passa de afogamento preventivo. Minha natureza é afundar. "Relaxa", dizem aqueles que flutuavam, mas meus pés lastimavelmente se deixam levar pela gravidade e o resto vai atrás.

Antes de nos aventurarmos pelos portais sagrados de uma escola particular inglesa, há mais algumas peças do quebra-cabeças a jogar à mesa.

QUERIA UMA ESCOLA? CONSEGUIU

Eu era relativamente solitário. Não me interessava por esportes. Passava longas tardes de fins de semana na biblioteca pública, folheando livros e sonhando acordado. Havia descoberto os jogos de estratégia militar e ocupava minhas noites pesquisando sobre a precisão do mosquete Brown Bess e as táticas do esquadrão de infantaria e pintando meus escoceses das Terras Altas de metal patente, que logo soltaria em cima de um desprevenido Napoleão.

Meu tio Stewart, professor, havia sido campeão local de tênis de mesa, por isso no Natal ganhamos uma mesa de pingue-pongue bem bacana. Papai e seus irmãos rebateram a bola loucamente, discutiram sobre quem havia ganhado e depois foram para o pub. Eu logo me organizei para que, no dia seguinte, a Batalha de Waterloo fosse travada de novo ali na mesa. Era verde e plana — perfeita. Foi uma das muitas pequenas coisas que levaram meu pai a me considerar meio estranho, como se subverter uma mesa de pingue-pongue fosse coisa de frouxo.

À medida que se aproximava o dia em que sairia de casa para fixar residência pelos próximos quatro anos na Oundle School em Northamptonshire, desenvolvi uma bela quantidade de espinhas. Não era bom, mas, como não havia sinal de garotas no horizonte, nada demais. O que as fazia explodir em feridas supuradas era a aplicação de óleo de motor, borracha queimada e unhas com crostas de sujeira. Antes de quase sair de casa, fui apresentado às corridas automobilísticas.

O pai de Tim, um amigo de colégio, e seu irmão mais velho, Nick, era um grande entusiasta. Ele dirigia um Cadillac enorme e possuía um trailer gigantesco, lar de um comboio de carros de corrida em miniatura para os filhos. Até onde eu sabia, ele era dono de uma boate e bebia muito barley wine.

Os karts eram de cem cilindradas, com válvulas rotativas, e muito rápidos. Eu nunca havia sequer tocado em um volante antes, mas me sentei ao banco, saí aos trancos e barrancos e segui em disparada rumo à primeira curva, ao final da longa reta de Lindholme, a antiga base da RAF.

Virei o volante, rodei 360 graus e o motor morreu. Isso se repetiu em todas as curvas do circuito antes de eu retornar ao trailer, acompanhado por dois irmãos muito suados, botando os bofes para fora depois de terem me seguido pelo circuito todo para fazer o motor voltar a pegar meia dúzia de vezes.

Debatemos o assunto. Eu claramente precisava me informar melhor sobre aquilo.

27

BRUCE DICKINSON

No final do dia, eu já achava que estava voando: pisando fundo nas retas, freando fundo o mais em cima da hora possível, adrenalina pulsando nas mãos e no coração. A verdade é que eu provavelmente mal consegui completar a volta sem rodar, mas dane-se: maquinista, piloto de aviões, astronauta e agora já podiam acrescentar piloto de carros de corrida à lista.

Desabrochar angelical

Antes de entrarmos no assunto do colégio interno, com tudo o que isso significa, posso dar uma palavra sobre religião? Algo que vivi, que experimentei e experimentaram comigo aos meus quatro anos, cedo demais. O resultado, porém, foi totalmente inesperado, e, se Deus escreve por linhas tortas, eis aqui uma prova.

Não me lembro do meu batismo, mas aparentemente consegui de alguma forma ingerir uma grande quantidade de água benta. Podia ter me afogado na pia batismal. Não estou certo de que engolir o líquido especial do Senhor tenha feito surgir qualquer tipo de aura, mas pode ter influenciado meu interesse precoce em asas de anjos.

Na pré-escola, havia o festival da colheita, de praxe, e algumas canções maçantes de Natal, mas foi só ao chegar a Birkdale que fui exposto à religião evangélica, opressiva, em guerra contra Satã em todas as frentes.

Havia um conluio de professores zelosos que, por acaso ou não, eram os mesmos que comandavam as viagens escolares, incluindo uma ao Forte William, na Escócia. Dez dias de acampamento fazendo robustas atividades semi-militares, escalando montanhas, cruzando rios, pulando de uma árvore para outra (alguém se lembrou de "The Lumberjack Song", do Monty Python?) e sofrendo lavagem cerebral religiosa. Como um *reality show* de sobrevivência, mas sem chance de fugir.

Havia orações e sermões, e toda noite realizávamos uma reunião de grupo na qual meninos de dez anos eram encorajados a ficar de pé e identificar

BRUCE DICKINSON

pecados, seus rompantes recompensados com elogios desbragados, abraços e aplausos. Fiquei de pé e vi uma mosca na parede, claramente serva de Satã, pois estava me distraindo da lenga-lenga despejada pelos messias de meio expediente e professores em tempo integral.

Sem noção alguma de ironia aos dez anos, fui acolhido no rebanho e informado de que estava então evangelizado. Meu propósito na vida era sair convertendo pessoas à palavra de Cristo.

Bem, sujeito dado a uma missão que sou, rumei para a cidade e tentei converter algumas garotas das Terras Altas distribuindo panfletos e convites para uma divertida noite evangélica de hinos no acampamento acompanhado por palmas com direito a violão mal tocado e suéteres Aran.

"Cai fora, imbecil", foi a resposta veemente.

Na minha casa, em Sheffield, fui inscrito na União Cristã. Devia usar um pequeno broche e era estimulado a ler *Cartas do inferno* e outros tratados bem menos inventivos, alguns sobre temas como masturbação e casamento. Confuso, eu pensava, *Um tem a ver com o outro?*

Meus pais ficaram um tanto perplexos, eles que mal chegavam perto de uma igreja desde que eu quase engolira uma aos nove meses. Contudo, foram tolerantes, com base no fato de parecer inofensivo e me dar algo para me ocupar nas manhãs de domingo.

Não muito depois, os hormônios entraram em cena, e comecei a olhar para meninas de forma bem diferente. Não queria apenas convertê-las; havia algo mais com que brincar. Só que eu ainda estava tateando para entender.

Tim estava discutindo a questão de onde exatamente tatear. É incrível, mas ninguém havia falado de sexo comigo até então, a não ser pelas advertências de que era basicamente pecado se não fosse para fazer bebês. Questionamentos posteriores quanto à razoável experiência do meu amigo revelaram que ele havia feito algo envolvendo uma meia e o pijama.

"E aí, o que acontece?", perguntei, tentando imaginar a cena.

Ele me contou.

"Sério?" Para mim, era tudo novidade. Bem, diz o ditado que Deus odeia os covardes, e assim minha existência monástica tornou-se onanística. Quanto às aulas de domingo, quando a escolha era entre bater punheta à exaustão e a União Cristã, o vencedor era bem óbvio. Foram a masturbação e as bibliotecas que salvaram minha alma do proselitismo tacanho e da sufocante camisa de força evangélica. Graças a Deus.

DESABROCHAR ANGELICAL

Mas acabou que não contei para vocês a parte boa sobre Deus e suas linhas tortas.

O encarregado oficial da nossa saúde espiritual em Birkdale era o reverendo B.S. Sharp, então pároco de Gleadless na esplendidamente sombria igreja vitoriana de pedra de moinho. Ao contrário dos evangélicos de meio expediente, Batty era mais do que levemente excêntrico e surdo feito uma porta. Para um reverendo, era inofensivo.

Batty coordenava os ensaios do coral. O colégio inteiro se arrastava para a igreja e começava a cantar enquanto ele atravessava a nave de um lado para outro sacudindo os braços, aparentemente sem notar o descompasso, a desafinação e os sorrisinhos sarcásticos dos meninos (não havia menina, claro). Ao passar por mim — eu estava de pé na ponta de um banco cantando, ou melhor, balbuciando —, ele parou. Inclinou a cabeça feito um papagaio e ficou me examinando. Suspeitei que estava aproximando o seu ouvido bom.

"Cante mais alto, rapaz", disse.

Elevei um pouco a voz então. Ele aproximou o rosto todo para bem perto da minha boca. Percebi que lhe faltavam vários dentes e fiz um tremendo esforço para não rir.

"Cante mais alto, rapaz."

Bem, gosto de um desafio, portanto berrei a plenos pulmões e, depois de começar, não parei mais. O constrangimento passou e sustentei a voz até o final de qualquer que fosse a estrofe de qualquer que fosse o hino. Confesso que a sensação foi maravilhosa — não que eu fosse admitir na época.

Ele se empertigou, balançou um pouco mais os braços e então se inclinou para mim.

"Você tem uma voz muito boa, menino", disse. E seguiu pela nave e nunca mais o vi.

Como eu digo, na infância nada se perde e, se existe um Deus, ele ou ela faz muitas travessuras.

É uma lástima que o maestro do coral de Oundle não compartilhasse do entusiasmo de Batty pelos meus doces trinados. Ficou claro que cantar, no que dizia respeito ao coral da igreja, era bem indesejável, ainda que chamar a capela da escola de igreja fosse injusto.

A capela de Oundle aspirava a ser pelo menos uma catedral. Tinha o próprio coral e os rumores de sempre, possivelmente verificáveis, sobre meninos

31

BRUCE DICKINSON

e maestros. O pessoal do coral da escola se vestia com hábitos e tinha o tempo livre surrupiado em louvor infrutífero ao inefável até que suas vozes rateassem.

Havia uma prova de canto obrigatória. Fiquei muito orgulhoso de poder afirmar que fui reprovado de forma espetacular. Cada nota branca no teclado tornava-se preta quando eu a entoava. Deram-me uma notificação — um pedaço de papel — para eu entregar ao diretor do internato. Estava escrito: "Dickinson — Sidney House, NÃO CANTOR."

A vingança do filhinho de papai

Nunca soube ao certo por que fui parar no internato. Meus pais viviam me perguntando se eu queria ir, e meu instinto imediato era: *Qualquer coisa que me tire deste lugar.* Então eu sorri, passei nas provas insanas, encarei o teste de QI e fiz a entrevista. A única parte que gostei um pouco foi o teste de QI, pois era interessante e não exigia decoreba. Você só precisava fazer o seu melhor. No início do verão, chegou a carta. Eu havia passado: eis aqui as restrições quanto ao uniforme e por favor pague uma nota preta.

Oundle era, e ainda é, um pequeno centro comercial próximo a Peterborough, na área rural cheia de colinas de Northamptonshire. Abrigada em uma curva do indolente mas por vezes desobediente rio Nene, a cidade espalha-se sobre uma elevação acima da várzea. O Castelo de Fotheringhay fica a poucos quilômetros, assim como a igreja do terreno, e toda a área está impregnada de história inglesa, não britânica.

A escola ocupava metade da cidade. A maior parte das edificações antigas era usada como sala de aula ou acomodações, e a Venerável Companhia dos Comerciários de Londres havia fundado a empreitada no século XVI. O centro de atividade local era um quadrilátero que imitava o estilo de Oxford e Cambridge, com pilares e pórticos, imponentes balaústres de mármore e uma arquitetura voltada para que tivéssemos em mente o nosso lugar. Ou seja, pequeno, ignorante e insignificante.

BRUCE DICKINSON

Centenas de fotos de ex-alunos pendiam em retratos em cada canto do quadrilátero. Rúgbi, *fives*, atletismo, estudos clássicos, matemática e todos aqueles meninos cujos nomes nunca eram assinalados até que voltassem para casa dentro de sacos como heróis mortos nas duas grandes guerras mundiais. Havia um monte deles.

Eu continuava sem saber por que estava ali. Para sair de casa era a hipótese mais provável, e devo ter provado algo ao passar em todas aquelas provas odiosas. Talvez uma das razões, porém, tenha sido o fato de minha tia ser a cozinheira. A lógica em torno disso não era clara, e eu mesmo ficava confuso quanto à relação entre jantares da escola e excelência acadêmica, mas havia a sugestão de que a vida poderia ser mais fácil se as pessoas soubessem que as refeições escolares eram feitas por minha tia.

Ninguém da minha família, de qualquer lado, jamais havia frequentado uma escola particular. Meu pai não pôde ir para a universidade, pois Ethel só tinha dinheiro para fornecer educação superior a um dos quatro filhos. Stewart era o mais velho, e assim foi para a faculdade.

Papai jamais se esqueceu disso.

Minha irmã seguiria um rumo muito distinto ao deixar a escola com poucas qualificações acadêmicas e trilhar um longo e árduo caminho, praticamente como autodidata, até tornar-se uma das principais amazonas do mundo em competições de saltos. Enquanto eu arrastava meu traseiro de dezenove anos pela zona leste de Londres, tocando em pubs para três pessoas, minha irmã de quatorze estreava com um cavalo treinado por ela mesma no Torneio do Cavalo do Ano, na Wembley Arena.

Assim, aos treze anos, depois de deixar Sheffield, iniciei um processo de afastamento da família e de alienação involuntária da raça humana, ao menos por alguns anos. Olhando para trás, é difícil medir se o saldo foi positivo ou negativo em termos de humanidade.

Academicamente, não resta dúvida de que o ambiente controlado fazia os menos hábeis se desenvolverem mais e permitia a excelência aos verdadeiramente talentosos — com uma ou outra possível exceção. Lembro-me de ter sido estupidamente mediano, ainda que memorável por uma série de outras razões.

Todos os meninos eram alocados em uma casa, cada uma com cinquenta ou sessenta deles, e aquela tornava-se a sua tribo. Tudo ali era competitivo. Havia competições entre escolas, entre casas e disputas internas em cada casa.

A VINGANÇA DO FILHINHO DE PAPAI

A busca por vencedores não conhecia limites. Quem não fosse um vencedor no campo esportivo, poderia tornar-se um no acadêmico. Caso contrário, bem, a coisa ficava um pouco mais complicada — talvez a Oundle não fosse lugar para você.

Minha casa se chamava Sidney, tinha uma imponente fachada que imitava o estilo georgiano e uma vasta entrada para carros de cascalho. Ao fundo, dava para vários hectares de quadras de rúgbi e críquete, e ficava a quilômetros das salas de aula. Até hoje caminho depressa para qualquer lugar, tomado pelo terror mortal de estar atrasado para a aula de literatura inglesa. Calculo que andava cerca de oito quilômetros antes do almoço, os braços sobrecarregados de livros. Hoje em dia, essa trabalheira deve ficar por conta de skates flutuantes e iPads.

Uma das primeiras coisas a me atingir, antes dos chicotes, correntes e objetos contundentes (mais a este respeito depois), foi um esclarecedor surto de salmonela. Além de batom vermelho e penteados bolo de noiva, pode adicionar suflê de peixe à câmara de horrores que me assombra até os dias de hoje.

Minha tia Dee tentou me matar e a vinte dos meus colegas, e uma precisa investigação detetivesca microbiana seguiu a pista do patógeno agressor até uma colher de servir. Aqueles que deram o azar de pegar o caminho da mão esquerda (por mais divertido que pareça para as bruxas) na fila da comida foram abatidos pela vingança de Pasteur. Os que foram pela direita não sofreram nada. As dores de estômago começaram três horas depois da ingestão do suflê de peixe indutor de vômito. Pouco depois fui parar em uma enfermaria com os colegas também afetados. Passei três dias expelindo coisas por todos os orifícios. O verso "And I filled them — their living corpses with my bile", "E eu os enchi — seus cadáveres vivos com minha bile", de "If Eternity Should Fail", não exigiu tanta imaginação assim.

O esporte nos ocupava bastante. Não ser bom em nenhum significava ser rotulado de "patético". Ser bom significava flutuar em uma pequena nuvem e ser infalível.

A escola tinha inúmeros times de rúgbi e uma garagem de barcos com remos de oito, quatro e caiaques, além de equipes de críquete, tiro, tênis, squash e o de certa forma obscuro mas popular jogo de *fives*.

Antes de terem o acesso permitido a barcos de qualquer tipo, as crianças passavam por uma "prova de barco". Bruxas passavam por uma provação se-

BRUCE DICKINSON

melhante na Idade Média. Envolvia vestir-se com botas militares, jeans e um grosso suéter militar de lã para logo depois ser atirado no rio.

Uma ponte sobre o rio Nene servia de posto de observação do afogamento das bruxas adolescentes. As vítimas eram escolhidas, atiradas na água congelante e tinham de nadar por mais de 25 metros sem se afogar. Imaginem como eu gostava disso. Fui considerado um possível candidato ao remo, portanto obtive uma discreta segunda tentativa, e uma terceira. Acho que teriam continuado até eu me afogar, então desisti de respirar, lembrei-me do meu batismo e engoli muita água até ser puxado para fora por um croque. A prática seria encerrada pouco tempo depois, quando foram encontradas vacas mortas infectadas por algum germe horrível, os corpos inchados boiando rio acima.

Sofri bullying, é claro. Como na escola anterior, não recuei nem mudei de opinião ou me calei. Assim, dois anos depois, houve certa comoção, pais foram chamados à escola, alunos suspensos e aquilo foi chegando aos poucos ao fim. Mas, nos dois primeiros anos, minha vida foi de mediana a razoavelmente infernal.

Passávamos as noites em dormitórios, ao estilo acampamento militar: janelas enormes e frias sem cortina, e duas fileiras de camas de ferro; colchões finos sobre bases de compensado, alguns cobertores e lençóis de algodão. Não havia privacidade, as gavetas não tinham tranca, e os banheiros e chuveiros eram coletivos. Na maioria das noites, a coisa tinha início depois que as luzes eram apagadas. Quando o professor saía, o veterano me acordava. Meia hora depois, já havia uma aglomeração. Ele tinha uns dezoito anos e era grandalhão. Trazia um travesseiro firmemente enrolado.

"Hora da lição, Dickinson. Defenda-se", dizia.

O jogo não era exatamente limpo e não havia muito a fazer, a não ser acumular raiva e fúria. Encontrava sempre minha cama ensopada ou coberta por ovos, ou meu kit pessoal coberto de detergente, ou qualquer sorte de mesquinhas invasões de espaço pessoal.

No segundo ano, eu já estava bem puto. O rúgbi não dava nem para a saída na hora de extravasar a raiva, e olha que eu gostava do esporte. Acredite se quiser, jogava de pilar, e à medida que os outros cresciam e eu não, fui mudando para *hooker* (não era divertido), meio-scrum (eu não era bom) e finalmente me acomodei como asa, ou *wing forward*, o termo que se usava na pré-história do rúgbi.

A VINGANÇA DO FILHINHO DE PAPAI

Minha válvula de escape era a Força de Cadetes do Exército. Sim, havia uma hierarquia, mas a dinâmica, vejam só, não era negligentemente direcionada contra mim. Era a mesma merda para todo mundo. Éramos quatrocentos na nossa força de cadetes e progredi rápido de patente, até que um dia me vi promovido ao elevado posto de aspirante.

Éramos apenas dois, e o outro era um dos meus poucos bons amigos na Oundle: Ian, que viria a tornar-se tenente-coronel do Regimento Escocês e serviu em alguns lugares bem barras-pesadas. A última vez que nos encontramos, depois de 25 anos, foi em um hotel imundo em Jedá. Eu como comandante de um Boeing 757 fretado pela Saudi Airlines durante a Haje, ele no comando da Guarda Nacional Saudita. Vá entender.

Na Oundle, nos deparávamos com privilégios inesperados. Havia armas e munição no arsenal da escola em quantidade suficiente para dar início a um golpe de Estado em um pequeno país africano. Tudo era da época da Segunda Guerra Mundial. Havia uns cem rifles 303 Lee-Enfield, meia dúzia de metralhadoras ligeiras Bren, granadas de atordoamento, morteiros, granada de fumaça e munição de verdade e de festim. Nós dois havíamos frequentado o curso de liderança do exército, onde fomos equipados com o mais atualizado kit militar e passamos duas semanas em Thetford sendo jogados de helicópteros, engajando-nos em exercícios com duração de 24, 36 e 48 horas e enchendo-nos de bolhas.

O supervisor do pelotão havia sido do Serviço Aéreo Especial e disse que eu era acima da média no trabalho de equipe, mas ficava na média em todo o resto. Passei verões com os regimentos de infantaria Royal Anglian e Royal Green Jackets e me pendurei à beça em cordas em Lympstone com os fuzileiros navais. Eu levava o exército muito a sério.

Ian e eu bolamos um plano para tornar nossas tardes de quarta-feira mais interessantes e produtivas. Incrivelmente, aos dezesseis anos tínhamos autorização para assinar formulários e retirar do arsenal rifles e armas automáticas, explosivos de alta potência e munição de festim. Então era isso que acontecia toda quarta-feira. Inventávamos um cenário, embrenhávamo-nos armados até os dentes na mata local e atirávamos feito doidos um contra o outro.

Preciso descrever melhor o que era a Oundle School. Antes de 1914, a demanda do Império Britânico era por tecnocratas. As escolas particulares tradicionais desovavam funcionários públicos educados em grego e latim, mas os dias sombrios do futuro exigiam líderes que entendessem de metalurgia, engenharia mecânica e eletrônica.

37

BRUCE DICKINSON

O que a Oundle estabeleceu foi praticamente uma propriedade industrial. Havia no local uma fundição de alumínio, oficinas de compósitos e fibra de vidro, tornos mecânicos, fresadoras e oficinas madeireiras, ferreiras e metalúrgicas. Todo semestre eu passava uma semana de macacão aprendendo a cortar e montar pedaços de madeira, metal e plástico.

O objetivo de toda essa atividade era construir um torninho. Os mordentes eram moldados em madeira na fundição. Os moldes em areia nós mesmos fazíamos, e havia várias formas de sabotá-los para tornar a vida menos tediosa.

Umidade excessiva e muita pressão na areia no molde o faziam explodir. Melhor ainda era deixar um furo no fundo do molde para que o alumínio fundido escorresse no sapato de quem o fosse despejar — sr. Moynihan, o taciturno professor responsável. Desconfio que ele bem gostava de ver seus sapatos pegarem fogo. Para isso, vinha sempre equipado com botas de bico de aço em multicamadas, capacete e luvas de amianto e um linguajar particularmente cabeludo, o que significava que ninguém perdia a aula de fundição.

"Puta que o pariu... quem foi o puto que botou fogo na porra dos meus pés?"

Ele levava tudo na boa e me ensinou a nunca entrar em pânico, nem mesmo se estivesse em chamas.

Em marcenaria, eu era um retumbante fracasso, embora tenha concebido e montado a cadeira mais inútil e desconfortável do mundo e as mais incompetentes prateleiras que alguém já imaginou. Até M.C. Escher ficaria confuso quanto à posição em que os livros deveriam ser colocados.

Na oficina mecânica, quebrei janelas com a chave de mandril, usando a rotação do torno como uma catapulta. Finalmente, em um ato de absoluta estupidez mecânica, destruí uma máquina de fresar vertical. Tivessem me jogado de paraquedas sobre uma fábrica nazista, não poderia ter feito um trabalho de sabotagem melhor. Adoraria poder dizer que foi de propósito. Quando a máquina se partiu ao meio, o eixo de transmissão rasgando seu filamento, só fiquei observando ela vibrar até se despedaçar. Senti pena do professor responsável. Ao desligá-la, ele estava mesmo chorando.

"Ah, não", lamentou. "Você quebrou a máquina."

A única coisa de que gostava na oficina de eletrônica era o cheiro da placa de circuito. Eu a carregava para todos os lados em um estojo de plástico, com vários resistores chocalhando. Não lembro qual era o motivo daquilo; possivelmente, um oscilador.

A VINGANÇA DO FILHINHO DE PAPAI

Desinteressado, desonrado e perigoso, iniciei o ciclo final da minha estadia nas oficinas da Oundle e inesperadamente ganhei na loteria ao descobrir um professor inspirador que entendia um pouco sobre metais.

John Worsley era calmo, caprichoso e usava uns óculos tão grandes que parecia impossível imaginar que não estivesse interessado em você. No momento em que pegou um pedaço de metal, reparei em seus dedos. Eram finos e ágeis e corriam a superfície do lingote de aço como se o estivessem imbuindo de alguma qualidade sobrenatural. John sempre aparecia para as aulas de bicicleta — guidão de corrida, prendedores na bainha da calça. Seu jeito de andar era curioso, como se um dos lados do corpo pertencesse a um marinheiro e o outro tivesse sido, em uma encarnação anterior, uma das pernas de uma tarântula. Uma de suas palavras favoritas era "plangente", e era uma expressão estranha, quase arcaica. John Worsley era um híbrido de um mecânico de bicicletas e Gandalf.

A metalurgia envolvia ferro forjado, ourivesaria e joalheria, além de solda e habilidades correlatas. Nosso projeto foi fazer um bracelete de alpaca, o que gostei bastante e me deixou particularmente orgulhoso. Quando o levei para casa, papai encarou-o com profunda desconfiança.

John Worsley tinha um plano para atrair nossa atenção. Enfiou um cabo de aço em um braseiro e faíscas voaram. Retirou-o, ainda incandescente, depositou-o em uma bigorna e começou a martelá-lo em um formato que imediatamente reconheci como o de uma espada. Resfriou o metal em um balde d'água, produzindo um prazeroso silvo, e o lançou de volta ao fogo. Sem dizer uma palavra, arrumou um cobertor de couro e desfraldou-o de forma teatral para revelar uma réplica de Excalibur. A barra transversal da empunhadura era recoberta de couro, mas o que me fascinou foi a lâmina, larga e reluzente.

— Se quiserem, posso ensiná-los a fazer isso — declarou, virando e revirando a arma na palma da mão. Fez uma pausa dramática. — E, claro, a usar a espada.

— Senhor? O senhor quer dizer... lutar com espadas?

A razão pela qual John Worsley caminhava de forma esquisita era ter sido professor de esgrima a vida inteira. Ao chegar a uma escola particular de elite, nortista de classe operária que era, abraçou a oportunidade. Levantei a mão no mesmo instante. Inscrevi-me. Aprenderia a esgrima. Aquilo mudaria minha vida.

Meu professor de teatro também teve um impacto fundamental sobre mim. John Campbell era daqueles professores raros mas essenciais que dão aos alunos permissão para sonhar.

39

BRUCE DICKINSON

Teatro, ao contrário de música, era outra válvula de escape, e tomei parte em várias montagens: *Macbeth*, *Hadrian VII*, *Real Caçador do Sol* e algumas peças locais escritas ali mesmo que em geral eram terríveis comédias farsescas à la West End.

Em *Macbeth*, fiz uma bruxa, um assassino e vários mensageiros, tendo passado a maior parte do tempo sob um gigantesco crânio de isopor revestido de papel higiênico. Rebaixado a assistente em *Hadrian VII*, subi de patamar ao viver um mercenário em *Real Caçador do Sol* e um servo picareta em *According to the Evidence*, uma peça tão boba que me admirou a editora de Samuel French tê-la mantido no catálogo.

Independentemente de tudo, o clamor da maquiagem e o cheiro da multidão estavam deixando marcas no meu inconsciente. O embrião de uma filosofia começava a assentar raízes. A ideia de que não importava em que atividade você iria se engajar, contanto que lhe respeitasse a natureza e tentasse obter alguma dose de harmonia com o universo.

Uma jornada inesperada

Não eram só os veteranos que baixavam o cacete. Os professores tinham autoridade legal para nos bater. Punições corporais eram comuns. Abrangiam desde chineladas no traseiro, por parte de professores específicos, a açoites mais formais com bengala ou vara de marmelo. As opiniões variavam quanto à eficácia das surras. Em geral, o ritual ocorria à noite, depois que as luzes eram apagadas, quando o desafortunado alvo já estivesse de pijama. Isso para garantir o máximo de ansiedade psicológica e desconforto físico, pois era quase certo que seis golpes por cima de pijamas de algodão tirasse sangue. A expressão "livros nos fundilhos", hoje em dia felizmente sem sentido, referia-se a uma situação em que, na iminência de sanções físicas, um livro de geografia pudesse proteger o traseiro de maiores danos.

Havia um consenso de que jogadores de squash e de *fives* eram os açoitadores mais devastadores devido a seus temidos *backhands*. Jogadores de golfe não ficavam muito atrás. Vários debates nos dormitórios giravam em torno de ângulos, velocidade e aceleração. Após uma surra, a vítima geralmente se postava no alto de uma cômoda e baixava as calças para que os outros, munidos de lanterna, pudessem comentar.

"Ficou boa a combinação."

"Nossa, a chicotada número quatro foi muito embaixo."

"Ele não gosta muito de você, não é?"

O diretor do internato dispunha de uma série de utensílios, com comprimentos, grau de flexibilidade e espessura variados, dependendo da seriedade

BRUCE DICKINSON

da transgressão. Ministrava-se de quatro a seis golpes, e sua poltrona favorita tornava-se a cadeira do castigo, com a almofada retirada e a ordem para que o menino se inclinasse e tocasse a parte de baixo do assento. Havia um quê de fetiche naquilo tudo. Ele ministrava muitas das surras vestido com o traje de remo.

Talvez ainda existam pessoas que considerem que esse tipo de coisa molda o caráter. Eu não sou uma delas.

Comecei a encarar a escola como um campo de concentração, e meu dever era perturbá-lo, subvertê-lo e/ou escapar. Mas, claro, não havia escapatória. Achei que deveria me posicionar de alguma forma. Decidi mandar entregarem duas toneladas de bosta de cavalo para o diretor do internato. A ideia foi só um rompante de momento, sem nenhuma lógica atrelada, mas com muita carga emocional.

Vagava pela cidade pensando nas opções de cores para meus elefantes de guerra de Aníbal, que precisavam ser pintados antes de ficarem ensanguentados pelo confronto com os romanos agendado pelo clube de jogos de estratégia militar. Passando de bobeira na agência de correio, vi um cartão-postal que trazia a frase fatídica: "Entrega de estrume a domicílio."

Fui para a cabine telefônica e disquei o número.

"Alô, vocês entregam? Excelente. Queria duas toneladas, por favor... Sim, pode despejar na porta da minha casa... o endereço? Sidney House, Escola de Oundle. Muito obrigado."

Naquela noite, o pessoal da casa se reuniu para o jantar. O diretor se levantou, sugando o ar entre os dentes em vez do cachimbo que sempre fumava.

"Hoje à tarde", disse ele, "algum gaiato achou que seria divertido mandar entregar duas toneladas de merda na porta da minha casa. Se a pessoa não se apresentar, todos vão ficar sem eletricidade para chaleiras ou rádios."

Tática-padrão para um déspota de meia-tigela. O rádio era parte essencial da existência de um aluno. Não existiam CDs e os gravadores de fita cassete ainda eram embrionários. Os audiófilos inveterados filhinhos de papai contavam com gravadores de rolo profissionais e viviam fazendo compilações a partir de suas coleções de LPs. Só do terceiro ano em diante na Oundle é que um aluno era direcionado a um quarto não exatamente próprio, mas dividido apenas com mais um ou dois garotos. Decoração era uma possibilidade e, inevitavelmente, um aparelho de som era essencial. Circular por entre quartos de portas abertas em uma tarde de domingo nos permitia escutar a maior parte das principais bandas de rock dos anos 1960 e 1970. Cortar a corda daquele

UMA JORNADA INESPERADA

bote salva-vidas que nos mantinha sãos e possibilitava-nos fugir à Alcatraz Oundliana, ainda que só em espírito, era uma punição dura e cruel.

Após a refeição, bati à porta da sala do diretor.

"Venha!"

A expressão "pode entrar" não era muito utilizada. Entrei. De seu pouso junto à mesa, ele ergueu os olhos, cachimbo amarelo seguro entre os dentes.

"Ah, Dickinson. Achei que poderia ser você."

A verdade é que adorei ouvir aquilo. "Muito divertido", disse ele. Um elogio inesperado. Olhou para baixo. "Evidentemente, você vai apanhar por isso." O ruído seco de seus dentes na haste do cachimbo era audível. Estaria salivando? Olhou para cima, alarmado. Continuei a encará-lo. Ele me dispensou, balançando a mão em um gesto autoritário.

Às nove da noite em ponto, escutei o ranger das solas de borracha e a batida à porta.

"Está na hora", disse o diretor.

Ele vestira o traje de remo: short, suéter espesso com gola em V e tênis. Suas pernas eram ridiculamente magras e cobertas por uma camada de pelos ruivos quase infantil de tão escassa. A cada passo, eu o respeitava menos. Usava uma bengala especialmente longa, que necessitava de espaço para dar impulso, e era golfista amador, o que tornava nada animadora a perspectiva dos próximos trinta segundos. Sério, essa gente devia ter sido presa.

Graças aos céus, em meio a tais açoitadores sádicos e aos catedráticos fracassados de Oxford e Cambridge, havia um pequeno núcleo de excêntricos decentes. Naquela perversa sociedade de hipocrisia distópica, com política interna e hierarquia rígida, havia, na enfumaçada e amarronzada sala de convívio habitada pelo corpo docente, um conluio secreto de visionários que fazia nossa vida valer a pena e nos dava esperança. Além do sr. Campbell e do sr. Worsley, tínhamos um professor de arte que, de alguma maneira, encontrou um jeito de promover concertos de rock no salão principal da Oundle.

Acho que já está na hora de dizer a verdade sobre a música e como acabei me tornando vocalista. A música veio primeiro, não o canto, e um peculiar traço esquizofrênico daquele acampamento militar acadêmico que cursei foi ter me apresentado ao rock'n'roll mais de perto do que seria possível imaginar.

A primeira banda que vi chamava-se Wild Turkey. Depois, o Van der Graaf Generator e, em uma veia similar de rock progressivo, o String Driven Thing e uma banda de folk progressivo, a Comus. O Queen quase tocou lá, mas

43

cancelou quando se tornou ultrapopular da noite para o dia nos Estados Unidos. A história boa era de que o Genesis havia tocado um ano antes de eu entrar na escola, com a formação completa e Peter Gabriel usando uma caixa na cabeça.

A formação do Wild Turkey incluía o ex-baixista do Jethro Tull, Glenn Cornick, e *Battle Hymn*, primeiro álbum da banda, resiste bem ao tempo até hoje. Cheio de Fanta e barras de chocolate Mars na cabeça, os hormônios a toda, passei dias em êxtase. Cada centímetro quadrado do meu corpo estava coberto de suor ao me arrastar de volta para o dormitório, cruzando o sinistro gramado coberto pela sombra escura dos pináculos acadêmicos. Meu coração estava disparado, os ouvidos zumbiam, e minha cabeça parecia cheia de sinos, com um louco a badalá-los e a puxar meus globos oculares como quem diz: "Ouça essa sensação e jamais se esqueça." O Wild Turkey chegou a se referir àquele show em uma entrevista como "uma das reações mais loucas que já provocamos". É de mim que falam, com a cabeça enfiada no amplificador do baixo.

Depois daquilo, foi a vez de uma longa sequência de bandas progressivas; todas muito cerebrais, mas, com a exceção de Peter Hammill e do Van der Graaf, nem de longe tão viscerais. Em todo caso, certo dia, ao vagar pelos corredores para onde vazava a música dos quartos individuais da Sidney House, me vi forçado a parar. Que diabo era aquilo? Decidi bater à porta. O veterano olhou para mim de forma implacável.

— O que você quer?

— Hum... que música é essa?

— Ah, isso. Deep Purple. "Speed King", do *Deep Purple in Rock*.

E então revirou os olhos e fechou a porta. Minhas entranhas continuavam a se retorcer. Eu queria música.

Meu primeiro disco foi uma coletânea chamada *Fill Your Head With Rock*, basicamente composta por bandas da Costa Oeste americana contratadas pela CBS, e, ainda que o tenha ouvido até furar, mal dava para satisfazer. Eu queria uma dose de adrenalina na veia. Um *Deep Purple in Rock* de segunda mão, todo arranhado, me custou 50 pence em um leilão de álbuns realizado porque alguém precisava pagar a conta da mercearia. Ali, amigos, a coisa ficou séria.

Uma viagem com a família a Jersey — me refiro às ilhas do Canal, não a Nova Jersey, pessoal — me valeu edições novinhas em folha e de capa dupla dos clássicos do Van der Graaf Generator *H to He* e *Pawn Hearts*. (Este era um

UMA JORNADA INESPERADA

disco tão maníaco-depressivo que era botá-lo para tocar e esvaziar o ambiente em questão de minutos; já eu conseguia escutá-lo por horas a fio sozinho em confinamento, provavelmente por não ser maníaco-depressivo). Retirei os dois álbuns dos seus encartes de papel pardo. As capas duplas tinham ilustrações surrealistas esplêndidas de Paul Whitehead. Fui mostrá-las ao meu pai, que era pintor amador.

— O que você acha? — perguntei.

— Degenerado — respondeu, na lata.

Passamos o resto do dia em silêncio. Concluí que, se me dessem a chance de escolher entre ser espancado em uma escola de simulação de afogamento ou ser olhado como se tivesse duas cabeças, me arriscaria na escola. Eu estava determinado a passar o máximo de tempo possível longe de casa e comecei a me inscrever em excursões escolares, testes do exército e o que mais conseguisse.

Nas férias de verão, zanzava pela cidade, de bobeira pelas lojas de discos e com o nariz colado na vitrine de lojas de guitarras e amplificadores, babando por alto-falantes e equipamentos. Minha exposição a bandas, álbuns e shows havia se transformado em um fantástico mundo de sonhos. Tinha um rádio transistorizado com um pequeno fone de ouvido e escutava a rádio pirata Radio Caroline, com som chiado e cheio de falhas, debaixo dos cobertores à noite.

Havia memorizado o *Made in Japan*, do Deep Purple, nota por nota. Cada batida, cada ruído surdo do bumbo de Ian Paice eu tentava reproduzir. O mesmo valia para o primeiro álbum do Black Sabbath, o *Aqualung*, do Jethro Tull, além de minha excêntrica coleção de álbuns do Van der Graaf Generator e da tão valiosa cópia do primeiro lançamento do Wild Turkey.

Em casa, em Sheffield, ainda haviam me restado alguns amigos da escola preparatória. Visto que todos havíamos sido despachados para colégios internos, só nos encontrávamos nas férias. Paul Bray era um deles. Paul tinha uma bateria de verdade na garagem: pratos genuínos, a parafernália toda. Ele tocava em uma banda, e o guitarrista veio visitá-lo. De boca aberta, fiquei ouvindo o alarido que fazia tocando "Layla" e meia dúzia de canções do repertório do Cream. É bem provável que tenha se tornado contador. Paul é hoje um bem-sucedido procurador. Assim é a vida.

Na época, eu tinha espinhas, usava casaco de capuz e jeans boca de sino com "Purple" e "Sabbath" escrito nas coxas e andava por aí em uma lambreta barulhentíssima e caidaça. Ah, sim, e queria ser baterista. Meus pais teriam ficado horrorizados. Era o meu segredo. Eu tinha um par de baquetas, que

BRUCE DICKINSON

escondia deles, e um *pad* para praticar. A intenção deles era que eu me tornasse médico, veterinário, contador, procurador ou qualquer outra ocupação "profissional".

Ao voltar para o colégio, dediquei-me a formar uma banda. Quando privada de algo essencial, a mente humana é capaz de adaptar-se de maneiras surpreendentes e por vezes perversas. O Marquês de Sade, privado de papel e do contato sexual, resolveu ambos os problemas escrevendo em papel higiênico suas fantasias cada vez mais febris, recentemente retraduzidas por um acadêmico da universidade na qual eu logo acabaria indo parar. Mas agora estamos botando o carro na frente dos bois. Por ora, tratemos do passado.

Jamais viria a ver as bandas que eu escutava tocarem no seu auge, porque na época estava enfurnado no colégio interno. Por isso minha imaginação preenchia as lacunas. Suas peripécias no palco eram recobertas na minha mente com cenários operísticos, além da energia típica do teatro de improvisação que eu fazia naquele tempo. Era tudo muito intenso, e eu queria recriar aquilo como baterista. Era simplesmente uma questão de atividade, e tocar bateria era das mais frenéticas que havia. O que contava era toda aquela algazarra no centro do palco; era o suor e o foco, mas também a possibilidade de ser um Keith Moon, um excêntrico, um showman. O baterista, me parecia, era quem estava ao volante do espetáculo.

No entanto, eu não possuía nem volante nem kit de bateria. O engraçado é que o termo técnico para a banqueta do baterista é "trono" e, por mais que admirasse o sentimento, o delírio de grandeza não me ajudava em nada. Recorri a vários volumes de *A história medieval de Cambridge*. Minhas baquetas eram varetas de compensado e distribuí os volumes com capa de couro como se fossem tom-tons por cima da pequena escrivaninha bamba do meu quarto. Com o alto-falante próximo ao ouvido, martelava-os na expectativa de um resultado harmônico. Acabaria por me esgueirar para dentro da sala de música e furtar um par de bongôs.

Alguns garotos do colégio tinham baterias, amplificadores e guitarras elétricas de verdade. Confiscavam salas de aula para ensaiar nas tardes de sábado ou domingo. Entrei de penetra em um desses ensaios. Era desorganizado e eles só se importavam com a aparência de descolados. Tudo era moda, tudo era pose — tudo era nada. Fiquei revoltado, ainda que com certa inveja do equipamento. Eu buscava o santo graal da inocência e da experiência. Minha

UMA JORNADA INESPERADA

visão era turva, mas meu propósito, claro como água. Entretenimento, sim, mas verdade acima de tudo.

Quatro de nós formamos uma banda, por cinco minutos ao menos. O baixista, um australiano chamado Mike Jordan, fizera o próprio baixo nas oficinas de marcenaria e elétrica. Era também meu parceiro na organização da sociedade escolar de jogos de estratégia militar. Não conseguira escapar do coral da escola e tinha treinamento vocal clássico no registro baixo. Dois violões completavam a formação, e tentamos tocar em uma tarde de sábado. A única canção sobre a qual conseguimos concordar foi "Let It Be", dos Beatles, então tentamos tocá-la. Horrivelmente fora do tempo, e com minhas mãos em carne viva de tanto bater nos bongôs, avançamos aos trancos rumo ao refrão, momento em que Mike se deu conta de que uma voz em registro baixo clássico não se encaixava ao barítono expandido de Liverpool.

Enquanto o "Let it be..." se dissolvia em um ganido sufocado, eu continuava a bater impiedosamente nas duas únicas peles disponíveis.

Paramos. Eu estava decepcionado, pois meu entusiasmo superava qualquer desejo de exatidão. Mike não era capaz de alcançar as notas mais altas. Pigarreou e, soando maduro demais, disse:

— E se a gente mudasse o tom?

Não fazia ideia do que ele estava falando, mas rebati:

— Qual seria o tom?

Abri a boca e soltei a voz, e os guitarristas seguiram até o fim da canção. Minha cabeça girava com as vibrações da ressonância da minha voz. Ao final, quando esgotamos nosso talento, houve um silêncio surpreso.

— Pode largar essas merdas de bongôs.

Mike, nosso baixista, reconheceu a derrota:

— Acho que você é nosso vocalista, garoto.

Com nosso futuro na indústria musical assegurado, fizemos uma pausa para o chá com torradas, margarina e geleia. Afinal, já eram seis da tarde.

Minhas incursões na atuação haviam continuado a prosperar; comecei a escrever roteiros e até dirigir, de certa forma. *The Dark Tower* era uma peça radiofônica de Louis MacNeice, que adaptei para o palco, interpretando eu mesmo o mordomo ardiloso, além de dirigi-la e produzi-la, tudo com o apoio do meu mentor, o sr. Campbell.

BRUCE DICKINSON

Minhas aulas de esgrima haviam se transformado em uma atividade esportiva escolar "oficial". Depois de ganhar o campeonato estudantil, fui declarado "capitão da equipe escolar" de esgrima e tiraram uma pomposa foto minha com costeletas proeminentes.

Não havia mais bullying. Eu começava a me parecer com a instituição que desprezava. Estava sendo assimilado, absorvido em seu tecido, como se as surras e a hipocrisia tivessem sido apenas um teste, algo por que todo camarada precisa passar antes de deixar de ser lagarta e tornar-se a espécie adequada de borboleta social.

Creio que a melhor definição do meu status era "ligeiramente excêntrico mas aceitável". Porém, tudo mudaria em uma noite escura de novembro de 1975.

A semana anterior à minha saída não teve nada de memorável. Passei tardes preguiçosas no quarto do meu amigo guitarrista Chris Bertram. Dupla improvável que éramos, surrupiamos o repertório de B.B. King, cometendo um crime contra o blues, e eu, ao descobrir que podia gritar como uma banshee, exagerava na dose, mas até aí a adolescência é para isso, não é mesmo?

Àquela altura, eu já estava no último período, a meses de prestar os exames para entrada no curso superior de inglês, história e economia. Não havia trabalhos para ajudar a compor a média: era morte súbita mesmo, três horas para escrever uma dissertação. Quem estivesse bem alerta poderia se sair bem.

Poucas noites antes de meu destino ser selado, houve um acontecimento cômico, mas deprimente de tão despótico, durante uma palestra sobre Machu Picchu e a arqueologia dos incas. O palestrante era explorador, acadêmico e, por acaso, também amigo do diretor da escola, automobilisticamente chamado B.M.W. Trapnell. Tinha a cosmologia como profissão e sabia amolecer os pais e, imagina-se, os membros do conselho escolar. Com cinco minutos de palestra, alguém puxou o plugue do projetor e, durante o caos que se seguiu, mudou a ordem dos slides com crueldade, no que foi claramente um ataque muito bem executado.

As consequências descambaram para uma perseguição ao estilo fascista. Nomes foram anotados e a ordem da direção era clara. Surras punitivas seriam administradas; o orgulho estava em jogo. Uma vara de marmelo foi usada para bater pessoalmente naqueles julgados como os responsáveis, e a surra foi ministrada pelo próprio sr. Cosmologia, um homem grande e, lamentavelmente para os traseiros deles, ótimo jogador de *fives*.

UMA JORNADA INESPERADA

Após o ocorrido, dava para sentir a tensão no ar. O clima era de raiva, mas ninguém se atrevia a tomar a Bastilha. Bem inapropriadamente, havia uma celebração marcada para dali a dois dias na Sidney House. A jubilosa construção de novos aposentos para nosso ilustre diretor seria comemorada com a presença de toda a estrutura de comando da escola.

O cosmólogo açoitador, o cosmólogo açoitador assistente, o fetichista açoitador de traje de remo e todos os monitores da escola foram reunidos a uma mesa de jantar. O preparo da refeição ficou a cargo dos monitores mais novos.

A atmosfera era de uma anarquia comedida. Sentei-me em um quarto com Neil Ashford, dezesseis anos e, para ser honesto, brilhante. Tínhamos uma chapa elétrica de uma boca e uma garrafa de sherry vagabundo debaixo da escrivaninha. Estávamos batendo papo, cuidado da nossa vida, ligeiramente bêbados, quando alguém bateu à porta. O sherry foi rapidamente escondido, e um monitor enfiou o nariz pela fresta segurando um punhado de feijões--da-espanha congelados.

— Escuta, será que posso pegar sua chapa emprestada? Estamos sem nenhum bocal livre — disse ele.

Fizemos que sim com a cabeça e os jogamos na panela. Observamos os feijões descongelarem e então começarem as bolhas e a fervura. Foi mais ou menos nessa hora que tivemos vontade de urinar. Por meio de cuidadosa coordenação e controle admirável da bexiga, conseguimos nos aliviar dentro de uma garrafa vazia. Tive um flashback de quando fui uma das três bruxas de *Macbeth*. Ao despejar o nosso consomê misto na panela borbulhante, me vi me lembrando de "Olho de tritão, pé de sapo, pelo de morcego, língua de cão... e adicionar um quarto de garrafa de mijo". Uma educação clássica é algo maravilhoso.

A mistura borbulhava, e quinze minutos depois o monitor apareceu e sorveu uma deliciosa prova. "Perfeito", declarou. Demo-nos conta de que a casa se encontrava desprovida de comando. Todos estavam ocupados bajulando, reverenciando e tentando agradar carcereiros e açoitadores, imagino que em nome da autopromoção.

Fomos então na ponta dos pés até outros quartos e, como uma dupla de flautistas de Hamelin, conseguimos a chave do bar da casa no sótão, onde nos trancamos com vários tonéis de cerveja. Lá embaixo, Neil e eu conseguíamos enxergar as silhuetas e as sombras d'A Última Ceia. Não para eles, mas para mim, no fim das contas.

49

Sorvemos lentamente nossas doses de Marston's Pedigree e começamos a rir. O resto dos presentes no bar, meia dúzia de almas errantes, queria saber qual era a graça. Estúpidos que somos, contamos. No dia seguinte, na hora do recreio, onze da manhã, a escola inteira sabia. Percebi que havia me tornado uma espécie de herói da rebelião, isso até a hora do almoço, quando um dos monitores me declarou depravado, nojento e uma abominação. Depois da refeição, o diretor do internato mandou convocar a abominação.

"Não há nada que eu possa fazer para lhe salvar", disse. Aquilo foi uma surpresa para mim. Nunca pensara nele como o messias e certamente não penso agora.

Fui chamado à presença do diretor da escola: o cosmólogo, o empunhador da vara de marmelo, o açoitador de pequenos transgressores — o rato-rei. Pus meu sobretudo e caminhei de forma lenta e contemplativa em meio à neblina escura de novembro. Eu sairia, mas não me destruiriam. Depois de todo o bullying, a esgrima, o teatro, a música, era chegada a hora do confronto. Autorizado a entrar na sala quente do diretor, me sentei em frente ao sr. B.M.W. Seus pés estavam cruzados — *pés enormes*, pensei por alto. Ele disse, quase distraidamente:

— Este tipo de comportamento não é tolerado em um estabelecimento civilizado. Por conseguinte, devo pedir-lhe que se retire desta escola.

Por conseguinte? Só podia ser brincadeira. De que século havia saído aquela criatura, de qual torre de marfim misantrópica? A hipocrisia, o regime perverso, os pretextos, a manutenção da ordem acima de quaisquer princípios de humanidade — por conseguinte, vá se foder. Mas não falei nada disso. Sorri, olhei nos seus olhos e pensei: *Você bebeu meu mijo*.

— Alguma preferência quanto ao momento que eu deveria ir embora? Semana que vem? No fim do semestre? — perguntei.

— Amanhã de manhã — disparou ele.

— Ah, bem claro. É só isso?

— Pode ir embora.

Fechei a porta gentilmente, com um clique satisfatório. O ar frio e úmido me causava uma sensação boa. Estava fora. Estava por conta própria. Dera um tiro certeiro no sistema e, Deus me ouça, acho que feri o maldito.

Tranquem suas filhas

O inverno e, na sequência, a primavera e o verão, culminando em meu aniversário de dezoito anos, foram um período de limpeza e, na essência, de retorno à raça humana. Arranjaram uma vaga para mim na escola King Edward VII, em Sheffield. Era uma antiga escola secundária de inclinação acadêmica e que passara a ser menos seletiva, mas mantinha boa reputação. Era mista, meninos e meninas, e — o horror dos horrores — era agradável. Esperei que a hierarquia ficasse clara, aguardei as surras punitivas, mas nada aconteceu. Imaginei o que poderia ter sido de mim caso não tivesse sido despachado para o colégio interno.

Ir à escola fazia pouco sentido, a não ser pela exigência legal de fazê-lo, pois em alguns meses eu teria de prestar exames, e infelizmente a comissão julgadora de Sheffield era radicalmente diferente daquela da Oundle. Eu passava muito tempo na biblioteca, afundado em mitologia nórdica em vez de estudar.

Entrei para o exército territorial como recruta. Meu número era 2440525, e o sargento me disse que eu era inteligente demais para ser recruta e quis saber por que eu não havia esperado para me tornar oficial na faculdade. Respondi que queria andar logo com aquilo, então ele me entregou um kit e ficou por isso mesmo.

Caso ocorresse uma guerra, nossa unidade — Companhia D, Voluntários de Yorkshire — estaria, na teoria, em plantão permanente. Seríamos mandados direto para o front com morteiros e armas antitanque lançadas por foguetes, uma delas de nome surpreendentemente fofo, o "vombate". Nossa expectativa de vida em combate, fui informado, era de 1 minuto e 45 segundos.

Tomei porres com um monte de metalúrgicos, cavei buracos em recantos inóspitos da Nortúmbria e tive a chance de carregar uma enorme metralhadora de uso geral com pente de munição, com a qual gastei muitas balas, todas de festim.

No restante do tempo, pegava na pá para catar merda na fazenda — e havia muita — dirigia tratores e caminhões de descarga, assentava concreto e erguia barreiras. Canalizei minha raiva para o plano físico, e isso aliviou a fúria que me consumia por dentro no colégio interno.

Foi então que, em uma aula de inglês, durante uma fatídica hora de almoço, escutei os murmúrios ao fundo: "A gente não tem um cantor para o ensaio de hoje à noite."

Virei-me e, de súbito, reconheci meu colega baterista Paul Bray acompanhado por dois sujeitos muito bacanas com pinta de roqueiros experientes.

— Hã, oi… — comecei, inseguro. — Eu canto um pouco.

Olharam-me de cima a baixo. Estava meio parrudo, com um cabelo curto horroroso e calças medonhas.

— Perfeito. Nos vemos às seis da tarde.

Faltavam nove meses para eu ingressar na faculdade. Tempo suficiente para ouvir a Radio Caroline debaixo da cama, desenhar cenários de palco fantásticos e ensaiar nas noites de terça-feira na garagem do meu colega. Até que estar no limbo não é nada mau.

Nossa banda contava com uma bateria de verdade, duas guitarras, e o baixista tinha o próprio equipamento, com amplificador e caixa. Os demais dividiam um Vox AC30, com as duas guitarras plugadas, mais o novo vocalista: eu.

Meu microfone havia sido arrancado de um gravador portátil de fita cassete e afixado com durex a um cabo maior, plugado no Vox. O som era absolutamente terrível, mas a banda estava anos-luz à frente de qualquer coisa que eu tivesse tentado até então. Haviam aprendido a tocar metade do álbum *Argus*, do Wishbone Ash, além de "All Right Now", do Free, e da inevitável "Smoke on the Water".

Depois de uma canção e de soltar meus guinchos de Ian Gillan algumas vezes, todos concordaram com sagacidade: "Você é o novo vocalista."

Perguntei se eles tinham nome. "Paradox", foi a resposta. Achei horrível.

TRANQUEM SUAS FILHAS

Encarava a volta a Sheffield como uma espécie de compasso de espera. Aquele não parecia meu lugar, mas também não era uma existência desagradável. Eu só me sentia pisando em ovos, a não ser que estivesse lá fora cavando buracos ou catando bosta de cavalo com a pá.

O pub local ficava a vinte minutos a pé, o que, com neve pesada, se tornava uma caminhada árdua, e o velho campo para prisioneiros de guerra alemães ficava no caminho, com suas cabanas semidemolidas. Mais além, na descida de uma colina íngreme, ficava o ponto de ônibus e, acima dele, agigantando-se Bram Stokeristicamente à luz da lua, o hospital de isolamento de Fulwood.

Em duas ocasiões, voltando do ponto de ônibus em meio à escuridão e ao vento, me deparei com pessoas vagando confusas pela rua. Tive de esperar até conseguir chamar a atenção de um raro carro que passasse por ali e pudesse levá-los a um local seguro. Suspeito hoje que talvez tivessem Alzheimer. Teriam provavelmente morrido ao relento, largados à própria sorte. Nos anos 1970, as pessoas eram consideradas simplesmente "birutas" e pronto.

Feita a minha boa ação do dia, o destino retribuiu o favor. Conseguimos agendar um show. Fizemos nossa estreia no clube juvenil local, com pelo menos quatro pessoas na frente do palco e o restante grudado à parede em terror absoluto enquanto destroçávamos "Smoke on the Water". Acho que tinham em mente algo mais ao estilo Four Tops.

Eu gastara 15 contos em um microfone mais ou menos decente, um Shure Unidyne B, cujo ridículo pedestal podia perder as pernas e a integridade vertical do nada, sem qualquer razão aparente. Eu tinha uma pandeireta e havia economizado para comprar um par de velhíssimas caixas de som Vox de um metro de altura. Depois de trabalhar durante o verão, meu cheque do seguro-desemprego chegou pelo correio, passei a ter o bastante para um amplificador de guitarra Carlsbro de sessenta watts usado. Agora estávamos todos equipados, e sem show nenhum para fazer.

Virei vendedor. Fui para a rua meter o pé na porta de pubs que tivessem espaço para shows. Vasculhava os anúncios de bandas no jornal local e então recorria à lista telefônica para achar o número do pub em que estavam tocando. Contei lorotas gigantescas, mas não havia como fugir à terrível verdade que se descortinava com a pergunta: "Vocês têm uma fita demo?"

É claro que não tínhamos. Esqueci como acabamos gravando uma, mas de qualquer forma ficou horrível. Acho que só pusemos um gravador de fita cassete em um canto da garagem e fizemos uma barulheira.

53

BRUCE DICKINSON

De alguma maneira, conseguimos uma data em um pub chamado Broadfield e talvez tenhamos até feito um segundo show lá. Cada um ganhou três libras, além de um hambúrguer de micro-ondas e uma garrafa de Newcastle Brown, e tivemos de assinar um recibo.

A seguir veio uma Tarde no Parque bancada pela câmara local, no Weston Park, perto da universidade e da rua do Royal Hallamshire Hospital, que ficava um pouco mais adiante. Um DJ local da Radio Sheffield estava lá, mas havia passado a tarde toda no pub e era bem possível que tivesse tomado ácido.

A banda principal se chamava Greensleeper e pairava aquele ar de tédio e indiferença por serem os maiores da sua zona eleitoral e fazerem shows todo fim de semana. Possuíam um séquito de fãs, que chegaram logo antes do show deles e saíram imediatamente depois.

Fomos relegados a montar nosso equipamento no pequeno palco com sol a pino. Havia algumas cadeiras verdes de dobrar e garotos tomando sorvete e nos observando. Começamos a tocar. A bateria ficava saindo do lugar e o palco não era muito firme, então começou a desmontar. Momento em que um cidadão indolente subiu nele gritando "Calem a boca, estou tentando dormir!". Foi até o fundo e empurrou o amplificador da guitarra para trás do placo — que tinha, de qualquer forma, apenas sessenta centímetros.

Peguei uma das cadeiras dobráveis e o acertei; depois de cambalear para trás, ele desceu a colina, passando por entre as fileiras vazias de cadeiras normalmente usadas por senhoras que gostavam de se sentar próximo à orquestra.

Porra, pensei. Igualzinho ao The Who. Só que na verdade não, como diria o DJ doido de ácido naquela mesma noite em seu programa de rádio.

Em todo caso, agora que havíamos obtido notoriedade, fiz pressão para que tocássemos músicas próprias e por uma mudança de nome. Paradox era muito insosso; precisávamos de algo antológico.

— Que tal Styx? — sugeri.

— Esse já não é o nome de outra banda?

— Ah, eles nem vão notar — disse, cheio de confiança.

Nossa segunda aparição no Broadfield, a primeira como Styx, foi também nosso canto do cisne. Tínhamos até panfletos, muito mal xerocados e com letras tremidas, feitos por meio da colagem de letras que não estavam bem alinhadas no papel. A pandeireta agora era de alumínio polido, e dava para girá-la, mas era preciso tomar cuidado para que não rompesse os vasos sanguíneos na base do dedo.

TRANQUEM SUAS FILHAS

Eu estava tentando ser maneiro. Imaginem só: camisa de lenhador (porque Rory Gallagher usava uma), colete cheio de broches e mocassins. Tranquem suas filhas, South Yorkshire.

Tínhamos uma canção de nossa autoria, chamada "Samurai". A letra não era minha, mas de outro poeta do ensino médio que forçou a barra para unir um samurai a abutres e para rimar "flesh" com "crèche" no mesmo verso.

"Legal", comentei. "Hã, o que é 'crèche'?"

Decidimos nos separar enquanto estávamos no auge, alegando pressões comerciais, fora o fato de os dois guitarristas terem arrumado trabalhos para o verão nos quais usariam tamancos de madeira e limpariam fornos de aço, mas ganhariam bem mais do que as três libras que nos pagaram naquela última aparição.

Em meio a tudo isso, era fácil esquecer que eu deveria estar fazendo as provas de fim de curso. Eu havia estudado muito pouco; na verdade, não havia o que estudar. Eu tinha uma caixa de anotações de história; economia eu achava uma enganação criada por acadêmicos em busca de empregos; e inglês era divertido explorar, mas, Deus do céu, só a capa de qualquer coisa de Jane Austen já me fazia preferir comer a minha própria perna a ter de me forçar a ler.

Em todo caso, prestei meus exames de admissão no ensino superior sem ler um único livro para a prova de inglês e sem abrir muitos livros para a de economia. Em história, achei que daria um jeito, por se tratar de algo que de fato me interessava, o que provavelmente era bom, já que passaria três anos estudando a matéria ostensivamente na universidade. Não me lembro do que escrevi, mas incrivelmente passei nas três provas com a nota mínima possível, um "E". Mais incrível ainda, recebi a oferta de uma vaga em uma universidade londrina que me queria tanto a ponto de só exigir a nota mínima em duas das três matérias.

Assim, sem nenhum esforço desperdiçado, entrei para os salões da academia: Queen Mary College, Universidade de Londres.

Minivândalo

Estava em Londres com metas, um objetivo — mas nenhum plano — e uma bolsa do governo que de fato me colocava um dinheiro na carteira. Meu primeiro problema foi sobreviver ao dia da minha chegada. Fui imediatamente convocado à presença do diretor do departamento de história, o professor Leslie. Ele segurava a folha de papel com as minhas notas em todos os exames.

— Qual é o significado disso? — exigiu saber.

— Ah... eu tive um pequeno problema.

— Que... problema?

— Bom, veja, eu fui expulso da escola e tive que estudar em casa.

— Por quê? Por que você foi expulso?

— Hã... bebida — respondi.

Ele apontou para mim, com olhos que mais pareciam bolas de gude por trás das telas de televisão que lhe serviam de óculos. Tinha ainda uma semelhança alarmante com o sr. Sapo.

— Estou de olho em você — declarou. — Meus espiões vão lhe observar. Um aluno só precisa de uma cama, uma cadeira, uma escrivaninha e uma lâmpada de potência razoável.

— Bem, muito obrigado — respondi e, com um suspiro de alívio, saí dali direto para o bar do conselho estudantil, onde uma fantástica cerveja Bass me esperava por um quarto do preço cobrado nos pubs. Bons tempos aqueles.

MINIVÂNDALO

Eu tinha um plano meticulosamente escondido de meus pais, e, na realidade, até de mim mesmo. Eles ficaram intrigados com minha escolha de cursar história.

— Isso vai servir para quê? — indagaram.

— É útil no exército — respondi.

Mas os pensamentos que borbulhavam na minha cabeça contavam uma história diferente.

Eu havia urdido uma trama: qualquer coisa para sair dali, e, se quisesse ser vocalista de rock, teria de ser em Londres — se tudo desse errado, ainda poderia entrar para o exército. E lá estava eu, praticamente na rua logo ao chegar. Sorvi minha cerveja. *Prioridades*, pensei. *Número um, virgindade. Preciso perdê-la, e rápido.*

Dei fim às minhas ambições militares de uma vez por todas ao entrar para o Corpo de Treinamento de Oficiais da Universidade de Londres. Não vou me alongar nisso. Eu me apresentei para as noites de treinamento e eram uma chatice se comparadas a percorrer a vastidão desolada de Otterburn, na Nortúmbria, com metralhadoras e metalúrgicos. Estavam mais para uma reunião de playboyzinhos a fim de se fantasiar com uniformes em tamanho errado e botas que jamais haviam se sujado de lama.

Logo fiz amizade com um monte de bêbados, uma turma bastante misturada, e descobri que àquele grupo se dava o nome de estudantes de medicina. Este, pensei, é o início do fim da minha virgindade. Iniciei então uma carreira lavando xícaras de café tarde da noite, depois que os pubs fechavam, na crença equivocada de que fazer algo de útil poderia encantar uma estudante de odontologia de dezenove anos. Isso acabaria por acontecer de fato, mas não antes de eu descobrir que ela também era virgem e, pior, sabia de cor e salteado a farmacologia de pílulas anticoncepcionais. Lá se foi, assim, o frisson de pura luxúria, mas dando lugar a uma confiança reconfortante com base em sólida prática clínica. E praticar foi algo que fizemos muito.

Com esse problema resolvido, parti em busca de rock'n'roll e do segredo do universo. E ainda era só sexta-feira à tarde.

Não é preciso ser Sherlock Holmes para identificar músicos, em especial músicos de rock. Sejam diletantes sonhando acordados ou febrilmente ambiciosos, costumam se distinguir pelos *cases* de guitarras, baquetas ou um exemplar da *Melody Maker* dobrada na página de classificados. Por mais singular e levemente ridículo que soe hoje em dia, a *Melody Maker* era a única revista

BRUCE DICKINSON

séria no que tangia a anúncios de busca de músicos, venda de equipamento, estúdios disponíveis, van para alugar e tudo que fosse ligado a rock e música.

Tinha formato grande e era basicamente em preto e branco. Concorrentes oportunistas como a revista *Sounds* tinham páginas centrais coloridas em papel jornal — grandes folhas de papel higiênico na tentativa de tirar uma casquinha da circulação da *Melody Maker*.

Então avistei uma Gibson SG fora do *case*, carregada por um sujeito franzino de cabelo encaracolado.

— Ei. Bela guitarra. Que tipo de som você curte? — perguntei.

— Priest, Sabbath, Purple.

E assim, no espaço de trinta segundos, formamos uma banda. Seu nome era Martin Freshwater e ele conhecia um baixista chamado Adam. Desenterramos então o Jon Lord do Southend, Noddy White.

Noddy lembrava um pouco Noddy Holder, do Slade. Por isso o nome, e nunca descobri se ele nasceu com outro. Noddy dava aulas de guitarra, tinha um instrumento de dois braços em que um era um baixo e outro, uma guitarra, além de um órgão cujo som não era nem de longe tão impressionante quanto a aparência. Só nos faltava um baterista.

Steve era o único não universitário, e me esqueci por completo de como o encontramos, mas morava em Catford e tinha mais baterias do que eu jamais vira na vida.

Na cozinha desativada dos alojamentos, achamos uma sala de bom tamanho, montamos nosso equipamento e fizemos nosso barulho. As paredes eram azulejadas e as pias de aço inoxidável criavam uma reverberação metálica natural, de forma que a experiência se assemelhou a tocar dentro de uma lata de biscoitos.

Pedi a Noddy que me ensinasse a tocar guitarra e aos poucos fui aprendendo a movimentar e contorcer meus dedos gorduchos nas posições necessárias. Imediatamente comecei a compor, e o entusiasmo inicial da criação logo deu lugar à frustração na ausência da habilidade para moldar forma e estrutura.

Jamais me esqueci da alegria inicial, do entusiasmo que senti naquele momento pleno de criação e significado. Ainda que só significasse algo para mim mesmo e viesse a ser considerado uma porcaria. Havia certa pureza na arte da criação. A essa altura, já havíamos consolidado um pequeno repertório, e todo o material era nosso. Basicamente, estávamos prontos para agendar shows, ou assim pensávamos.

MINIVÂNDALO

Mas faltava um nome.

Nomes são incômodos. Podem definir e condenar uma banda involuntariamente à ruína ou, pior ainda, a elogios condescendentes.

O nome cria a corda bamba em cima da qual toda banda se equilibra. No rock, essa corda se estende por toda a eternidade: pomposo demais, punk demais, sério demais, risível demais, fora de sintonia demais, técnico demais — nada disso importa contanto que você aguente firme em cima da corda. Chega a ser estimulante ver alguém cambalear.

Mas, se cair, aí é o inferno.

Em 1977, o punk vivia seu auge, e o Queen Mary College, o Mile End e o East End estavam bem no centro da ação. Os shows secretos dos Pistols, The Jam, Bethnal — uma banda punk com um violinista. De que vale um nome?

Tocávamos muito rápido, e quanto mais animados, mais rápidos ficávamos.

— Speed? — sugeriu Noddy.

— Speed? — perguntei.

— Sim. Porque a gente toca rápido para caralho.

Nenhum de nós, repito, NENHUM de nós fazia ideia de que *speed* era o nome de uma droga (anfetamina), e das mais populares para uma cultura que não havia descoberto — e, de qualquer forma, não tinha ainda como bancar — a cocaína. Cerveja era a única droga na cidade. Depois das cinco da tarde, no grêmio estudantil, havia sempre uma algazarra de viciados em música, que ficavam ao lado da jukebox e discordavam veementemente sobre as mesmas coisas todos os dias. Gritavam uns com os outros e continuavam amigos quando a discussão chegava ao fim. Anotem isso, futuros líderes mundiais e torcedores de futebol.

No bar do grêmio, podia-se encontrar todos os tipos de vermelho, do rosa-claro de salto alto ao escarlate comunista, com machadinhas ensanguentadas para enterrar na cabeça dos imundos opressores capitalistas. Como sou declaradamente do contra, marquei posição me opondo a algumas das moções mais tolas nos debates públicos. Valeu a pena só para irritar aqueles mal-humorados e pedantes árbitros da opinião política estudantil.

O representante do Partido Socialista dos Trabalhadores era sempre educado, porém intenso — um combatente da luta de classes que vestia agasalho esportivo. Tínhamos discussões divertidas, até ele levantar acampamento e ir tramar o apocalipse vindouro, despedindo-se de mim com o aviso de que eu "estava na lista".

— O Titanic também tinha uma lista e olha o que aconteceu — lembrei-lhe.

Havia, contudo, departamentos no grêmio estudantil que efetivamente faziam algo, em vez de falar sobre fazer algo. A área de entretenimento sem dúvida parecia aquela na qual se engajar. Seu administrador era eleito pelos alunos, juntamente com seu ou sua assistente, e basicamente tornava-se um promotor de shows com verba do grêmio estudantil.

O Queen Mary tinha, e tem até hoje, um espaço extraordinário, o Great Hall. Erguido na década de 1930 com o nome de People's Palace, tinha um dos maiores proscênios de Londres. Hoje, modificado, é mais um espaço multiuso, mas em 1977 ainda era um teatro com assentos no balcão e uma ampla plateia, que, em shows, virava pista livre sem cadeiras.

Comecei como voluntário, empurrando caixas para lá e para cá e trazendo e levando o equipamento de várias bandas. Montei o "Atomhenge" do Hawkwind, e o baterista, atualmente uma das maiores autoridades em reciclagem de lixo no Reino Unido, é meu colega de copo no pub da vizinhança. No mesmo show, se apresentou a nova formação dos Pirates, obviamente sem Johnny Kidd, que havia morrido alguns anos antes em um acidente de carro. O guitarrista, hoje lamentavelmente falecido, chamava-se Mick Green, e para qualquer um que toque guitarra é essencial ouvi-lo.

Manfred Mann's Earth Band, Ian Dury and the Blockheads, Lone Star, Racing Cars e Supertramp, todos agraciaram o palco do People's Palace em diversos momentos. A BBC usava o local para uma série de transmissões do programa *Sight and Sound in Concert*, e todos os shows eram abertos ao público. Eu fazia um pouco de tudo, desde ficar na porta até ajudar na coxia e na segurança — e descarregava caminhões à beça.

Passar do Hawkwind e sua psicodelia de ingressos esgotados para o cheiro de fogões velhos e sujos e de carpetes mofados era um choque de realidade, mas nos ensaios ali dentro da nossa pequena lata de biscoitos, o Speed construiu um repertório que era interessante, mas uma mistureba bem curiosa. Se fôssemos um jardim sonoro, teríamos sido um devastador tornado de folhas e galhos secos, com um ou outro narciso visível em meio à fuga amarronzada da ventania.

Os dois riffs de guitarra bastante primitivos de minha autoria se chamavam "FBI" e "Snoopy". Eu tinha uma versão de pelúcia em tamanho grande do personagem das tirinhas de Charles Schulz. Abusos ao Snoopy eram uma parte importante do show. Gostaria de poder dizer o porquê.

MINIVÂNDALO

Nossa primeira apresentação foi no Green Man, em Plumstead, onde tocamos para pouca gente. Snoopy foi estripado e tocamos extremamente rápido e basicamente desafinados.

O público adorou e o promotor nos ofereceu uma data fixa mensal.

Para ir e voltar dos shows, nós roubamos — hã, pegamos emprestada — a minivan da faculdade. Tinha assentos e janelas, e por isso os assentos tinham de ser removidos, e o carregamento, feito longe da vista de qualquer um; a passagem pelos portões precisava ser rápida o bastante para que ninguém notasse que as janelas estavam cheias de sras. Fender, srs. Marshall e de um enorme cachorro branco de pelúcia de focinho preto.

Com todo o equipamento acomodado não restava lugar para ninguém; assim, tínhamos de viajar de trem. Depois do show, nos esgueirávamos novamente para dentro da faculdade e recolocávamos os assentos antes de amanhecer.

Meu primeiro ano de universidade não foi nada mau. Vi shows de várias bandas e toquei em uma. Aprendi a tocar mal guitarra, compus minhas primeiras músicas e me apresentei. Hora de seguir em frente, ascender e me mexer — ou talvez vagar a esmo.

Na trilha dos cães

Se meu relato soa estranhamente desprovido de referências a estudos de história, é porque, ao chegar ao segundo ano de faculdade, eu mal dava as caras nas aulas. Muito de vez em quando bebia duas ou três cervejas no almoço e me dirigia à aula particular de história medieval. A professora era uma senhora muito simpática, e acho possível que tenha vivenciado de fato a maior parte do que é narrado em *The Cambridge Medieval History*, que ela tanto amava. Não me lembro de nada sobre Carlos Magno ou Frederico II, mas lembro como a luz do sol era ofuscante e interferia nos meus devaneios ao entrar pela janela opaca que lhe emoldurava a silhueta.

Naquele momento eu tocava o setor de entretenimento em tempo integral. Tinha uma sala, ia a reuniões de comitê e contava com um orçamento. E o mais importante: tinha uma linha telefônica externa e acesso direto a todos os agentes da cidade. De repente, surgia uma semana de calouros a organizar: agendar bandas, boates e toda aquela coisa boa.

Acho que o Fairport Convention acabou sendo a atração principal, e a semana toda deu um tremendo lucro. Arrecadei uns 20% a mais do que gastei. Fui arrastado à presença do comitê e informado de que eu era "uma desgraça".

— Isso não passa de exploração do corpo discente — me informaram.

— Então vocês querem que eu perca dinheiro por princípio moral? — perguntei.

NA TRILHA DOS CÃES

Passada a inquisição, pensei um pouco sobre o problema. Nunca havia visto ao vivo Ian Gillan, um dos meus heróis dos vocais, portanto liguei para seu agente e agendei um show dele. Falei que dinheiro não era problema. Em troca, sugeri, será que ele poderia me apontar o caminho das pedras para alguns shows em pubs? O Speed era divertido, mas limitado. E eu, para pegar emprestado um nome futuro de canção, tinha uma ambição febril ["Burning Ambition"].

O telefone, é claro, me deu a possibilidade de responder a anúncios da *Melody Maker*. Um, em particular, parecia promissor: "Precisa-se de vocalista para completar projeto de gravação." Liguei. Só um problema: "Você tem uma fita?" Óbvio que não tinha. O cara com quem falei era um engenheiro de gravação e também o baixista. Era tempo de estúdio de graça, e eu jamais havia estado em um na vida. As influências, porém, pareciam feitas sob medida para mim: Purple, Sabbath e, deliciosamente, Arthur Brown. Ele, Ian Gillan e Ronnie James Dio são provavelmente os três cantores a quem você poderia se referir com a frase: "Ahá! Agora entendi de onde o Dickinson roubou isso!"

Devo rememorar meu histórico com Arthur Brown, um dos artistas performáticos mais loucos da Inglaterra e uma das vozes mais insanamente talentosas do rock. Vi-o pela primeira vez na Oundle, quando eu tinha dezesseis anos. Kingdom Come era a banda, e o álbum tinha o título de *Journey*. Para mim, o show foi um ritual xamânico de cair o queixo. Nunca experimentei ácido, cogumelos nem qualquer tipo de alucinógeno, mas com Arthur naquela noite nem precisava. Graves, *gravíssimas* ondas seno de sintetizadores analógicos vinham pegar nossos globos oculares e depositá-los em estéreo onde deveriam estar nossos ouvidos. A tela com projeções de bolhas, luzes e estrelas comprimia o tempo de forma peculiar.

Foi quando Arthur entrou no palco com o rosto pintado e um ornamento enorme na cabeça, postou-se como um rei asteca diante de um tripé gigantesco, ergueu as mãos em sacrifício e entoou, em um tenebroso barítono expandido, uma ordem para que arrancássemos a ferrugem da alma: "Alpha waves compute before eternity began…" ["Ondas alfa calculam antes que tenha início a eternidade..."]

Quem se importa se soa como baboseira hippie? Posso dizer que, naquela noite, achei que tinha tido um vislumbre de Deus.

Em 1976, Arthur tinha uma banda sem baterista. No alto daquele tripé havia não um altar, mas uma bateria eletrônica Bentley Rhythm Ace. Arthur

BRUCE DICKINSON

não estava nos sacrificando nem abençoando; ele manipulava os *loops* em fita analógica de cada tambor específico, cada um em uma velocidade diferente, e provavelmente praguejava devido à frustração. Só um louco para ao menos tentar aquilo. Havia um guitarrista solo, um baixista e dois tecladistas com todo tipo de sintetizador analógico a tiracolo, VCS3, teremim e mellotron.

Em algum momento daquela experiência de queda em um buraco negro musical, dois sujeitos subiram ao palco vestidos de cérebros para apanharem com um bastão, enquanto homens vestidos de sinais de trânsito dançavam ao redor. Inspirado e deliciosamente louco.

"Fire" é a faixa mais conhecida de Arthur e já é o bastante para assegurar--lhe um lugar no panteão do rock, mas vale a pena explorar cada um de seus álbuns com o Kingdom Come e o Crazy World of Arthur Brown. Pete Townshend foi produtor associado de *The Crazy World of Arthur Brown* — dali saiu a ideia para *Tommy*, do The Who — e trata-se de um álbum conceitual, um dos primeiros, sobre a descida de um homem ao inferno. Quando ele abre a porta, bem, já dá para adivinhar: "I am the god of hell fire, and I bring you, fire…" ["Sou o deus do fogo do inferno, e trago o fogo..."].

Havia uma voz negra aprisionada no corpo de Arthur, pois, quando cantava *standards* de blues como "I Put a Spell on You", era de descascar a tinta da parede. Naquela noite em que o vi, Arthur plantou a semente para o que eu chamo de "teatro da mente", com música no arco do proscênio e nossos cérebros como palco.

Enfim, voltemos a meu problema imediato — eu não tinha uma fita demo. Teria de improvisar. No meu segundo ano em Londres, transferira meu alojamento de South Woodford — um prédio do alojamento da universidade com vista para a autoestrada, insosso e sem personalidade — para um lugar ligeiramente mais desafiador, mas muito mais interessante.

A Isle of Dogs é a curva em forma de U no Tâmisa que aparece com destaque na sequência de créditos de *EastEnders*. No fim da década de 1970, era um lugar desolado, assolado por ventos e decadente. Prédios de apartamentos coabitavam com moradias sociais dos anos 1930, todos erguidos para os milhares de trabalhadores que um dia haviam povoado as docas de Londres. Nos tempos da dinastia Tudor, era um pântano e refúgio de criminosos fugitivos das cadeias próximas. Um muro foi erguido por causa da maré, e gradualmente formou o contorno que todos conhecemos e amamos. Moinhos de água foram construídos no muro, daí o nome da Millwall, que se estendia pelo

NA TRILHA DOS CÃES

lado oeste da ilha. Antes que enseadas fossem escavadas na lama para abrigar as docas, Henrique VIII soltou cães selvagens nos pântanos. Estava farto de ter de gastar dinheiro perseguindo criminosos e então decidiu se certificar que os cães se fartassem também, em um sentido bem mais desagradável.

A Tate & Lyle ainda tem uma refinaria de açúcar por lá, e escondido na Tiller Road ficava o apartamento térreo que era meu novo pouso e o local de gravação da minha primeira demo. Eu dividia o apartamento com um cara que pouco via, pois ele desaparecia dentro de seu covil e só emergia em horários bizarros da noite. Tinha cabelo comprido, um casaco Afghan, uma barbicha, óculos de John Lennon e vivia rindo sozinho por razões que sempre me escaparam.

Em um dos quartos, havia um piano vertical largado. Claramente não é um objeto que se amarre na traseira do carro quando seus dias na universidade terminam. O teclado até que emitia som, mas soava como uma montoeira de pequenos gongos martelados em dissonância torturante. Eu possuía um gravador de fitas cassete e apenas uma fita. Em um dos lados havia uma sequência horrível de música de elevador, e no outro eu tinha gravado um pouco de Monty Python. Maníacos por cassetes devem se lembrar dos rituais curiosos que envolviam colocar fitas adesivas em fitas comerciais pré-gravadas. Ocupei-me com um pedaço de fita adesiva e depois futuquei as entranhas do gravador, acabando por equilibrá-lo em cima do piano com a fita pausada.

Nem me preocupei em tocar piano, pois não sabia. Posicionei-me bem longe do minúsculo microfone condensador embutido e gritei bastante, gemendo enquanto mudava as escalas e liberando um guincho nasal com alguns vibratos distintos ao final de tudo.

Pus no correio, endereçado à caixa postal que havia no anúncio. Anexei um bilhete em caneta esferográfica vermelha: "Aqui vai a demo. Se for uma droga, tem um pouco de Python no outro lado para aliviar."

Feito isso, de volta à programação normal. Ir à faculdade. Abrir a caixa de correio. Evitar as aulas. Organizar um ensaio. Sonhar acordado. Beber três cervejas no almoço. Ir à aula particular. Não me lembrar de nada. Dar alguns telefonemas para agentes. Esperar uma hora pelo ônibus 277. Comer alguma coisa. Ver a namorada. Pub. Dormir.

— Tem um recado pra você — me disseram uns dias depois quando apareci na sala do departamento de entretenimento. — Um cara ligou para falar de uma fita ou algo assim.

65

BRUCE DICKINSON

Agarrei o bilhete. "Ligar para Phil no número tal..."

Disquei "o número tal" e atendeu uma voz amistosa e entusiasmada com sotaque de Birmingham. "É, gostei mesmo da fita. Tinha umas ideias melódicas doidas. Parecia um pouco o Arthur Brown."

Eram três da tarde. Às seis e meia, eu entrava pela porta do estúdio. Era caseiro e ficava em uma garagem. Tinha sido revestido com caixas de ovos e espuma, mas para mim era Abbey Road. Para um pequeno estúdio semiprofissional, era muito bem equipado. Tinha um pequeno kit de bateria e um monte de cabos, pedais e pedestais dos quais se desviar rumo à cabine de gravação do vocal. Eu não entendia nada de gravações. Sabia qual era a função de um gravador de fita e entendia mais ou menos o que se fazia na mixagem (mixar, certo?), mas, no que dizia respeito a gravação multipistas, eu era um zero à esquerda.

A ideia de fones de ouvido era totalmente nova; uma mixagem monitorada era como um país ainda não descoberto.

Phil pôs para tocar a trilha de fundo. *A guitarra me pareceu bem bacana*, pensei: meio Peter Green, na onda do Fleetwood Mac do início, um quê de "The Green Manalishi". O título da canção era "Dracula", e a letra, meio melosa, ao estilo "*Carry On*/Fangs for the Memories", mas interpretada como se fosse absolutamente séria. Sugiro "Meu único senso de humor está em uma jugular" e "Seu pescoço está no menu dessa noite" para se ter uma ideia. Comecei a cantar, depois de aprender a canção na sala de controle. Phil se inclinou e apertou o botão do intercomunicador.

— Hã... quanto tempo você tem?

— A noite toda se precisar — respondi.

Dava para vê-lo se reclinando para discar um número de telefone.

Phil tocava baixo e havia telefonado para o irmão mais velho, Doug, que era baterista. Juntos, escutamos como havia ficado às quatro da manhã. Eu jamais tinha gravado em dois canais ou harmonizado comigo mesmo, mas naquela noite o fiz: uma tríade de vocais ascendentes, grandes partes dobradas em coral. Se o dono da casa geminada de três quartos da qual fazia parte a garagem soubesse a que ele deu início naquela noite...

— Acho que é melhor começarmos a banda então — disse Doug.

O que mais me impressionava era o fato de eles terem uma van azul maltratada. De dia, era usada para fazer entregas de encomendas; à noite, transformava-se em um exótico tapete mágico de quatro rodas, transportando nossas

NA TRILHA DOS CÃES

alegres almas para o mundo dos sonhos até o amanhecer, quando virávamos abóbora novamente junto com o resto da humanidade. Mas, antes de salpicar pó mágico no tanque de gasolina, tínhamos de achar um guitarrista.

Assim, um anúncio foi colocado na *Melody Maker*: "Procura-se guitarrista para gravação com banda profissional. Boas perspectivas."

Deus do céu, eu queria sair cantando. Belisque-se para ver se é verdade, Dickinson, porque seu Grande Momento está chegando.

Um conto baseado

O Speed havia diminuído a velocidade. Todos tínhamos nos mudado e estávamos espalhados pelo leste de Londres. Uma quantidade variada de trabalho aliada à questão geográfica deram um fim à banda — e, de qualquer forma, nosso baterista não conseguia se livrar de seu emprego em Catford. Plumstead virou uma região taciturna na época do nosso último show, mas não antes de uma plateia desnorteada me ver estripar Snoopy no palco do People's Palace. Sabia que estavam desnorteados porque dava para ver com clareza a perplexidade nos seis rostos presentes no cavernoso local. Talvez achassem que tinham encontrado uma estranha instalação de arte, ou ficaram tão chocados que pararam para ver o acidente.

Na verdade, nem éramos tão ruins — só não éramos muito bons.

Doug e Phil moravam em um prédio antigo bem estiloso, em Battersea, no sudoeste de Londres. Nos anos 1970 — e nos 1980, por sinal —, os aluguéis em Londres eram acessíveis, e as casas, baratas. Um camarada empreendedor do curso de ciências sociais chegou a comprar um apartamento durante sua estada na universidade usando o dinheiro da bolsa como depósito inicial. Espertalhão.

Já eu fiz algo bem diferente com o dinheiro da minha. Gastei a maior parte em um sistema de PA para a nova banda. Consistia em duas grandes peças de mobília com dois falantes de quinze polegadas embutidos na caixa. No alto, quatro falantes de doze polegadas com um *tweeter* em cima, alimentados por

UM CONTO BASEADO

quatro amplificadores valvulados de duzentos watts, designados como escravos, escravos de energia na verdade. Decidi subir de patamar na esfera dos microfones e agora cerrava o punho em torno de um AKG-linha-sei-lá-qual dourado, com um conector XLR em uma ponta e um P10 na outra. No mínimo, estava a meio caminho do paraíso.

Tudo isso quase zerou minha conta bancária. A boa gente do Barclays me dera um talão de cheques, um cartão e o que me parecia ausência total de limites no cheque especial, e era assim que me alimentava. Eu também era responsável por não pagar o aluguel. Consegui fazê-lo ao não estar jamais em casa entre as nove da manhã e as cinco da tarde de segunda a sexta — ou, se estivesse, me escondia atrás do fogão.

Depois de dois períodos disso, as cartas começaram a chegar. Um monte delas, aliás. *Deixa para lá*, pensava eu. *Um dia tudo isso vai estar em um livro.*

Neste meio-tempo, eu pilotava o telefone no prédio estiloso em Battersea, esperando as ligações de candidatos a guitarrista. Lá pelo terceiro dia já estava perdendo a vontade de viver. Se testar discípulos era semelhante a testar guitarristas, não é à toa que Jesus ascendeu aos céus. De início eu ouvia e eles falavam, e falavam…

Eu tinha talvez uns cem nomes e os agendara ao longo de pouco mais de três dias em um estúdio em cima do Rose and Crown, em Wandsworth. Eu fazia anotações sobre seus históricos, influências e estilos.

"Bom, acho que sou tão bom quanto Jimmy Page, mas talvez não tão inteligente."

"Eu me considero um cruzamento entre Ritchie Blackmore e Mozart."

"Acho que a guitarra é, para mim, uma extensão de toda a minha personalidade."

Phil e Doug apenas improvisavam alguns acordes e nós testemunhávamos a total inabilidade dos incapazes, dos incompetentes, dos infelizes, dos ingênuos e dos malucos de pedra em se entenderem com qualquer material musical ou colaborarem com qualquer ritmo, até mesmo o da própria pulsação.

Ao final de três dias e depois de quase me atirar no Tâmisa do alto da Albert Bridge, tamanha era minha frustração, apareceram duas pepitas radiantes. Ambos tinham mais de trinta anos, o que parecia uma idade absurdamente distante. Havia um irlandês fantástico que tocara em bandas de musicais, totalmente profissional. Música, para ele, era tão simples quanto

BRUCE DICKINSON

apertar um interruptor. Mas eis que entrou Tony Lee. Tony era um australiano calmo e com presença, e quando tocava, sem esforço algum, fazia simpáticas caras e bocas. No que se refere a barba, estava trinta anos à frente do seu tempo. Para resumir, o visual dele era ótimo e, rapaz, como tocava guitarra!

Adotamos o nome Shots, mas poderia bem ter sido Anal Catastrophe e só teríamos de mudar uma letra. Era a época do punk, afinal de contas. Também achei um nome horrível, mas não conseguia pensar em nada melhor.

Passamos a nos dedicar a ensaiar nosso material e criar uma imagem. Sem qualquer experiência pregressa nem em uma coisa nem em outra, eu me pautava pela sabedoria alheia. Depois dos ensaios ou de demoradas discussões ao redor de litros de chá em Battersea, lá ia eu fazer baldeação do trem para o metrô e o ônibus 277 até chegar de volta a Isle of Dogs.

Uma noite, caí desavisadamente sob os efluvios malignos não dos sinos, livros e velas da excomunhão, mas de vidro, resina e fósforos. A maconha havia chegado e, na melhor tradição da arqueologia de banheiro, ia dar merda. Eu estava martelando as teclas do piano dilapidado quando ouvi uma batida na porta.

Espiando atrás da maçaneta, lá estava meu colega de apartamento risonho, com cara de elfo, aquele do casaco Afghan e dos óculos à la John Lennon.

—Vai uma taça aí? — perguntou ele.

Não fazia ideia do que ele queria dizer, mas, no espírito de "Para Que Serve Esse Botão?", fingi indiferença.

— Por que não?

Segui com hesitação até seu covil. Era o próprio paraíso das bandanas e incenso: carpetes nas paredes e no teto — até no chão. Era um *boudoir* masculino e o templo de uma fragrância que eu não conseguia identificar. Ele ria à beça. Ainda estava rindo quando tirou um broche da lapela (alunos sempre usavam uns dez ou quinze) e o colocou na mesa, vergando a ponta afiada do alfinete até a posição vertical. Isso era um comportamento intrigante.

Então quebrou um pedaço de uma substância marrom parecida com lama, separando-a de sua irmã maior, e enrolou-a no formato de uma massa oleosa. Empalou-a com extremo cuidado no broche, como faria um cirurgião com um fígado frágil antes do transplante.

De repente, acendeu a massa com um fósforo, depositou um copo de vidro sobre a coisa toda e, erguendo a borda do copo invertido, inalou a fumaça

UM CONTO BASEADO

resultante até ficar com o rosto bem vermelho. Fiquei perplexo. Finalmente ele exalou. O copo ainda estava cheio das delícias da combustão.

Ele acenou com a cabeça para que eu pegasse o copo.

Inalei cheio de vontade. A sensação era de que meus pulmões tinham sido chamuscados, e minha epiglote, devastada por um esfregão, mas por alguma razão rolei pelo chão, jogando mãos e pés para o ar e, de repente, estava no teto olhando para mim mesmo lá embaixo. Traguei mais algumas vezes, e àquela altura já havia percebido que se tratava de uma forma resinosa de maconha. Coisas que antes não eram tão engraçadas passaram a ser, e fiquei várias horas penetrando o tecido do universo para tentar achar a piada. Ainda que eu relute em admitir, aquela tragadinha no baseado me abriu o que o They Might Be Giants teria chamado de uma pequena "casa de passarinhos na alma" ["Birdhouse in Your Soul"]. Isso e a vontade de comer rosquinhas.

Nunca tive a chance de agradecer ao meu colega de apartamento porque a polícia deu as caras e o levou alguns dias depois. Ele era uma alma generosa e havia mandado uma grande trouxa de haxixe no canto de um envelope pelo correio de Sua Majestade. Fosse raciocínio lento por fumar demais ou falta de raciocínio mesmo, fato é que endereçou o envelope à casa errada. O destinatário o abriu, chamou a polícia e gentilmente lhes passou nome e endereço do remetente, que já estavam dentro do envelope para facilitar.

Acho que ele foi multado em 400 libras e nunca mais o vi, mas fosse lá o que tivesse naquele baseado não havia ido embora. Meu anseio era comunicar o drama que se descortinava pelo cosmos do meu cérebro para a própria alma do público. Só que havia o problema da imagem. Era evidente para mim que eu não me encaixava bem no papel. Também não conseguia me forçar a chafurdar em uma imagem falsa de roqueiro americano. Imagem, na área do entretenimento, pode significar tudo e nada ao mesmo tempo.

Eu precisava ser substancial. Não tinha escolha, até porque, em termos de imagem, eu era um desastre ambulante. Para aqueles que acham esse veredito severo demais, há fotos aos montes para provar. Como a gravação de "Dracula" parecia adequada para tal, inventamos uma espécie de personalidade escandalosa de horror para a banda, um pastiche barato de Screaming Lord Sutch. Nosso esguio australiano usava uma capa e muita sombra nos olhos. Nosso baixista estava com uma máscara de borracha de um homem de oitenta anos, e eu vestia ceroulas verdes de uniforme militar, botas de boxe e

BRUCE DICKINSON

uma camisa de vovô. A *pièce de resistance* era uma coquilha de lamê dourado. E caso alguém esteja achando que isso não passou de um terrível acidente em uma compra às cegas em um brechó de caridade, saibam que mandei fazer a coquilha dourada sob medida.

Em Hackney, no leste de Londres, havia uma ocupação regularizada, basicamente um triângulo de três ruas formando uma comuna. No meio dela, toda sorte de cafés veganos e coalizões arco-íris. Ali vivia a costureira lésbica que tirou minhas medidas, sem se impressionar muito, e confeccionou meu protetor cintilante de piu-piu.

Eu tinha Ian Anderson em mente, ele e seu sobretudo de vagabundo na capa de *Aqualung*, do Jethro Tull. Ainda que minha voz não soasse como a dele, eu era um grande fã de Jethro Tull — e, claro, Glenn Cornick, fundador do Wild Turkey, havia sido membro original da banda.

Comecei a usar meus limitados recursos dramáticos. Corcoveei muito em espaços confinados durante os ensaios, além de girar objetos inanimados me equilibrando em uma perna só.

Nosso primeiro show não demorou muito a chegar. O dono do Rose and Crown teve pena de nós, suspeito que em função do dinheiro considerável que gastávamos em seu estúdio. Havia uma pessoa na plateia, e não há nada tão solitário quanto um homem sozinho em uma boate. Ele estava sentado em uma mesa no meio da pista de dança, as luzes azuis piscando e refletindo nas paredes espelhadas. Independentemente da quantidade de espelhos, continuava a não parecer uma multidão.

Mais shows foram surgindo, e nossa fama se espalhou até Croydon. Lá, de repente, um agente se interessou em assinar um contrato conosco. Deu todos os sinais corretos, mas disse todas as coisas erradas.

Tinha cabelo ruivo, penteado para trás para esconder a careca, e era agente de bandas de rockabilly, de performances nostálgicas dos anos 1950, bandas cover formadas por Teddy-boys e qualquer outra modinha para entreter gente horrível.

— Brilhante, rapazes — disse ele. — Amei. Heavy metal cômico. Hilariante. Adorei as tiradas. Venham ao escritório e vamos assinar o contrato.

E foi embora.

O escritório ficava em um primeiro andar com cheiro de mofo, em cima de um restaurante indiano em Finsbury Park, virando a esquina na saída do metrô e não muito longe do Rainbow Theatre, lendária casa de shows de

UM CONTO BASEADO

rock (que lamentavelmente virou igreja evangélica). Lá era onde realmente queríamos chegar, claro, mas o que tinha sido oferecido parecia melhor do que nada. Assinamos o contrato. Segundo os termos, prometíamos fazer tudo, e ele prometia tentar fazer alguma coisa, mas sem nenhuma garantia.

— Brilhante, rapazes. Fantástico, ótimo, heavy metal cômico... Vai ser um sucesso.

Fomos embora sentindo-nos estranhamente carrancudos e insatisfeitos.

Após algumas semanas sem que viesse nada em particular da parte daquele cavalheiro, nos foi oferecido um show em uma base do exército em Arbroath, Escócia. Pesquisa e um mapa nos mostraram a verdade econômica da filosofia de Dickens: "Quando o gasto com gasolina para viajar de uma ponta do país excede o cachê total disponível, o resultado é sofrimento."

Arbroath era conhecida por seu peixe defumado, então fui até o mercado de pescadores e comprei alguns pacotes de peixe defumado pré-cozido para nos dar um gostinho do que poderia ter sido. Nosso agente protestou: "Bem, francamente, rapazes, vocês estão desperdiçando uma grande oportunidade. Muito decepcionante."

Consignamos nosso agente e seu penteado à la Donald Trump ao subsolo da história e partimos para o sudeste, além até mesmo da pujante metrópole de Plumstead.

Gravesend é daqueles nomes de cidades, como Leatherhead ou Maidenhead, que fazem os americanos coçarem a cabeça e perguntarem: "Por quê?" O "porquê" no caso provavelmente era náutico e devia fazer alusão ao fim da linha para os navios de linha. O príncipe de Gales não viveu lá, mas certamente deu origem a alguns pubs em sua época, e o Shots tocou no Prince of Wales em uma noite modorrenta, com o equipamento montado em frente ao bar e a entrada do banheiro masculino bem ao lado do palco inexistente.

Máscaras colocadas, coquilha firmemente amarrada e pandeireta de prata rodopiando adoidado, éramos o suficiente para cessar as conversas no bar, o que é sempre um bom começo.

O grande desafio surgiu quando clientes quiseram usar o banheiro, e decidi conduzir algumas entrevistas improvisadas com eles ao adentrarem nosso território. Quanto mais humilhante melhor, e o senhorio nos agendou um novo show.

O boca a boca começou a espalhar a fama do vocalista saltitante, do velhote no baixo e do cada vez mais desconfortável Tony Lee com sua Gibson preta, rímel preto, batom preto e nenhum visto de trabalho. Ao retornarmos à cena do crime, semanas depois, o lugar estava lotado e, depois daquilo, mais lotado. O proprietário estava maravilhado.

— Adorei as tiradas — dizia ele. — Adorei. — E me pagava muita cerveja.

O verão de 1978 foi impressionante para mim. Estava livre para vagar pelas ruas de Londres guiado apenas por sonhos e, ainda assim, livre para esquecer o que me conviesse. Eu largara o cargo no departamento de entretenimento e portanto só fazia perder tempo pelo leste de Londres, adquirindo um bronzeado de estivador.

Devido ao punk e sua atitude faça-você-mesmo no que diz respeito a discos e gravadoras, todo mundo fazia parte da cena. Singles autoproduzidos em vinil eram padrão para bandas de rock também, mas o Shots estava em desvantagem. Não tínhamos dinheiro para prensar um. Tony, nosso vampiro antípoda, dava sinais de que um ultimato estava a caminho. Era mais velho, já havia de fato ganhado dinheiro com música e mostrava uma pressa razoavelmente intensa em fazê-lo novamente.

Ao longo do meu terceiro e último ano de universidade, retomamos nossos shows em pequenos pubs e clubes por toda a Londres. As cartas de recusa a "Dracula" que recebemos teriam sido suficientes para revestir uma pequena gaiola de hamster. O Prince of Wales já começava a ficar farto do Shots, e creio que o sentimento era mútuo. Há um número limitado de vezes para se repetir as mesmas piadas e canções antes que as pessoas comecem a se dispersar. Certa noite, contudo, estávamos carregando a van, e eu estava parado, temporariamente sem função, quando três indivíduos de aparência estranha me abordaram.

Paul Samson usava chapéu-coco, jaqueta de couro e tinha bigode, além de cabelo encaracolado na altura dos ombros. Não muito diferente de um King Charles spaniel. Chris Aylmer era alto, tinha um mullet e realmente parecia bastante maduro. Barry Purkis tinha cabelo bem cacheado pintado de ruivo e usava uma jaqueta de soldado nazista, brincos fluorescentes e uma calça vermelha berrante.

— Olá — começou Paul. — Somos o Samson. Temos contrato, um álbum e empresário, e queremos um cantor. Interessado?

— Gary Holton, Heavy Metal Kids... é o tipo de coisa de que estamos atrás — contribuiu Barry.

— Percebo uma influência de Ian Gillan — recitou Chris, reflexivo.

UM CONTO BASEADO

— E Kiss, e os Residents. Muito foda — adicionou Barry.

— Muito — murmurou Chris.

— É, muito. — Paul riu.

— Bem, fico muito lisonjeado — respondi. — Mas preciso prestar meus exames de conclusão de curso em três semanas. Então não posso fazer nada até me livrar disso. Pode ser?

— Sim, tudo bem. Vamos nos falando — disse Paul, e escreveu seu número de telefone.

Eu havia ficado mais e mais preocupado com as provas, e nos seis meses anteriores à conclusão do curso, tinha decidido compensar os dois anos e meio anteriores de insuficiência acadêmica.

Sem muitos esforços, consegui um Desmond, um Tutu, como falamos na Inglaterra, ou, para usar a terminologia correta, honras de segunda classe; divisão inferior.

Quando os exames chegaram ao fim, eu começava a imaginar que estava quase pegando o jeito desse negócio acadêmico. Meu cérebro estalava em todos os lugares certos, e comecei a conjeturar se toda aquela atividade não teria criado algum impacto permanente.

Terminei a última prova antes do almoço. Respirei fundo ao virar as costas para o grande prédio principal de fachada branca na Mile End Road. Peguei o ônibus 277 até a passagem subterrânea de Greenwich e caminhei sob o rio Tâmisa até os velhos cais situados a sul do rio. O Wood Wharf Studios era uma sala para ensaios com vista panorâmica do rio, mas por ora meu destino era a pequena barraca portátil nos fundos.

Com a cabeça ainda zumbindo por conta dos documentos sobre Munique, conciliação e a queda da França perante os nazistas, abri a porta do estúdio. Era 1979. Eu tinha vinte anos e iria começar a cantar em tempo integral com o Samson.

Uma cruzada heavy metal

Não era o que eu estava esperando. Havia mais equipamento do que jamais vira em uma sala de ensaios: cabeçotes Marshall, caixas Marshall revestidas em tecido com quatro falantes de doze polegadas, a Gibson SG de Paul, o baixo Fender Precision de Chris e, claro, a maior quantidade de peças de bateria de que eu já me aproximara.

Embora não faltasse equipamento, o ânimo de fazer alguma coisa estava curiosamente ausente. Eu me sentia ansioso, mas o grupo imediatamente debandou para o pub. Devidamente fortificados, demos a partida. De certa forma.

— Vamos começar? — perguntei.

— Não… Vamos encher a cara antes.

E foi assim que começou. Seriam dois anos de loucura, e ainda assim conseguimos produzir alguma música decente, além de realizar shows irregulares, embora, no fundo, gostássemos que fosse assim.

A tarefa imediata a se cumprir era encher a cara, portanto voltei ao pub e tomei uma terceira cerveja. Quando retornei, o estrago já havia começado. Embora tivesse integrado uma banda chamada Speed, só fui saber da existência de uma droga com o mesmo nome alguns anos depois. Havia uma leve crosta branca na ponta do nariz de Chris. Ele estava excepcionalmente ativo, visto que, em situações controladas, era razoavelmente lerdo.

Paul, por outro lado, apertava meticulosamente um de vários baseados usando resina comprimida em cima de tabaco removido de um cigarro

UMA CRUZADA HEAVY METAL

Marlboro. Isso e um novo pedal de delay, ideal para interlúdios prazerosos de notas harmonizadas por meio de feedback, que se estendiam por vários minutos.

Barry, ou Thunderstick, como se autoapelidara, usava um macacão azul. Para quem, na bateria, era a casa de máquinas da banda, ele não parecia animado como de costume. A razão, fiquei sabendo, foi ter engolido meia dúzia de tranquilizantes com a cerveja. Após cerca de meia hora, começamos a tocar cheios de energia: guitarra doidona, baixo trincado e um baterista sob o efeito de tranquilizantes que perdia a consciência de tempos em tempos e perigava tombar para trás sentado na banqueta. Felizmente havia uma parede que o impedia de cair, o que significava que acordava de repente e espancava seu kit com muito mais força, como que para compensar o tempo perdido.

Cheguei a cantar um pouco. *Três cervejas*, pensei, *não são o bastante.*

Em meio a essa levada rápida, rápida, lenta e doidona, a porta se abriu e entrou o que me pareceu um caixeiro-viajante ou motorista de táxi pirata. Ele parou e ficou olhando. Nunca gostei de ser observado em ensaios. Não gosto de ser observado nem por gente que eu conheça, verdade seja dita. Ensaio é onde você pode fazer cagada e sentir-se à vontade para experimentar.

Ele começou então a bater o pé e balançar a cabeça enquanto contraía os lábios, à maneira das pessoas cujo conhecimento de música é zero. Achava-se importante, mas era só irritante.

Paramos, mas não todos ao mesmo tempo. Levou um tempo para que Thunderstick se desse conta e lentamente caísse sobre os tom-tons, no décimo sono.

— Sim, posso ajudar? — propus.

— Ah, sim. Sou Glyn. Alistair me mandou aqui para dar uma escutada. Ver como a coisa está indo, entende?

Seu sotaque sul-africano era acentuado, e eu estava certo: era motorista de táxi pirata. Alistair, de quem ele falava, era Alistair Primrose, da Ramkup Management, empresário do Samson.

— Estamos nos arremates — anunciou Paul.

Curto mas agradável, nosso primeiro ensaio terminou com volta ao pub. Glyn trouxera algum dinheiro e achamos por bem convertê-lo em comida e cerveja. Depois de cerca de uma hora, voltamos para resgatar Thunderstick e o encontramos no telhado, fitando o sol de olhos fechados. Ele não estava em condições de caminhar, e portanto sentamo-nos todos no telhado enquanto

BRUCE DICKINSON

Chris e Paul fumavam mais alguns baseados. Esperamos até que nossas respectivas condições químicas se estabilizassem e pudéssemos ir para casa.

Percebi que a comunicação da maneira que eu conhecia era das coisas mais árduas com gente que vivia doidona. É bem difícil quando se é careta. Decidi me adaptar. É para isso que serve a evolução, concluí. Se a montanha não viria mais ou menos na minha direção, então eu iria muito bem descobrir qual era a graça daquilo tudo e embarcar junto.

O segundo dia de ensaio se aproximava rapidamente, e eu tinha certeza de que em algum momento seríamos capazes de tocar algo afinado que começasse ou terminasse no tempo. E, caro leitor, foi exatamente o que ocorreu. Assim foi. O Samson de fato tinha um contrato de gravação e haviam registrado um álbum como trio, com Paul nos vocais. O álbum estava pronto para ser lançado, e o pequeno entrave técnico para isso era a adição de um quarto membro, a quem nenhuma função poderia ser creditada no disco.

O selo era independente, Laser Records, e o álbum se chamava *Survivors*. Trazia na capa uma ilustração colorida de mau gosto, nível jardim de infância, em que a banda se postava acima de uma montoeira de astros do rock mortos. Nos créditos havia instruções para "tocar alto quando chapado" e sem dúvida atentamos para esse conselho nos anos seguintes.

Dá para dizer com segurança que praticamente todos os reveses, catástrofes e desastres legais que poderiam se abater sobre uma banda ocorreram com a nossa nos dois anos seguintes. Sofremos processos, injunções, fomos presos, procurados por todo tipo de delito e totalmente incompreendidos por todos, exceto nossas mães.

O escritório que nos representava era composto de contadores e secretárias, cujas habilidades eram as de recrutar contadores e auxiliares para o departamento financeiro. A sala ficava no último andar de um prédio em Blackfriars, e todos usavam terno e passavam 50% do dia bêbados como requisito de ofício. Haviam obtido algum dinheiro de um mecenas obscuro e isso foi o que bancou sua incursão na música. O outro grupo que empresariavam era o UK Subs, banda punk hardcore liderada pelo persistente Charlie Harper.

Eu recebia como pagamento 30 libras por semana — na verdade, um adiantamento, ou seja, um empréstimo. Acharam muito divertido preencher meu primeiro cheque nominal a "Bruce Bruce", pois haviam ficado confusos por toda uma noite de bebedeira tentando lembrar o esquete do Monty Python sobre os "Bruces".

UMA CRUZADA HEAVY METAL

Não achei muita graça, porque assim não dava para descontar o cheque, e eu precisava comer.

"Bruce Bruce" acabaria inevitavelmente por ser adotado como o meu nome artístico, algo com que não fiquei lá muito feliz. Achava bem idiota, sinceramente. Embora nem de longe tão tolo quanto o nome do movimento para o qual eu fora repentinamente cooptado sem nem sequer saber da sua existência.

A New Wave of British Heavy Metal foi cunhada como movimento musical durante um almoço regado a álcool no qual estavam presentes jornalistas da revista *Sounds*. De saco cheio de serem vistos como os irmãos idiotas da *New Musical Express*, decidiram contra-atacar com uma new wave própria. Era um título absurdo, abreviado como o igualmente incompreensível NWOBHM, que se pronunciava "Niuobam" em inglês. As bandas envolvidas se viram de repente nas páginas de uma revista de música de circulação nacional, em muitos casos para absoluta surpresa delas próprias.

A NWOBHM não tinha nada de nova. Era uma "velha onda" ignorada pela mídia mainstream em prol do punk, que, com a ponte para a moda através de Vivienne Westwood e a retórica artificial de guerra de classes, era mais palatável para jornalistas cujas aspirações iam além da música pura e simples.

As bandas que haviam inspirado a tal NWOBHM eram firmemente tradicionais e, no geral, continuavam firmes e fortes. Quem toma como base a crítica musical da época não tem culpa de achar que, em 1979, o rock havia deixado de existir. Longe disso. O Judas Priest, o Motörhead, o Scorpions e várias ramificações do Deep Purple estavam todos lotando teatros e arenas, apesar de a mídia esbanjar atenção a qualquer outra coisa.

No Samson, eu virara de repente um membro da NWOBHM. Alistair Primrose alegava ter inventado a turnê que celebraria o movimento. "Meu caro rapaz", dizia em sua voz aguda de reverendo do interior, "estamos a caminho de uma cruzada heavy metal."

Dois dos meus primeiros shows com o Samson foram durante a turnê Heavy Metal Crusade, e me abriram os olhos. Na Universidade de Surrey, com metade da casa vazia, sentei-me e observei o Saxon dar seu recado. Nunca os vira ou ouvira falar muito deles antes. Eram de Barnsley, nem 25 quilômetros distante de Worksop, e faziam meio que um som de motoqueiro, com sobretons épicos de vikings, cruzadas e, depois, Boeings 747 em queda livre.

Biff Byford, o vocalista, exibiu no palco uma enorme faca, que brandia triunfantemente durante uma música. Observei com grande interesse ele

BRUCE DICKINSON

tentar arremessá-la contra o palco de madeira, onde iria cravar-se de forma ameaçadora. Exceto pelo fato de que não iria. Ricocheteava e caía no chão fazendo barulho. Curvar-se e pegá-la de volta para tentar de novo não melhorava em nada a situação e, ainda que tenha acabado fincada à madeira, a carga dramática havia se esvanecido.

Nota pessoal: quando as coisas derem errado no palco, o melhor é ignorar e seguir em frente, ou então empolgar-se e criar uma narrativa a partir daquilo dentro da performance. Fazer o quê?

Na turnê Heavy Metal Crusade, o Samson era quase sempre o headliner, principalmente porque era nosso empresário que estava pagando pelos shows. E assim o mundo descobriu o alter ego de Barry: Thunderstick. A chave para aquela persona era não só a adoração de Barry pelo Kiss, mas também por bandas como Residents e Devo, um casamento estranho no que se referia à imagem. Visitar a casa de Barry era como adentrar um surreal grupo de encontro suburbano dedicado ao Kiss. A primeira percepção era a de que todas as placas de compensado em que você se sentasse continham velhos alto-falantes de guitarra de doze polegadas, todos conectados a amplificadores de tamanho industrial, que, por sua vez, estavam ligados à vitrola, e nela, claro, só tocava Kiss. As almofadas impulsionavam nossos traseiros para cima enquanto o pastor-alemão de Barry disparava pela sala, mordia a própria cauda e corria em círculos feito um louco. As paredes da casa geminada começavam a desmoronar face ao ataque violento enquanto a esposa de Barry trazia chá e biscoitos, aparentemente alheia à guerra de trincheiras que ocorria sob o mobiliário. Ir à casa de Barry era um evento sísmico.

O intuito do Samson era semelhante, e para atingi-lo pretendíamos explodir objetos e botar fogo em tudo. Instigado por sua impactante sala de estar inspirada no Kiss, Thunderstick tentou atingir o mesmo efeito nos clubes. Seu personagem era completamente desconectado da banda, e foi aí que surgiu o problema. Fee Waybill, dos Tubes, era parte de um grupo teatral de arte performática que por acaso tocava rock. Barry teria adorado que fosse o caso do Samson, mas só era o caso para ele próprio.

Paul em particular jamais se engajou na proposta de alguma forma significativa, e creio que o público enxergava aquilo mais como um artifício do que como uma empreitada artística. O Estripador de Yorkshire também não estava ajudando muito. Máscaras sadomasô não eram exatamente populares na época.

UMA CRUZADA HEAVY METAL

Mais um show da Heavy Metal Crusade ocorreu, agora no Music Machine em Camden. Em nosso território no sudeste londrino, o Samson tinha lá certa moral, mas tão longe de casa, apesar das várias capas de revistas adornadas por Thunderstick mascarado, o público era esparso, para dizer o mínimo.

Ainda assim, partimos dispostos a botar fogo no lugar — o que estávamos prestes a fazer de maneira mais literal. No Music Machine, fui apresentado a Scotty, nosso piromaníaco-chefe. Como o nome sugere, ele não era inglês; era roadie, motorista e explodia coisas. Instalava cargas de morteiros, disparava canhões de confetes e afixava dispositivos incendiários a pedaços de alvenaria, que, assim se esperava, eram não inflamáveis.

De início, nossos shows eram poucos e espaçados. Em 1979, após alguns shows itinerantes da Heavy Metal Crusade, apenas uma apresentação se interpunha entre nós e a dominação do mundo. O álbum *Survivors* tinha lançamento previsto para o outono, mas não havia turnê. Tínhamos um agente. Liguei para ele, concluí que era inútil e voltei a ser coordenador de entretenimento, com um telefone e uma lista de promotores de shows. Ao menos eu tinha um single, "Mr. Rock'n'Roll", e um lote de camisetas baratas para enviar como itens promocionais. Mais uma vez, dei telefonemas na cara de pau e lancei minha conversa mole pela Inglaterra.

"Sim, claro, e um show de luzes ENORME — com pirotecnia. Estamos na capa do..."

Blá-blá-blá.

Foram três semanas de trabalho duro, mas consegui agendar uma turnê de vinte shows como headliners pelo Reino Unido. Liguei para nosso agente e disse que ele era um merda preguiçoso. Ele mesmo se demitiu.

A vida dá voltas. A próxima peça de dominó a cair foi uma oportunidade de abrir para Ian Gillan, tocando por lamentavelmente curtos vinte minutos, com Randy California, o clone psicodélico de Jimi Hendrix, como convidado especial. Gillan havia retornado às suas raízes metal após alguns anos tocando jazz rock, e o efeito foi transformador. O baixista de Ian, John McCoy, com suas dimensões de lutador de sumô, havia produzido e tocado no álbum *Survivors*.

Era a primeira vez que eu pisava em um palco de grande porte, com uma plateia de verdade, que de fato queria que estivéssemos lá. Além disso, tinha a chance de ver meu herói de infância fazer o que sabe todas as noites.

81

BRUCE DICKINSON

Não foi bem como eu esperava. Vale dizer que eu não sabia o que esperar. Ian vinha tendo problemas vocais. Era óbvio para mim e para vários outros. Algo havia acontecido com seu registro agudo, e o grito cujo vibrato tinha a extensão do Grand Canyon havia perdido força. A pureza fora substituída por uma rouquidão áspera, e em certas noites eu mal conseguia assisti-lo. O que achava incrível, contudo, era a confiança inabalável que ele mostrava, melhor resumida como "olhe nos olhos deles e faça valer".

No fim do show ele entrava com sua guitarra para tocar uma cover de "Lucille". Martelava as cordas e parecia bem desconfortável, é preciso que se diga. Vocalistas raramente parecem à vontade com uma tábua a tiracolo, em especial uma que esteja içada ao nível do mamilo. Ian parava de tocar "Lucille" de repente e embarcava em um estranho canto blueseiro *a cappella*, lindamente compassado e afinado, mas incompreensível.

Toda noite, eu ficava ao lado da mesa de som para tentar entender o que ele cantava.

— Não consigo ouvir a guitarra — dizia.

— Não está ligada.

— Ah... — Pensei por um momento. — O que ele está cantando, no fim das contas?

— Não faço a menor ideia. Está mamado e dizendo só abobrinhas.

Não só ele estava ali, praticamente sem voz, martelando a esmo uma guitarra elétrica à altura do mamilo, mas encarava três mil pessoas, e um monte de bêbados de Glasgow cantava cada sílaba: "Who far gits on the soul. Phara woorgh... gits inda backa macar... yeah!"

Ian me impressionava não só por ter uma das maiores vozes do rock de todos os tempos, mas por ter coragem. Aqui estava um showman e um veterano. Não saltitava para lá e para cá; falava entre uma canção e outra com humor seco, ou, se necessário, ameaçador, o que é melhor resumido em uma de suas letras: "He's got style. Got a reputation, no one dares to question." ["Ele tem estilo. Tem uma reputação e ninguém ousa questionar."]

A não ser por mim. Pus-me em seu caminho após um show, enquanto o equipamento era desmontado. Ele trazia uma garrafa de uísque Bell's em uma mão e um cigarro Rothmans na outra.

— Hã, oi — comecei. — Como fica sua voz com esses shows longos? Está tudo bem?

Ele olhou para mim, depois para a garrafa e o cigarro, e de volta para mim.

— Úlcera. Eu tenho úlcera — respondeu. Olhou de soslaio para o uísque Bells. — É para dar um jeito nela.

Com isso, foi embora. Senti-me tocado por ele ter se dado ao trabalho de responder, mas fiquei genuinamente preocupado com ele. A voz é um instrumento precioso, um instrumento emotivo. Não há nada entre você e o público. Não há o corpo da guitarra para se esconder atrás, nem uma pilha gigantesca de teclados ou um muro de tom-tons. Não há nada nem ninguém para culpar, exceto a si próprio, e plateias são capazes de assassinar você e dançar sobre o seu túmulo em um piscar de olhos se você deixar.

Survivors foi lançado e se saiu bem, nada de excepcional, mas a turnê e o retorno da mídia foram fantásticos. Fomos parar na capa de revistas de música de circulação nacional — mas, é claro, só dava o Thunderstick. Fui creditado no álbum por backing vocals e guitarra. Só bobagem. Não tive nada a ver com a gravação e todas as músicas estavam no tom errado para mim. Minha voz mal chegava a se aquecer cantando-as.

Começamos a preparar um novo álbum com a possibilidade de um novo selo, Gem Records, distribuído pela RCA, e com verba de verdade. Era incrível, mas eu não entrava em um estúdio de gravação desde "Dracula".

Estacionamos nos estúdios de Greenwich para compor, só que dessa vez podendo contemplar o rio pela janela panorâmica sem um motorista de táxi pirata nos perturbando. O tempo gasto na biblioteca da escola King Edward VII rasgando páginas de livros sobre lendas nórdicas foi uma mão na roda, e assim nasceu "Hammerhead". O título "If I Had a Hammer" já não estava mais disponível, e o som certamente não era afro-caribenho. Havia uma profusão de influências tão distintas no álbum que é incrível termos composto algo coerente, mas o disco, na verdade, funciona como um registro de época.

Jogávamos no liquidificador, não necessariamente na ordem, Rainbow, Journey, Devo, Kiss, Deep Purple e o Fleetwood Mac dos tempos de Peter Green, além de ZZ Top. "Juntai do tigre a fressura, para que nosso caldeirão tenha caldo em profusão." O que quer que Shakespeare tenha fumado, nós fumamos muito mais enquanto fazíamos o disco.

Eu gritava e guinchava, harmonizava e murmurava. Thunderstick quebrava garrafas de leite e nós gravávamos. Paul gravava as linhas, fazia as dobras e adicionava delay à sua maneira às músicas. John McCoy, nosso produtor, observava tudo ostentando um coque alto e fumando um baseado do tamanho de fogos de artifício. "É, cara", dizia ele. "É muito foda."

Era mesmo. As paredes do Kingsway Studios, de Ian Gillan, em Holborn, onde gravamos o álbum, eram cobertas por discos de ouro, prata e platina. Eu jamais vira quaisquer desses artefatos e espiava de olhos esbugalhados os sulcos, à espera de que cada reentrância revelasse seus segredos e histórias. O Deep Purple estava ali, é claro, mas também havia o disco da trilha sonora de *Jesus Cristo Superstar*. Tudo meio que de cair o queixo para um garoto de 21 anos. Rapidamente desviei o olhar para não parecer deslumbrado na frente de meus colegas de banda ao mostrar interesse e entusiasmo em excesso.

Terminamos de gravar o álbum e o escutamos várias vezes, facilmente convencidos de nossa própria genialidade. Chamava-se *Head On*, um nome concebido pelo selo. Na capa, um executor meio sadomasô brandindo um machado, o que formava um tênue trocadilho visual com o título.

Todos fomos beber no Newman Arms, o pub em cima do estúdio, e então retornamos várias cervejas depois para um último momento autocongratulatório. Recostamo-nos nos sofás gastos que delimitavam os fundos da sala de controle. O engenheiro de gravação celebrava a mixagem borrifando uma mistura das mais aromáticas nos nossos baseados Marlboro Man híbridos de tabaco de sempre. E eis que naquele momento Ian Gillan adentrou o local, cabelo até a cintura, Rolls-Royce *vintage* estacionado na garagem subterrânea, deus do rock em todos os sentidos da expressão.

O engenheiro ofereceu-lhe um baseado. Ian fez que não, sentou-se e repousou o queixo no alto do console de mixagem.

— Precisa não, cara. Vou ficar com o meu cigarro. — Olhou ao redor da sala. — Bom, vamos dar uma escutada.

Ouvi meu eu de 21 anos imitando a maior parte do fraseado de Ian na vã esperança de bajular sua voz. Recebi um baseado que estava sendo passado e traguei algumas vezes. Estava nervoso, vendo meu herói ouvir minha versão dele próprio. Ele levantou a mão e McCoy pausou a reprodução.

— Quem é o vocalista? — perguntou Gillan.

Ele obviamente não se lembrava do iniciante que tivera a audácia de questionar-lhe a forma vocal alguns meses antes, no Carlisle Market Hall. Ergui a mão debilmente.

— Hã… eu.

— Vocal bacana. Ótimos gritos — disse casualmente.

UMA CRUZADA HEAVY METAL

Naquele exato momento, percebi que tinha ficado com uma vontade súbita e urgente de vomitar. Não por causa de algo que ele dissera; por causa de algo que eu havia fumado depois de tomar quatro cervejas no Newman Arms. Até hoje não sei ao certo o que são *temple balls*, mas posso dizer que não me caíram bem. Abri a boca para responder e só consegui dizer "Obrigado... preciso ir" antes de sair quase correndo da sala de controle rumo ao banheiro. Enfiei a cabeça no vaso de porcelana e, sob a trilha sonora do novo álbum do Samson vinda do fim do corredor, vomitei por todo o tempo futuro imaginável.

Eu me sentia mal, tonto e fraco, ajoelhado no chão frio de linóleo, gemendo e arfando no vaso. Ouvi vozes vindo do estúdio na minha direção. "Ele está aqui, não está?" A porta foi chutada e um par de mãos fortes me arrastou para fora dali. Ian Gillan limpou o vômito da minha boca, fez com que me sentasse direito e me pôs em um táxi para casa. Aquele não foi meu melhor momento, como ele me lembraria todas as vezes que nos encontramos ao longo dos vinte anos seguintes. "E aí, cara? Não vai sair vomitando em cima de mim de novo hoje, vai?" Uma aula de como não conhecer seu criador.

No caso, entenda-se "casa" agora como o lado oposto da Isle of Dogs, onde eu pagava a régia quantia de dez libras por semana para me alojar no que era, basicamente, uma pensão para recém-formados. Não havia qualquer lugar formal para dormir, como uma cama, mas depois que o último bong já tinha sido fumado enrolei-me em lençóis e dormi no chão, ao lado da desprotegida lareira a gás. As janelas eram vedadas com tiras de polietileno, e o único banheiro tinha uma quantidade de mofo espetacular pendurada no teto. Ao menos havia algo para se olhar durante um banho na banheira. O lugar chamava-se Roffey House e era a única propriedade no andar não isolada por tapumes, mas sua sacada do quarto andar ainda cheirava a mijo e cocô de cachorro.

Era um alívio cair na estrada e sair em turnê para algum lugar — qualquer que fosse. Estávamos em ascensão, e somando-se nossa turnê autoagendada aos shows com Ian Gillan, finalmente havíamos atraído um agente minimamente decente.

Presunto dos deuses

O futuro nos parecia quase um mar de rosas. O álbum chegara ao 34º lugar da parada de sucessos, e estávamos no radar de uma nova editora musical bastante progressista, a Zomba Music, liderada por Clive Calder e Ralph Simon. Eles representavam compositores e também produtores de discos, depois de se darem conta de que produtores costumavam controlar a oferta de gravações e, através deles, lhes seria possível ter controle de fato sobre o volume de produção da indústria fonográfica. Eram malandros, mas, em um meio tão cheio de charlatões e sonhadores, eram o mais próximo que se podia chegar da honestidade.

A Zomba representava Mutt Lange, que acabara de produzir *Back in Black*, do AC/DC. O engenheiro do álbum era Tony Platt, e estavam ansiosos por alavancar sua carreira. Ele era o homem que sabia para que servia a maior parte dos botões em um estúdio de gravação, e viria a ter um profundo impacto sobre mim em particular. Foi ele quem transformou minha voz, tornando-a a que as pessoas reconhecem hoje.

O Samson se reuniu no Battery Studios, em Willesden, no noroeste de Londres, para gravar um terceiro álbum, *Shock Tactics*. Por acaso, outro produtor representado pela Zomba estava trabalhando logo na sala ao lado. Seu nome era Martin Birch. Havia produzido alguns dos maiores — se não *os* maiores — álbuns de rock de todos os tempos, com bandas como Deep Purple e Rainbow. Era uma lenda.

PRESUNTO DOS DEUSES

Ele estava produzindo um álbum para uma banda chamada Iron Maiden, cujo nome era *Killers*. Eu já vira o Maiden no Music Machine, em Camden. O Samson era a atração principal, mas a tribo do Maiden apareceu e lotou o lugar. Obstinada, intensa e selvagem na execução, a banda liderava o movimento do novo metal. Quando eu escutava o *Deep Purple in Rock* e o *Speed King* por trás de uma porta, aos quinze anos, sentia uma explosão de adrenalina, de arrepios que subiam pela espinha e iam até os dedos. Quando o Maiden deu início a "Prowler", senti o mesmo frio na barriga. Era um Purple moderno, mas com um lado teatral. Sinto dizer que, desde o momento em que pisaram no palco em Camden, eu soube que viria a ser seu vocalista. Aquilo seria um teatro da mente, e eu poderia encená-lo com eles. Darth Vader não estava ali sibilando e retinindo "É o seu destino", mas não precisava. Eles tinham o Eddie.

O primeiro álbum do Iron Maiden havia entrado na parada direto em quarto lugar, e agora eram uma banda de renome mundial. Atipicamente, seu obstinado líder era um baixista, Steve Harris, e seu empresário pragmático chamava-se Rod Smallwood. Haviam criado a reputação de demitir um monte de músicos. Isso não era problema para mim; ninguém estava ali de favor. Dave Murray, o guitarrista, era o braço direito de Steve; o esquerdo era o amigo de infância de Dave, Adrian Smith, que entrara na banda logo antes de *Killers*. Na dupla, tinha-se uma das mais formidáveis frentes de guitarra do Reino Unido. Clive Burr era o baterista.

Clive havia tocado no Samson um ano antes e achado nossa justaposição altamente divertida. Era um sujeito muito aberto, acolhedor e amigável, adorava falar de bateria, mulheres e óculos escuros de marca. O Maiden se apresentava uniformizado, ao estilo boy band, com base no conceito de um híbrido fã "típico de metal". No caso de Steve Harris, não importava, pois ele só usava jeans apertados, tênis brancos e jaqueta de couro. Acho que a intenção do sr. Smallwood era só a de assegurar que não houvesse nenhum herege que baixasse o nível até chegar às camisas havaianas ou, no meu caso, aos chapéus Floppy vermelhos.

O Samson apelidava a indumentária deles de "roupinhas de boneca". Tipo: "Bom dia, Clive. Vejo que você está usando a sua roupinha de boneca."

A verdade é que, por trás desta terminologia ligeiramente ressentida, havia vestígios de inveja. Os músicos do Maiden eram melhores, visivelmente melhor assessorados e devidamente bancados por uma gravadora, a EMI, que

BRUCE DICKINSON

de fato se importava. Tinham um ar de seriedade. O Samson, em gritante contraste, passava o dia na indolência fazendo comentários sarcásticos até a maconha acabar. As rachaduras já começavam a aparecer, e eu vislumbrava o fim de nossos dias como uma unidade. Ainda assim, naquele momento, havíamos composto um material que me parecia o nosso melhor.

Tony Platt vinha da escola Mutt Lange de produção e tinha pontos de vista firmes sobre como as coisas deveriam ser feitas. O grande problema era que Thunderstick não tocava bateria muito bem. Barry via seu estilo como algo entre o Kiss e o The Police, o que abarcava bater em tudo o que estivesse à vista e chutar uma variedade de itens de percussão que tiniam e reverberavam enquanto ignorava constantemente a simples necessidade de manter o ritmo. Gravação em rolo de fita de duas polegadas, com 24 canais, significava que a bateria tinha de ser registrada com algum indício de precisão. Nossa fita de gravação parecia a plástica facial de Frankenstein, cheia de emendas, cortes e edições — centenas —, tudo para manter Barry em tempo.

O som da guitarra de Paul ganhou menos eco e mais presença, o que ele detestava. Em geral, examinávamos o que fazíamos de forma bem detalhada, o que exigia algum grau de sobriedade. Achei aquilo um alívio. Já estava de saco cheio de ficar bêbado. Já era hora de fazermos um disco com sonoridade decente.

Então, finalmente, chegou minha vez. Tony havia desenterrado uma música de Russ Ballard, "Riding with the Angels", e decretou que deveria ser o primeiro single. Parecia algo bem simples e direto. Fiz dois ou três *takes*.

— Não. Afina tudo alguns intervalos acima — disse Tony.

Então começou. Eu forçava a voz e minha cabeça latejava. O guincho em falsete tornou-se irrelevante, pois o alcance natural da minha voz estava esticado até o limite. Minha casa de máquinas produzia tanta força para atingir aquelas notas que o falsete simplesmente não tinha para onde ir. Soava fraco, e eu estava desorientado. Para mim, escutar *Shock Tactics* depois foi um choque. Mais chocante ainda era ver que todo mundo amava minha nova voz, preferia-a a uma cópia de outra pessoa. Aquilo era eu, de fato. E eu odiei.

Começamos a ensaiar para alguns shows; em meia hora eu já estava rouco. Tocamos no Marquee Club; pelos dois dias seguintes, fiquei sem falar. Estava desesperado. Havia cantado em um álbum que vinha obtendo uma reação ótima, mas me sentia uma fraude. Minha voz não sustentava aquilo. Passei alguns dias me lastimando, afogando as mágoas na cerveja, até que meu sub-

PRESUNTO DOS DEUSES

consciente chamou minha atenção para o sábio conselho que havia recebido de minha ex-namorada dentista. Como havia estudado no ultrarrespeitado Cheltenham Ladies' College, ela teve aulas de canto bem abrangentes e mantinha um caderno de anotações.

— Acho que você tem uma voz muito boa, mas precisa de um pouco mais de controle — disse ela, me dando bronca em tom fofo.

Fiquei de mau humor — mas interessado.

— Por exemplo?

— Bom, você consegue fazer isso com a língua?

Espiei bem dentro da garganta dela. Quem olhasse acharia que eu estava tentando resgatar um peixinho dourado, mas na verdade estava examinando sua habilidade de achatar a língua feito um sapo esmagado.

— Humm.

Peguei emprestado o caderno dela e levei-o para a biblioteca em busca da voz e seu funcionamento.

Você se lembra do caderninho de canto e de todas aquelas horas de pesquisa sobre respiração e ressonância na biblioteca?, disse meu subconsciente. *Dos exercícios estúpidos com velas, segurando cadeiras à sua frente, encaixando a coluna contra a parede e mais uma série de coisas bizarras a se fazer para fortalecer o diafragma e desenvolver a ressonância na sua voz de peito e de cabeça?*, disse ele. Comecei a prestar atenção a tudo aquilo.

A técnica é vazia se você não aplicá-la. Você dispõe da técnica para aplicar à sua nova voz. Pare de ficar se lamuriando e seja esperto. Aprenda a ser você. Ensine-se.

Comecei a gostar da minha recém-descoberta voz. Passei a ver que uma nova paisagem se descortinava. Se eu fosse um pintor, teria sido como ganhar uma tela gigantesca e toda uma paleta de novas cores.

O teatro da mente tornava-se muito empolgante, mas eu não tinha certeza se viria a ser com o Samson. A A&M Records estava interessada em nós agora. Bem mais especificamente, interessada em mim, o que ficou gritantemente evidente em uma sessão de fotos em que eu estava sem a menor sombra de dúvida em destaque, com a banda relegada à meia distância.

O Reading Festival naquele ano transcorreu de forma bem mais tranquila, mas com um baterista diferente. Barry estava fora; Paul quis que ele saísse. Eu gostava de Barry, mas era forçado a admitir que, como baterista propriamente dito, ele deixava a desejar. Mel Gaynor o substituiu. Tocava em quatro bandas ao mesmo tempo e tinha uma vida social ativa. Era um baterista excepcional.

89

BRUCE DICKINSON

Nosso canto de cisne no Reading foi bem bom. Pus para fora minha nova voz, todos aplaudiram e ninguém pareceu sentir falta da máscara sadomasô.

Fofocas e rumores vicejavam pelo festival naquela noite. Não havia lama — o tempo estava bom e seco —, e álcool e aditivos químicos faziam um ótimo trabalho em criar instabilidade e inabilidade mental. No meio de uma clareira cercada por chalés e tendas de cerveja, havia um único e grande poste, com luz branca ofuscante no alto. Estava eu em um canto de uma das tendas de cerveja quando Rod Smallwood me abordou, dizendo:

—Vamos para algum lugar silencioso onde a gente possa conversar.

Saímos da tenda e postamo-nos, plenamente iluminados e à vista de todos, sob o poste no meio da área de backstage. Tive certeza de que ele tramava algo.

— Quer ir ao meu quarto para gente levar um papo? — disse ele.

Tive certeza de que a ideia não era me mostrar gravuras. O Holiday Inn de Reading, com seus tetos baixos, sempre virava um viveiro de coelhos de devassidão por uma semana, nos dias próximos ao festival. Isso, claro, se você conseguisse uma toca para si.

De volta ao quarto, longe de olhares curiosos, Rod mostrou suas cartas.

— Estou lhe oferecendo a chance de fazer um teste para o Iron Maiden — disse ele. — Está interessado?

Chega de papo-furado e de pisar em ovos, concluí, e então lhe disse o que pensava:

— Para início de conversa, você sabe que a vaga é minha ou nem teria me procurado. Em segundo lugar, o que vai acontecer com Paul, o atual vocalista? Ele sabe que vai ser demitido? Terceiro, quando o posto for meu, e será, você está preparado para um estilo totalmente diferente e para opiniões, para alguém que não vai ser um cordeirinho? Posso ser um pé no saco, mas é pelas razões certas. Se não quiser, me diga agora, e vou embora.

Meu discurso foi uma combinação de abobrinhas, injustiça, má disposição por dormir no chão, bravata e genuína astúcia. Se o Iron Maiden queria brincar com o martelo dos deuses, como diz aquela música do Led Zeppelin, então que viesse com tudo. Senão, que dessem o fora e fossem atrás de alguém mais entediante. Como diz o ditado, cuidado com o que você deseja, pois pode acabar conseguindo.

Vizinho da besta

Pediram-me que aprendesse quatro músicas para o teste com o Maiden. Àquela altura, a banda tinha dois álbuns, então aprendi todas. Não é como se tivesse muito mais do que aquilo a fazer. O vocalista de então seria demitido depois de alguns shows que a banda já estava comprometida a fazer na Escandinávia, o que me foi deixado claro. As filigranas de vestir a roupa de um defunto me deixavam meio desconfortável, mas aquela novela nada tinha a ver comigo. Não ainda.

Apareci no estúdio de ensaios em Hackney, e, se fosse olhar para aquele grupo como um agrupamento militar, teria julgado que o moral deles estava no fundo do poço. O clima era de fatiga. Necessitavam de ânimo. Eu não fazia ideia do que tinha acontecido ou que desentendimentos eles precisavam resolver e, francamente, não me importava. Minha função era cantar e, acima e além do mero canto, criar a visão cinematográfica e musical que tinha em mente.

Os tons de todas as músicas eram bem confortáveis para mim. Minha voz mal era cobrada, de forma que a deixei livre para alguns ornamentos improvisados. Começamos a tocar por pura diversão, riffs tirados a esmo, estrofes das nossas influências favoritas, bandas de nossa adolescência; é claro que tínhamos as mesmas influências. Todos gostávamos de Purple e Sabbath, e até o Jethro Tull tinha seu espaço; Steve era um grande fã. Confraternizamos musicalmente, e a mim restou conjecturar que triste estado de coisas teria gerado tamanha apatia face a um potencial tão incrível.

BRUCE DICKINSON

Steve queria agendar um estúdio de gravação já naquele dia. Lembro-me de vê-lo encher o telefone público de moedas enquanto falava com Small-wood. Da mesma forma que quando um jogador de futebol é transferido para um novo clube, ainda havia detalhes a se verificar. Uma delas era o teste minucioso em um estúdio de gravação, só para que os músicos se certificassem de não terem se deixado levar pela emoção.

Tive de esperar algumas semanas até Paul Di'Anno ser demitido e então me vi de volta ao Battery Studios. Regravei as vozes em quatro faixas ao vivo. Francamente, não foi difícil. Eu estava absolutamente confortável, mas salivando pela chance de mostrar o que podia fazer de verdade — abrir as comportas da minha voz e explodir a barreira. Empresário e banda se amontoaram na sala de controle enquanto eu ocupava a cabine do vocal. Eles conversaram entre si. Eu fiquei com a vaga.

Celebramos entrando de penetra no show do UFO no Hammersmith Odeon naquela noite e enchendo a cara. O trabalho duro começou no dia seguinte.

— Você costumava atirar? Mão direita? — perguntou o audiologista, sorrindo de forma irônica ao revisar os resultados do meu exame. Fiz que sim.

— Totalmente típico — disse, com um sotaque galês cantado. — Uma perda em 4 kHz. Está vendo?

— Devo me preocupar com isso? — perguntei.

— Nããão, não mesmo. Quando chegar aos 65, aí provavelmente sim, mas a essa altura você nem vai ligar, não é mesmo?

Rifles da Segunda Guerra Mundial, além de metralhadoras, granadas e rifles semiautomáticos de 7.62mm sem nenhuma proteção auricular me cortaram um naco de 4.000 Hz da audição. Nesse meio-tempo, eu tinha exames de vista, de sangue, de drogas e seguradoras caindo em cima de mim. Fiquei encantado ao saber que meu corpo era zona livre de doenças venéreas e que não havia razão para que eu não pudesse passar os próximos anos vivendo a balbúrdia de uma banda de rock.

Na condição de músico sem pouso fixo, eu estava morando com uma namorada, em um apartamento em cima de um salão de cabeleireiro em Evesham, Worcestershire. A locomoção até Londres era barata, pois ainda tinha um cartão de trem estudantil. Os trens eram bem interessantes, e o da linha Cotswold era lindo. Ainda se viam locomotivas classe 50, uma ou outra classe 47 e, em ocasiões especiais, até um trem-bala passava apitando de vez em quando pela estação geralmente tranquila de Evesham.

VIZINHO DA BESTA

Eu era uma celebridade local de segundo escalão nos pubs frequentados pelos fãs de metal. Havia um bom número de bandas, e um bem maior de pubs. A área era impregnada de Black Sabbath, AC/DC e ocultismo. O último sacrifício humano registrado ocorreu em Breedon Hill, perto dali. As pessoas ainda acreditavam em bruxaria, e toda a área parecia se pautar pela repetição eterna de padrões desde 1973. Aleister Crowley, que se autoproclamava a Besta 666, havia nascido logo ali no fim da rua.

A maior parte dos fins de semana eram passados no Elmley Castle, consumindo Scrumpy, uma cidra alucinógena, em quantidades suficientes para alterar o estado mental. O pub ficava no sopé do morro que levava às ruínas do castelo. A senhoria havia posado nua para a *Mayfair* e mostrava as fotos para quem lhe pedisse. A cidra era servida em recipientes de plástico e costumava-se adicionar limonada para conferir ao líquido turvo alguma efervescência.

Os pinguços habituais sentavam-se catatônicos no balcão. Todo o mobiliário era voltado para a porta, e havia um pentagrama no chão. A um canto, uma TV afixada pelo teto. Só era possível assisti-la por meio dos espelhos que emolduravam a parte superior das janelas. A cena parecia um bando de cadáveres em estado de choque desabados em cadeiras voltadas para o lado errado, as bocas pingando cidra. Ao final da noite, todos dirigiam de volta para casa, alguns em pequenos carros azuis adaptados para inválidos.

Deixei esse paraíso para os lunáticos em nome da poderosa metrópole. Entrar para o Iron Maiden significava passar a ganhar a vultosa soma de cem libras por mês, e assim aluguei um quarto em uma casa em Stamford Brook, na zona oeste de Londres.

Cruzava a cidade para chegar ao escritório da banda, um apartamento de segundo piso na Danbury Street, em Islington. Se eu tivesse de escolher um personagem de *O ursinho Puff* para mim, tenho certeza de que seria o Tigrão com seu entusiasmo sem fim. Assim eu saltitava pela escada instável que levava ao escritório do primeiro andar e me apresentava:

— Novo vocalista apresenta-se para a labuta, senhor.

Smallwood não estava nem aí.

—Vá vestir uma porra de uma roupa decente. Está parecendo um roadie.

Perguntei a Clive como poderia dar um jeito de criar minha roupinha de boneca. Ele me contou. Casaco de motociclista, camiseta listrada, tênis brancos de cano longo... o problema era só a calça jeans elástica. Teoricamente nenhum problema, só que eram confeccionadas para gente com uns quinze centímetros

BRUCE DICKINSON

de pernas a mais do que eu. Por pura e simples preguiça, eu as dobrava para cima na bainha. Paguei em dinheiro e entreguei troco e recibo ao Rod.

A parte musical era bem mais fácil. Perto da Caledonian Road havia um estúdio de ensaios chamado Ezee Hire, e nos acomodávamos lá todo dia para compor. Foi um período frutífero. Os refrãos que formaram nosso primeiro álbum juntos foram trabalhados ali, embora alguns tenham sido compostos no estúdio em Hackney, onde fiz o teste inicial.

Antes de começarmos a gravar o álbum, alguns shows foram marcados, culminando com uma apresentação como headliner no Rainbow Theatre. A ironia daquilo não me passou despercebida. Passei por lá desejoso na época do Shots, gravei um vídeo ridículo ali com o Samson e agora era a atração principal com o Iron Maiden.

Antes de tudo, fizemos alguns shows na Itália para esquentar. Até então, nunca tinha me apresentado fora do Reino Unido e, a não ser por uma viagem escolar, pouco havia saído do país. Fomos para lá em um ônibus de turnê. Eu também nunca havia entrado em um desses. Tinha um banheiro que era quase útil, apesar de cagar ser proibido, o que o tornava um mero produto de nossa imaginação febril no caso de uma catástrofe intestinal.

Os primeiros shows foram ocasiões de apreensão para mim na condição de recém-chegado. Estávamos testando material novo e medindo as opiniões. Eu havia comprado uma calça spandex preta, figurino de praxe para os que não usavam jeans ou calças apertadas como Steve, e participamos de sessões de fotos com Ross Halfin, fotógrafo da banda na época. Ele nos encorajou a cuspir diante da câmera, aparentando ferocidade. Mais tarde conheceríamos a pose no chuveiro, a pose no longo corredor de concreto e várias outras composições de que Ross era particularmente adepto.

O show no Rainbow Theatre foi um razoável sucesso. Pelo que me lembro, a imprensa nos elogiou e, no geral, as resenhas foram positivas para o novo intruso no vocal. Ter integrado o Samson, claro, ajudava a obter notoriedade, mas os fãs do vocalista anterior, Paul Di'Anno, continuavam de má vontade. Um deles escreveu uma carta de reclamação, detalhando o horror que sentiu ao ouvir suas canções favoritas tocadas por meio de uma *air-raid siren* [sirene de ataque aéreo], e é possível que tenha havido também um comentário pouco lisonjeiro sobre um misturador de cimento.

Rod imediatamente se agarrou à referência à "sirene de ataque aéreo" e a reconfigurou como um atestado ao meu ainda não lendário uivo tenor, exibido em músicas como "Run to the Hills". Virei a "sirene de ataque aéreo humana". Com isso sempre me senti um pouco o Homem Elefante daquele circo onde Rod não era exatamente o mestre do picadeiro, e sim o empreendedor, o organizador e manipulador dos artistas e bandas, todos controlados a partir do discreto trailer atrás da lona principal do circo, na qual também era contado o dinheiro.

Ter um apelido designado pelo empresário era prática corrente. Até os roadies tinham seus nomes entremeados por epítetos indesejados. Nosso produtor, Martin Birch, costumava aparecer nos ensaios em seu Range Rover, com palha grudada nas botas, o que lembrava um fazendeiro. Portanto, está listado nos créditos do *The Number of the Beast* como Martin "Farmer [Fazendeiro]" Birch. Tratava-se de algo inofensivo, na verdade, e ainda levaria alguns anos até começar a cansar.

Após o show do Rainbow, mergulhamos de fato no novo álbum. Além de ser o primeiro com um novo vocalista e um estilo de canto inteiramente diferente, era ainda o incômodo e crítico terceiro álbum da banda. Tradicionalmente, é o terceiro álbum que determina se uma banda ou artista está vivendo o fim do seu início ou o início do seu fim.

A cultura do álbum, o culto ao LP de quarenta minutos com dois lados, persiste ainda hoje, mesmo na era digital. Acho que existem várias razões para isso, e o formato de gravação em si configurou a visão artística de maneira positiva.

Compor material afiado, conciso, que leve o ouvinte em uma jornada musical é uma tarefa das mais exigentes. Conseguir criar de quarenta a 45 minutos de música nova a cada quatorze meses é complexo e demanda trabalho duro. O mercado exige que os álbuns saiam um atrás do outro, que as turnês sejam viabilizadas e tenham sequência, com base nas vendas do disco anterior. Tudo isso coloca os elementos criativos do grupo sob forte pressão. Compor um álbum, ensaiar, gravar, passar oito meses fazendo shows, depois repetir tudo... e repetir mais uma vez.

Após dois ciclos desse tipo de comportamento, muitas bandas simplesmente ficam sem ideias e sentem-se exauridas pelas turnês ou desanimadas pela falta de sucesso. O terceiro álbum, então, é o divisor de águas. Mesmo bandas de sucesso — e o Maiden fazia bastante sucesso quando entrei — eram vulneráveis. Com o terceiro álbum, tínhamos o mundo inteiro à nossa disposição. Se déssemos a cartada correta, seríamos os líderes da matilha.

BRUCE DICKINSON

Qualquer sensação de pressão era rapidamente rechaçada por puro entusiasmo. O ato de criar e ensaiar sempre foi sacrossanto para o Maiden: proibida a presença de empresários, estranhos, gente de fora, fã-clubes ou motoristas de táxi pirata.

O casulo do espaço de ensaios era nosso cercadinho musical, e ali descobríamos novos brinquedos e colegas de banda. Tudo era devidamente gravado, e ainda é, em um gravador de cassete barato do tipo *boom-box*. Essa gravação vira uma referência na hora de colocar tudo no lugar no estúdio, quando tentamos lembrar o que diabos fizemos nos ensaios.

Um dia, Martin Birch apareceu bem no fim. Deu uma escutada nas músicas. Não fez comentário algum; só parecia pensativo e prestou bastante atenção nelas. Bem mais tarde, enquanto Martin e eu tomávamos umas cervejas, ele apresentou sua filosofia de produção.

—Tem dois tipos de produtor — disse ele. — Um tipo acha que o disco é dele e que ele vai fazer um grande sucesso, vai vender às pencas e todo mundo dirá que ele é um grande produtor.

Depois de dar um gole na cerveja, olhou com desdém para o bar à nossa volta.

— E há os produtores que são apenas espelhos. A gente reflete o artista da melhor maneira para que a mensagem e o som dele venham à tona.

— E se a banda for uma merda? — perguntei.

— Eu não trabalho com banda merda.

Repassei com atenção seu currículo. *In Rock* e *Made in Japan*, do Deep Purple, *Heaven and Hell*, do Black Sabbath, Blue Öyster Cult e um bom lote de pequenas surpresas: Leo Sayer, Jimi Hendrix e Wayne County and the Electric Chairs. *Dá para aprender um bocado com o sr. Birch.*

Mudamo-nos da Caledonian Road diretamente de volta para o Battery Studios, em Willesden. Tínhamos apenas cinco semanas para gravar e mixar o álbum, incluindo um single e um lado B, que precisavam ficar prontos antes, já que seriam lançados quase imediatamente.

Mesmo hoje em dia, com mesas digitais, isso seria um desafio e tanto, mas com fitas de duas polegadas e uma mesa analógica, sem memória nem mixes nem botões automáticos de volume, tratava-se de trabalho artesanal à moda antiga.

Uma mesa de mixagem é como uma conversa telefônica. Os instrumentos entram por um caminho e são conduzidos à fita magnética, onde são grava-

Eu, aos quinze anos, com um casaco de capuz horroroso.

Tio John, que não estava de férias em Malta.

Primeiras tentativas de sarcasmo.

> # Back to School
>
> English Prose
> Write your own account of what you felt like when you come back to school
>
> First day Back at school, felt feeling feeling very worried indeed, because I did not know what the boys would be like.
>
> I had a very great surprise when I discovered that my lessons were not the same.
> When I got back to school everybody thought I was going into 3 A. I ended up in 4 A. There was also another surprising feature about going back to school. Everybody who had previously hated me were now friends with me.
>
> *I hope you can set your work out better than this.*

Primeiros indícios de uma revolta do rock.

TUTOR'S REPORT Name **DICKINSON P.B.**

> As so often, Paul's performance in academic work has failed to match his potential. I only hope that he will do himself justice in the 'A' levels and that he realizes how important these will be for him. Several colleagues have kindly offered help with revision notes etc. and perhaps Paul will write to let me know of any areas where such help would be most appreciated. I was pleased to learn that a school has been arranged for next term. As he considers his plans I hope he will not dismiss too lightly the exciting stimulus of university life, nor the future advantage of a degree. He is lucky to have the offers he does.
>
> After defending and driving Paul so closely for 4½ years I was very sorry indeed that he should leave us after such an unspeakable and inexcusable yet transient and contingent aberration. Looking back in time over the bullying and clashes one realises what a great success he has achieved, when the cards have often seemed stacked against him, to establish
>
> himself as a positive personality capable of winning and deserving respect for his achievements, as in fencing and corps, and at the same time to retain without bitterness or chagrin so much of his unquenchable eagerness and unfailing resilience. His tongue has always been his undoing; perhaps the shock of his expulsion will teach him humility and self-control.
>
> He has my sincerest best wishes.

O Samson tocando alto e chapado. Thunderstick, Chris Aymler, Paul Samson e o cara aqui.

O último show do Samson no Reading Festival, sem Thunderstick. Horas antes da reunião com o Maiden.

Eu explicando a aerodinâmica de um ganso de plástico para Clive Burr. Eu estava no Samson, e ele, no Maiden.

"Quantos dedos tem aqui?" Durante minha melhor imitação de Ian Gillan no palco do Marquee, no Soho.

Acima: Foto de legumes e frutas frescos. Da esquerda para a direita: Adrian Smith, Clive Burr, Steve Harris, Clive Burr e Dave Murray.

Abaixo: Rod Smallwood à vontade.

Combinando o cabelo com a calça.

Primeira formiga no espaço.

Segurando a Força Aérea Russa só com a mão.

Ele não é o Messias, ele é um garoto muito levado!

Tudo do melhor gosto possível.

dos. Entre a entrada e a gravação na fita, o sinal é modificado em tonalidade, volume e amplitude para garantir que as moléculas de óxido de ferro na fita magnética sejam mantidas em estado fiel e satisfatório, e não fiquem espalhadas por todo lugar. Para mixar, entretanto, não se pode reverter simplesmente o processo inteiro; ele é reconstruído por completo. Os instrumentos gravados então reentram na mesa, mas dessa vez são combinados para produzir o bom disco de vinil em estéreo que desejamos tanto. A única forma de memorizar as variações de centenas de botões na mesa era com pequenos lápis de graxa e folhas de papel A4 com fotos dos controles e marcas de caneta esferográfica para que a mesa pudesse ser zerada. Refazer todo o processo duas vezes em cinco semanas era uma tarefa hercúlea, mas era o que precisávamos fazer.

Utilizávamos uma velha mesa de mixagem produzida por uma companhia chamada Cadac. Estava nas últimas, e aquele seria seu último trabalho. O resto do estúdio também parecia um canteiro de obras. Os vocais foram feitos em uma cozinha demolida com reboco úmido ainda secando nas paredes. Havia cerveja à vontade, e uma razoável quantidade de cocaína para aqueles que fossem chegados.

Steve e eu éramos não participantes, enquanto outros variavam do ocasional ao "bem" frequente. Apesar das pequenas quantidades de cocaína, o consumo maciço era de Party Fours, um tonel de cerveja do tamanho de meio galão de gasolina. Quando o álbum ficou pronto, havíamos erguido um muro de tonéis vazios digno de rivalizar com a Pirâmide de Quéops.

Lá fora o inverno era lamacento, frio e desagradável. Alguém foi assassinado no ponto de ônibus e o contorno de giz permaneceu por vários dias no chão. Um micro-ônibus cheio de freiras bateu no Range Rover de Martin, e o preço do conserto ficou em 666,66 libras. A gente riu, mas o sr. Smallwood aproveitou a oportunidade, e toda sorte de histórias sobre maldições, assombrações e espíritos malignos foi imaginada. Uma das mais criativas dava conta de o equipamento do baixo de Steve ter sido possuído pelo Tinhoso durante a gravação de "The Number of the Beast".

É verdade que havia na fita um som de gemidos e grunhidos malignos cuja origem não conseguíamos identificar. Foi só ao checarmos o microfone do intercomunicador que achamos o culpado. Era o próprio Steve "Tinhoso" Harris. Steve teimava em ficar de pé ao lado do equipamento de baixo enquanto gravava. Usava fones de ouvido e não se dava conta do quão vigoroso e rítmico era seu canto. Ainda assim, rendeu uma boa história.

BRUCE DICKINSON

Tínhamos duas narrações no álbum, uma da Bíblia e outra da série de televisão kafkiana *The Prisoner*. A segunda foi ideia minha, e Rod teve de ligar para Los Angeles para falar com Patrick McGoohan, criador, astro e dono dos direitos da série. Eu estava presente na hora do telefonema e nunca vi Rod tão nervoso. A conversa foi impagável.

— Alô, aqui é Rod Smallwood, do Iron Maiden.

— O quê? Quem é você?

— Hã... somos uma banda.

— Uma banda! QUE tipo de banda?

— Bom, a gente faz heavy metal.

— Metal, foi o que você disse?

— Sim, a gente, hã...

— O que você quer?

— Bom, é que tem uma fala sua, 'I'm not a number, I'm a free man', e a gente queria usar... em uma faixa.

— Como é que você falou que vocês se chamam?

— Iron Maiden.

— Pode usar.

E o telefone ficou mudo.

— Puta que pariu! — disse o sr. Smallwood.

Resposta semelhante saiu de sua boca quando falou com o agente de Vincent Price. Ainda que se trate de um clichê, "sinto informar que o sr. Price não sai da cama por menos de 10 mil dólares", certamente estabeleceu um limite.

Felizmente, eu costumava ouvir as histórias de fantasmas à meia-noite na Capital Radio londrina, por ser um grande fã de uma programação radiofônica que apresentasse quaisquer sinais de imaginação. Quando Vincent se ofereceu a um preço proibitivo, sugeri que usássemos o cara que lia aquelas histórias. Até hoje muita gente acha que é Vincent Price quem lê os clássicos versos bíblicos no começo de "The Number of the Beast".

O narrador da Capital Radio veio até o estúdio e, em meia hora, já havia nos entregado cinco performances esplêndidas. Era um homem adorável, um ator de mais de sessenta anos e um profissional obstinado, com um estilo sutil. E não estava nem um pouco intimidado por estar na presença de uma das bandas de rock mais encrenqueiras do mundo.

A primeira música que gravamos era para ser um lado B. Chamava-se "Gangland", e Clive Burr ganhou um crédito de coautoria, com base no fato de a bateria ser um elemento tão integral à música quanto os riffs de guitarra. Parecíamos uns cachorrinhos gravando-a. Ficamos até as quatro ou cinco da manhã escutando-a.

"Boa demais para virar lado B" foi a impressão geral. Eu não tinha tanta certeza; achava um veredito meio presunçoso visto que não tínhamos nada com o que compará-la. Eu, contudo, era o novato, e pelo menos o otimismo imperava antes do evento principal, que era uma faixa chamada "Run to the Hills".

O vocal harmonizado em camadas representou uma mudança bastante colossal para a sonoridade do Maiden. Ficamos de queixo caído ao ouvirmos as mixagens provisórias. Há algumas músicas que você consegue sentir de longe que serão grandiosas. No nosso caso, o terceiro álbum, a expectativa e a curiosidade confluíram para fazer de "Run to the Hills" a tempestade perfeita, como uma janela para o mundo de delícias a se esperar do novo disco.

A única leve decepção, em retrospecto, foi a escolha de lado B. Com "Gangland" destinada ao álbum, não tínhamos sobras a não ser "Total Eclipse", um excelente presságio da catástrofe global, das mudanças climáticas e do fim dos tempos. Entrou como faixa extra na versão japonesa do álbum, e me parece ter sido um lado B inesperadamente bom.

A faixa-título do álbum, "The Number of the Beast", não precisa muito de descrição, ela que é uma das maiores músicas de metal de todos os tempos. Steve tinha o hábito de assoviar suavemente junto a um gravador de fita cassete portátil e depois transpor aquilo para uma linha de vocal ou um riff de guitarra. Só descobri isso quando ele me mostrou a fita original onde foi gravada a composição de "The Trooper", que soava como um carteiro feliz subindo pela trilha do jardim para entregar a correspondência. De repente entendi por que várias linhas vocais do Maiden são virtualmente impossíveis de cantar ou pelo menos exigem muita atenção ao fraseado para assegurar que você não arranque a ponta da língua com os dentes enquanto tenta se entender com as consoantes desnecessárias.

Para Steve, palavras existem em primeiríssimo lugar na esfera rítmica, depois talvez na lírica ou poética, e apenas em último lugar em um formato designado para extrair o máximo da voz humana. Levei anos para entender isso, e foi um alívio quando a ficha finalmente caiu. Depois que entendi a motivação de Steve, parei de ficar tão contrariado e frustrado com as melodias e as letras criadas por ele. Em troca, ao longo dos anos, Steve aprendeu a

BRUCE DICKINSON

aceitar a voz como um instrumento, que se dobra e se molda com o intuito de criar climas, e não simplesmente um monte de tijolos de Lego.

Clive achou "The Number of the Beast" bem complicada, em parte porque os tempos da bateria são praticamente uma extensão da melodia, portanto é quase falada, como na introdução. O problema reside em interpretar os riffs líricos da mente de Steve e passá-los para um formato definitivo que músicos possam anotar e reproduzir. Em contraste marcante, uma faixa como "Hallowed Be Thy Name" é completamente simples e direta.

Quando chegou a hora de cantar diante do sr. Birch, senti um misto de curiosidade e frustração. A frustração foi gerada pela tática de Martin de me fazer esperar; a curiosidade dizia respeito a descobrir o que ele poderia me ensinar. Aquele era um cara que já havia supervisionado algumas das maiores vozes e algumas das maiores performances.

Eu queria me enclausurar para despejar os vocais e me banhar na glória. Martin não estava interessado nessas frescuras e da forma mais educada e gentil me ensinou a não dar as coisas como certas.

Considerem o trecho de abertura de "The Number of the Beast". Antes do grito de gelar o sangue à la "Won't Get Fooled Again", há uma introdução quase sussurrada que se constrói até o grito culminante. Não é muito agudo nem fisicamente exigente. Achei que poderia burilá-lo em poucos takes e prosseguir para soar alto e bombástico.

Martin, Steve e eu ficamos o dia todo e a noite inteira nos dois primeiros versos. Repetidamente, até eu estar tão de saco cheio que saí jogando móveis contra as paredes devido à frustração, arrancando grandes nacos do reboco úmido na cozinha semipronta.

Fizemos um intervalo de duas horas. Sentei-me, taciturno, com uma xícara de café. Martin estava definitivamente alegre. Babaca, pensei.

— Não é tão fácil, né? — Ele sorriu. — Ronnie Dio teve o mesmo problema em "Heaven and Hell".

Minha cabeça, que doía, e meus olhos, que doíam, começaram a prestar muita atenção.

— Como assim?

— Bom, ele chegou com a mesma atitude que você. Vamos dar conta dessa aqui logo. E eu disse pra ele: "Não. Você tem que resumir sua vida inteira nesse primeiro verso. Ainda não estou ouvindo isso."

Eu conheço a música, é claro. O verso de abertura.

— Sua vida inteira está naquele verso — disse Martin. — Sua identidade como vocalista.

Vagamente, comecei a entender a diferença entre cantar um verso e incorporá-lo.

Fui dar uma caminhada pelo restante do estúdio. Reinava uma quietude mortal, sem músico algum ao redor. A bateria em silêncio, as guitarras largadas pelos cantos e o leve odor da poeira tostada sobre as válvulas ainda ligadas dos amplificadores.

"I left alone, my mind was blank. I needed time to think to get the memories from my mind...", como diz a letra de "The Number of the Beast".

E foi esse meu espírito ao retornar para o microfone. *"Just what I saw, in my old dreams..."* e daí em diante. Foi como se Martin fosse um abridor de latas, e eu fosse uma lata de feijões.

Ao aparecer a rachadura na represa que eu mesmo erguera, a inundação ocorreu. O muro que ergui era meu ego. Todo mundo precisa de um, em especial se você pretende conquistar cem milhões de fãs de rock, mas não se deve trazê-lo para o estúdio. Ali dentro, é a música que possui você, como um filme que se descortina à sua frente. Tudo que faço é cantar as palavras que pintam o quadro. Achei que o teatro da mente fosse invenção minha, mas Martin Birch já fazia aquilo havia anos.

O nível de intensidade envolvido naquilo tudo era considerável, e tanto o estresse quanto a tensão em cima de Martin eram ainda mais. Tínhamos um engenheiro para lhe dar assistência, o muito amável Nigel Green, que encarava sua última missão nessa função antes de tornar-se ele mesmo produtor. Por razões que se perderam nas névoas do tempo, Nigel era apelidado de "Hewitt".

Em algum momento por volta das duas da manhã, "Hewitt" recebia a ordem de fazer com que engradados de cerveja se materializassem. Ele era uma combinação de engenheiro de gravação de alto calibre e *concierge* de legalidade dúbia.

Nós, músicos, podíamos relaxar com um copo de cerveja depois que nossa performance estivesse pronta. Martin, não. Trabalhava todos os dias, sem pausas, até nos chamar inesperadamente e declarar: "Vou tirar folga amanhã."

Isso, percebi depois, foi possivelmente o que Dr. Jekyll disse para si no espelho pouco antes de conhecer seu alter ego, Mr. Hyde.

Martin tinha um alter ego. Nós o chamávamos de Marvin. Ao longo dos anos, Marvin nos proporcionou horas de entretenimento e experiências de quase morte. Da primeira vez que o encontrei, fiquei confuso. Na verdade, eu era do Samson, e durante a gravação do *Shock Tactics*, fomos convidados a ouvir algumas mixagens finalizadas do *Killers*, cuja gravação havia acabado pouco tempo antes.

Marvin estava solto, com a corda toda. E eu ingenuamente me apresentei, totalmente sóbrio na época. Ele não estava.

— Senta aí, garoto — disse ele.

Espalhafatosamente, empurrou a cadeira com rodinhas de produtor, que bateu na parede do fundo. Pôs as mãos nos meus ombros e me empurrou para o assento. Comecei a sentir uma ponta de apreensão.

— Agora, garoto, escuta isso...

Ele empurrou a cadeira contra a mesa de mixagem, me imprensando no lugar, e tocou *Killers* até meus ouvidos sangrarem.

— Quequecêacha disso? — desafiou, e eu mal conseguia ouvi-lo acima do cataclismo que se abatia sobre minha cóclea, meu ouvido interno em choque.

— É, hã, muito bom — respondi.

— Haha. Isso aí, isso aí... muito bom. — E saiu murmurando sozinho, deixando-me no estúdio com as fitas do novo álbum do Iron Maiden.

Ao final da gravação do *The Number of the Beast*, Martin tocou o álbum para nós, mixado e em volume muito alto.

—Vou tirar folga amanhã — anunciou, quando o louco esgueirou-se por trás de seus olhos e Marvin assumiu o comando. — Hewitt — esbravejou. — Quanto anos tem essa mesa?

— Não sei, Martin — respondeu Hewitt, parecendo ligeiramente nervoso.

Marvin agarrou o cordão flexível de metal embutido na mesa, que sustentava o microfone do intercomunicador do estúdio. Com um puxão, arrancou-o da mesa. Com todas as conexões elétricas à mostra, mais parecia uma tulipa abandonada com raízes penduradas.

— Está quebrada, Hewitt. — Ele jogou o fio por trás da mesa.

Hewitt visivelmente se retraiu.

— E qual canal não funciona, Hewitt?

— Hã, o canal 22 — respondeu ele.

Marvin levantou-se e desenroscou o canal, uma peça de placa de circuito de noventa centímetros de comprimento e, até aquele momento, potencialmente valiosa.

— Uma merda — resmungou Marvin, partindo-a ao meio.

VIZINHO DA BESTA

Hewitt já enxergava suas perspectivas profissionais descendo rapidamente pelo ralo, mas manteve a compostura, com um sorriso nervoso. Acho que estava começando a pegar o espírito da coisa.

— E então, Hewitt, o que mais está quebrado?

Esse foi o fim daquela mesa em particular, condenada ao ferro-velho por Martin Birch, com a valorosa assistência de um homem chamado Hewitt.

No dia seguinte, Martin já tinha partido. A Zomba já o colocara em um voo direto para L.A. a fim de começar outro álbum com o Sabbath, ou o Whitesnake, ou quem quer que tenha sido. Eu via toda a energia que ele dedicava ao processo de produzir discos, o quanto sua psique era atirada no moedor de carne em cada ocasião. Fiquei imaginando por quanto tempo ele ainda aguentaria aquele ritmo.

Para nós, contudo, o ritmo começava a acelerar — e agora não tinha mais volta.

O grande carro

Estar em uma banda com demanda global e um álbum em primeiro lugar das paradas era como uma montanha-russa. A diferença, no nosso caso, era que a montanha-russa não pararia, nem sequer diminuiria a velocidade, pelos cinco anos seguintes. Nosso carrinho subira os trilhos com ímpeto e agora se encontrava à beira da descida. Ao nos precipitarmos sobre a beirada e despencarmos em queda livre, fomos direto para baixo, gritando, assustados, a adrenalina à toda. Cinco anos seguidos desse tipo de coisa podem abalar seriamente quaisquer giroscópios internos em que você se fie. Por ora, contudo, estávamos aproveitando a agitação.

Quase imediatamente após a mixagem do álbum, o single "Run to the Hills" foi lançado e vendeu quase 250 mil cópias no Reino Unido. Antes de o álbum ser oficialmente lançado, estávamos em meio a uma turnê pelo país e tivemos a primeira de várias birras que se acumulariam ao longo dos anos.

Nosso cronograma era totalmente absurdo: oito shows, dia de folga, sete shows, dia de folga, e por aí vai. Aquelas eram apresentações de duas horas, e os vocais não eram os mais fáceis do mundo. A configuração de palco causou atrito imediatamente. Eu era bem tradicional na minha concepção de postura em cena básica, tipo, opa, se estou cantando, fico na frente. Na hora do solo, você vai para a frente. Esse tipo de coisa.

Steve Harris tinha outras ideias. Queria ficar à frente de todos e correr pelo palco inteiro. Eu não estava disposto a aceitar. Não ia cantar olhando para a nuca do baixista.

O GRANDE CARRO

Os monitores que usávamos ficavam espaçados a distâncias iguais por toda a frente do palco, o que significava que eu não tinha um ponto onde focar enquanto cantava.

Fizemos a passagem de som e depois o show. A primeira coisa que fiz foi posicionar os meus monitores na frente e no centro do palco. Steve resmungou, e os roadies os puseram de volta onde estavam. Eu então os coloquei de novo no meio.

Enquanto eu cantava, metade do baixo era enfiado no meu nariz, pois claramente eu havia infringido alguma zona demarcada. Contra-ataquei com um pedestal de microfone com pernas ridiculamente longas. A base parecia uma antena externa de TV. Pela minha visão periférica, via Steve correndo na minha direção e então a posicionava como uma espécie de obstáculo antibaixista. Como nem por isso ele deixava de correr à toda naquela direção, tenho vários dentes lascados.

A situação chegou ao limite quando tocamos no Newcastle City Hall.

Havíamos vindo de ônibus de Edimburgo no meio da madrugada, porque Rod tinha achado uma boa ideia passarmos o dia no local filmando o vídeo de "The Number of the Beast", logo antes do show. Trouxemos dançarinos de salão para usar como extras, com o número 666 colado às suas costas. Acho que essa ideia foi minha.

Em todo o caso, tivemos de segurar a abertura dos portões, pois ainda estávamos filmando mais ou menos meia hora antes do estipulado para que a plateia entrasse. Óbvio que estávamos todos exaustos. Subimos ao palco, um palco particularmente pequeno, e Steve e eu passamos um show inteiro de mau humor, feito dois cervos no cio chifrando um ao outro.

Na coxia, Rod precisou nos separar. Estávamos, ambos, a ponto de arregaçar as mangas, ir para o lado de fora e resolver a questão. Enquanto Rod nos separava, Steve gritava: "Ele tem que sair dessa porra dessa banda!"

Bem, eu não saí da porra da banda. Não posso dizer que não os tenha avisado, pessoal — comigo vai ser um pouco diferente. Acostumem-se.

Chegamos a um acordo quanto ao local dos microfones e monitores e estabelecemos que, quanto à questão de quem fica na frente de quem, boas maneiras teriam precedência em detrimento de entusiasmo sem limites. Foi um pequeno avanço, mas colocou-nos no caminho certo para um novo patamar de teatralidade e espetáculo.

Recebemos a notícia de que o álbum era o número 1 quando estávamos de saída de um hotel barato em Winterthur, na Suíça. A comemoração foi de

BRUCE DICKINSON

certa forma contrabalançada pela necessidade de empurrarmos um ônibus de turnê tamanho família morro abaixo, para ver se pegava no tranco. O motorista explicou com uma riqueza de detalhes totalmente desnecessária como o freio de emergência havia comido a bateria e que a geringonça daqui tinha esgotado a geringonça dali...

Podia ter assumido de uma vez que tinha deixado os faróis ligados.

Tocamos em todos os países de que eu já ouvira falar e nunca havia visitado. Tive a chance de praticar meu francês capenga, bem melhor do que meu inexistente espanhol. Durante o show em Madri, tentei bolar uma frase cuja tradução seria "Vocês são os melhores vocalistas do mundo".

Bem, pensei, *El Mundo* é o nome de um jornal, e é bem óbvio o que significa. Cantante tinha alguma coisa a ver com cantar. Não podia ser muito difícil, não é?

O que quer que eu tenha dito, disse cheio de confiança, e fui aplaudido.

Falei de novo então, e aplaudiram um pouco menos.

Achando que não tinham me ouvido bem da primeira vez, falei pausadamente e, assim imaginei, cheio de confiança e com clareza.

O silêncio foi quase completo.

Depois do show, perguntei à gravadora o que havia acontecido.

"Bem, você disse que é o melhor vocalista do mundo."

Humm. Em alto e bom som, confiante e equivocado.

Então saíamos da Europa, triunfantes, tendo arrasado em nossa passagem por todo e qualquer país que merecesse menção. Seguimos para os Estados Unidos, um lugar tão inacreditavelmente exótico que não consegui dormir por uma semana só de imaginar.

Pousamos em Detroit, Michigan, no verão. Próxima parada: Flint e vários outros lugares de que jamais ouvira falar. Estávamos no coração da indústria automobilística americana, antes que este lhe fosse arrancado do peito pelo escândalo da contaminação da água e pelo colapso do mercado imobiliário. Para dar início à nossa investida sobre o país, abríamos os shows para duas bandas cuja junção era das mais peculiares: Rainbow e 38 Special.

Na última vez que eu saíra em turnê com o Rainbow, Graham Bonnet estava na banda. Ele era conhecido pelo tenor rascante e monstruosamente alto e por um gosto dos mais extravagantes em indumentária de palco somado a um corte de cabelo mais adequado a James Dean do que ao braço direito do "Homem de Preto", Ritchie Blackmore.

O GRANDE CARRO

Eu era, e ainda sou, grande fã de Blackmore. Entendo a sua predileção por usar chapéus pontudos de bruxa e paramentar sua banda de menestréis empavonados. Mas não era o caso naquela turnê. O vocalista agora era o americano Joe Lynn Turner, que tinha o que Ritchie esperava ser uma voz de astro do rádio capaz de dar ao Rainbow a visibilidade de que precisavam nos Estados Unidos. É irônico pensar que, caso o Rainbow tivesse continuado com Ronnie Dio, o mundo poderia ter se voltado em sua direção afinal, mas isso é completa especulação retroativa.

Em todo caso, tratava-se de Ritchie, com o agora lendário aplique de cabelo e mechas abundantes, além de Joe, com mechas igualmente abundantes e um procedimento tricológico menos sofisticado — ou seja, uma grande peruca.

O 38 Special, por sua vez, vinha equipado com cinco cantores, um dos quais era basicamente um mascote. O guitarrista era o principal compositor e a principal voz masculina, mas havia na banda um dos irmãos Van Zant, da realeza do rock sulista, com direito ao chapéu trilby característico do estilo. Havia duas, talvez três vocalistas de apoio, todas usando incríveis crinolinas mais adequadas a um passeio de barco pelo Mississippi no início do século XX.

E havíamos nós. Cinco terriers ingleses mordendo os calcanhares de todos e fazendo caretas para americanos assustados que acreditavam ter ido ver um pouco de rock para adultos e, em vez disso, tomavam vinte minutos de West Ham feito uma barra de ferro em seus cérebros chapados.

Até que nos demos bem com todos, mas nem tudo era paz e amor entre a confraria do rock sulista e a prole sombria do fantasma de Paganini. Havia discussões constantes quanto a quem deveria tocar por último, baseadas em quem cada empresário achava ter vendido mais ingressos, e o sistema de revezamento de atração principal começou a ruir. No fim das contas, o Iron Maiden foi headliner em um show, porque ninguém chegava a um acordo sobre quem deveria encerrar a noite.

Rod Smallwood decidira que um ônibus era desperdício de dinheiro; assim nos locomovíamos em duas grandes peruas Ford LTD, Rod ao volante de uma, e nosso diretor de turnê, Tony Wiggens, dirigindo a outra. No carro de Rod sempre havia espaço de sobra.

O processo de corrosão em uma banda começa com coisas pequenas. No nosso caso, era a bagagem de Clive Burr, que excedia o espaço delimitado e sempre nos atrasava na saída dos hotéis. Resmungava-se pelos cantos a res-

BRUCE DICKINSON

peito. Óbvio, se tivéssemos um ônibus de turnê, ninguém teria se importado com aquilo.

Os Estados Unidos eram uma terra desconhecida, com procedimentos estranhos e invenções incomuns aos quais um rapaz de Worksop nunca fora exposto. Ficávamos nos mesmos hotéis da equipe técnica e, na primeira noite em um Ramada em Flint, o engenheiro de som do Rainbow se apresentou e disse: "O pessoal está indo para uma festa da banheira quente, vocês estão a fim?"

Bem, aquilo criou uma imagem curiosa na minha mente. O que era uma "banheira quente", e em que sentido envolveria uma festa? Pensei no jogo de pegar maçãs com a boca, mas não entendia por que a água teria de ser quente. Talvez fossem maçãs do amor, ponderei. Por que outra razão alguém faria uma festa em torno de uma banheira aquecida?

Minha curiosidade aumentava enquanto o táxi encostava diante de uma espaçosa casa de um andar no subúrbio, e eu teria meu primeiro contato com o espírito adolescente nos Estados Unidos.

A cozinha estava cheia de garotas bebendo vinho. A sala de estar, cheia de namorados, que não conversavam com as garotas, pois já não estavam mais em condição de falar. Elmley Castle havia chegado a Michigan, mas, em vez de cidra alucinógena, grandes nuvens de maconha ondeavam até o teto enquanto eles se concentravam em jogar *Pong*, um video game primitivo.

Meu tempo de Falstaff havia muito se fora. Bebi cerveja, mas só. Abri caminho até os fundos, onde descobri a jacuzzi borbulhante cheia de roadies e mulheres que não eram roadies. Pegar maçãs com a boca não era exatamente a brincadeira, e a outra invenção americana, o colchão de água, estava disponível para relaxamento nos quartos.

Voltei para a cozinha e iniciei uma conversa sobre a indústria automobilística e a economia local com uma garota que parecia ter algo mais na cabeça do que as outras. Depois de um breve momento, ela cansou do assunto e perguntou:

—Vamos para a banheira?

Não tive como não notar seu braço quebrado, firmemente mantido no ângulo correto por um gesso robusto.

—Você não fica preocupada em molhar o gesso? — perguntei.

—Ah não, eu deixo o braço na beirada.

Minha primeira banheira quente foi uma experiência interessante. O engenheiro de som do Rainbow nos servia bebidas enquanto éramos envoltos

O GRANDE CARRO

por bolhas, mas a conversa com os demais ocupantes da banheira era de certa forma desconfortável. É difícil ter um papo sobre painéis de fundo com o seu diretor de palco quando ele está prestes a ejacular.

As bolhas pararam de subir temporariamente, e me inclinei até o botão prateado. *Sei exatamente para que serve esse*, pensei.

Viajamos pelos Estados Unidos em nossos Fords LTD. Ficamos em hotéis de beira de estrada estranhos e comemos hambúrgueres na Louisiana servidos por homens com rostos cheios de verrugas. Fomos parados várias vezes por excesso de velocidade, à la *Agarra-me se puderes*, e terminamos finalmente a turnê em Norman, Oklahoma.

Tínhamos de voar até o Canadá para uma curta turnê como headliners antes de voltar aos Estados Unidos e iniciar uma série de shows abrindo para o Scorpions. Sempre amei o Canadá, e o país me retornou o favor seguindo o Maiden fielmente por anos. O Canadá abraçou a banda bem antes dos Estados Unidos e evitou os caprichos da moda e da popularidade radiofônica para nos dar apoio, o que continua a fazer sem esmorecer até hoje.

Canadenses têm um senso de humor bem similar e uma refrescante ausência de histeria. Talvez em função dos fortes laços com a Commonwealth e a cultura francesa, eles possuem uma percepção histórica incrustada, que dá a lugares como Toronto uma reconfortante sensação de permanência.

Apesar de isso estar começando a soar como uma excursão da Escola Dominical, já era tempo de algum ferimento horrível acontecer, e um dos nossos técnicos quase teve a cabeça arrancada fora no Massey Hall, em Toronto, onde estávamos sendo gravados para uma transmissão ao vivo. Um fogo de artifício M-80 (dizem que equivale a um quarto de uma banana de dinamite) foi jogado no palco durante a troca de equipamento das bandas, quando nosso técnico de guitarra estava ocupado com a pedaleira, agachado. O artefato caiu em cima da pedaleira e explodiu. Bill sofreu uma concussão e ficou sem enxergar por causa da detonação. Peguei o microfone e me lancei em um discurso exaltado sobre a estupidez do indivíduo em questão, e por muito pouco não cancelamos o show. Felizmente, ele viveu para contar a história e sua visão voltou ao normal.

Não tenho 100% de certeza em relação ao que leva alguém a atirar algo em uma pessoa no palco. Seria uma homenagem ou tentativa de assassinato? O mesmo vale para hooligans racistas que atiram projéteis nos jogadores em campo.

BRUCE DICKINSON

Às vezes os objetos são genuinamente intrigantes. Certa vez, em Donington, durante uma apresentação, descobri um pavê de xerez, de cabeça para baixo, sem recipiente, na frente do palco. Haveria uma catapulta de pavês de xerez engenhosamente escondida na tenda de cerveja? E, nesse caso, como é que só havia uma leve rachadura no creme de confeiteiro, como uma mini fissura tectônica?

Por contraste, em Portugal, em outro ano, observei seringas cheias de sangue saindo do piso de linóleo do palco com as agulhas hipodérmicas para cima — algo repugnante e de fato bem perigoso. Balas de revólver, rolamentos, moedas, carteiras, óculos de sol, sutiãs, calcinhas, camisetas, bandeiras, hambúrgueres, latas de cerveja, garrafas de mijo e centenas e centenas de sapatos já vieram nos atazanar.

Na Argentina, tantos sapatos vieram parar no palco que propus a construção de um canhão de sapatos para disparar de volta aquelas bombas de chulé, no que alguém da artilharia do exército napoleônico talvez tivesse chamado de "uma chuva de metralhas".

O mistério dos sapatos me deixou perplexo por anos, até que o mecanismo se revelou afinal. Por que é que as pessoas tiravam um sapato (pois era sempre o direito ou o esquerdo, nunca o par), se precisariam de algo nos pés para voltar para casa? Podia ser também que suas mochilas estivessem cheias de sapatos, trazidos especialmente para que fossem arremessados. Ainda assim permanecia a pergunta: por quê? A verdade é que os sapatos eram roubados basicamente de gente que surfava por cima da plateia. Malandros oportunistas roubam o tênis e o atiram no palco. É só isso e nada mais. Caso encerrado.

Bem, fico feliz por termos resolvido essa questão, pois eu ficava muito tempo preocupado sempre que um sapato aterrissava no palco. No Canadá, porém, eu tinha outras coisas com que me preocupar. Eu praticamente havia perdido o uso do braço esquerdo.

Meu problema tinha começado na etapa europeia da turnê, alguns meses antes. Todas as noites no palco, eu jogava a cabeça para cima e para baixo. Àquela altura, já tinha uma farta cabeleira, cujo movimento era impetuoso, e torcia meu pescoço para lá e para cá. Bater cabeça era uma maneira bastante efetiva de perder a noção do tempo e do espaço e sacudir o cérebro conforme a música.

Dei um jeito no pescoço e só conseguia movê-lo à custa de muita dor. Mandaram-me para um médico alemão, que aplicou algumas injeções e me deixou deitado por meia hora sob duas enormes bolsas térmicas. Então me liberou, com o meu pescoço meio duro, mas tudo parecia bem.

Porém, os danos causados aos discos entre as vértebras do meu pescoço em função de bater cabeça não haviam melhorado; só os sintomas tinham sido temporariamente aliviados. E, quando voltaram, estavam muito piores. No Canadá, eu mal conseguia mover o braço esquerdo, onde sentia câimbras e espasmos, que subiam até o lado esquerdo do pescoço. A dor era intensa e implacável, e perdi todo o controle motor do meu polegar esquerdo e dos primeiros dois dedos.

Tentei bolsas de gelo. Não adiantaram. Massagem só piorava. Calor só piorava. Não conseguia dormir. Em Ottawa, enviaram-me a um médico local.

—Você está com espasmos musculares — disse ele.

Não diga, pensei.

— Por que estou com espasmos musculares?

Ele estava ocupado escrevendo a receita.

—Você vai tomar isto aqui.

Clorodiazepóxido, Cloridrato de ciclobenzaprina e fenilbutazona foram o resultado. Aguentei um dia, depois do qual percebi que não conseguia mais falar e, ao escovar os dentes, não sentia a gengiva.

Os shows continuaram e chegamos a Montreal. Fui para o hospital. Tiraram raios X e espetaram alfinetes no meu polegar.

— Sente isso?

Respondi que sim.

— Humm. Neurologicamente normal. — Ele escreveu no bloco. Girou a cadeira para pendurar os raios X.

— Ahá! — falou.

— O que foi?

— Está vendo isso aqui? — Ele apontou com a caneta para áreas nebulosas ao redor da minha escápula. — São espasmos musculares — pronunciou orgulhosamente.

— Não brinca! — respondi, irônico.

Não me contou nada que eu já não soubesse, a não ser quanto aos remédios que eu havia tomado.

— Deus do céu, quem passou isso para você?

— Um médico canadense.

— E ele pediu um teste de função hepática?

BRUCE DICKINSON

Não balancei a cabeça, pois doía. Meus olhos responderam.

Joguei todos os comprimidos na lata de lixo. A próxima parada era Nova York. Tinha de haver alguém lá que soubesse do que estava falando. Paguei cem dólares por cinco minutos com um médico esportivo que havia atendido Muhammad Ali, dançarinas de balé e jogadores de futebol americano. Ele pressionou o local com os dedos.

— Aqui?

— Ai!

Segurou então minha cabeça e levantou-a gentilmente, aliviando a pressão na espinha.

— Como está agora?

Tirou um raio X. E o resultado não foi bom.

—Você tem uma hérnia de disco no alto do pescoço, nas vértebras C4 e C5. Posso encaixá-lo para operar na segunda-feira.

— Espera aí, doutor. Operar?

— Sim, eu tiraria a cartilagem e colocaria no lugar uma haste de plástico.

— Eu tenho um show em Chicago antes de segunda-feira.

— Bom, então o jeito é tratar com sessões de tração.

— E isso leva quanto tempo?

— Oito semanas.

— Bom, também não vai dar. Algum outro jeito?

Ele suspirou. Senti que vislumbrava um campo de golfe no futuro e eu o estava atrasando.

— Ok, um aparelho de tração caseiro e um colar cervical. É o melhor que dá para fazer.

O aparelho de tração caseiro consistia em uma forca mal projetada que se afixava no alto de uma porta de armário. Uma garrafa d'água pendia de um lado e minha cabeça era levantada do outro. Parecia uma idiotice.

Finalmente, Tony Wiggens, nosso diretor de turnê, veio em meu socorro. Sua namorada americana recomendara um quiroprático.

— Um quiroprático? É como se fosse um vidente que se utiliza de cadáveres.

— Não, isso seria um necromante.

O quiroprático na verdade saiu-se muito bem em explicar ao cadáver aqui o que estava acontecendo. Deu-me bons conselhos, e o melhor deles foi o de parar de sacudir furiosamente a cabeça como se a intenção fosse atingir a velocidade de escape para separá-la do tronco. Use o colar cervical e jogue fora o resto da parafernália, disse-me. Ele me orientou sobre como mudar meu jeito de me mover, comer e beber para dar ao pescoço as melhores condições de sarar em meio ao cronograma exaustivo.

Havia um ônibus de turnê prateado American Eagle no nosso futuro e uma longa série de viagens noturnas cruzando os Estados Unidos atrás do Scorpions. Em um programa com três bandas, éramos a segunda a subir ao palco, com bastante tempo para desenvolver uma conexão com uma plateia louca para ser convertida.

Levou um tempo até os ônibus de turnê europeus chegarem ao nível de seus primos americanos, e em 1982 simplesmente não havia comparação. O American Eagle era como um puteiro sobre rodas.

Logo estabeleceu-se uma rotina para a vida no ônibus. Na saleta na parte da frente era a depressão que imperava: Rod tramando, jogando cartas e resmungando, e Steve assistindo a vídeos por horas. No fundo, era pura farra, com Clive, Davey e Adrian entornando vodca aos montes. Eu ia de um lado para outro e achava o processo ligeiramente frustrante.

A turnê de *The Number of the Beast* foi a primeira vez em que farreamos na estrada. À medida que o tempo passava, ficava claro para mim que a novidade logo cansaria. A alegria de detonar toda noite de maneira acéfala como forma de suportar as dezoito tediosas horas seguintes logo murcharia, dando lugar a um torpor sem fim até o próximo show restituir a luz e a vida ao nosso mundo.

Os principais fatores que transformam "sábado à noite com a rapaziada da banda" em "todos os sábados perdidos com desintoxicação ou terapia" são dinheiro e drogas. Ter acesso a um deles pode prejudicar seriamente sua saúde mental. Nem tínhamos tanto dinheiro assim — creio que nenhum de nós tinha cartão de crédito —, mas todo mundo queria nos dar drogas, aos montes e de graça.

Reluto em atribuir às drogas a condição de principal causa do afastamento crescente entre Clive e Steve, mas pouco a pouco o desconforto e as discussões se intensificavam no backstage.

A bagagem de Clive era um problema — e ele arranjou mais bagagem. Steve subia no pedestal da bateria, dizendo a ele para tocar mais rápido — e ele diminuía o ritmo. A frente do ônibus tornou-se a linha de frente, e o fundo virou o *bunker* dos bad boys.

BRUCE DICKINSON

No Kiel Auditorium, em St. Louis, os dois se desentenderam de tal forma no palco que Clive passou a tocar em câmera lenta em protesto. E eu, ao trazer um travesseiro e dois cobertores para o palco e fingir dormir ali mesmo em protesto, também não ajudei.

— Achei que você passou um pouco dos limites — disse Steve.

— Tudo bem — respondi.

Quando a coisa começa a azedar em uma banda, assemelha-se ao osso de um cachorro: está sempre lá, aguardando ser roído. Estávamos ocupados demais para conversar a respeito, próximos demais para fugir do problema e mortos de cansados em um minuto e cheios de adrenalina no seguinte para encararmos tudo de forma racional.

O tanque continuava a avançar, mas uma roda estava bamba.

Embarcando no vagão

Cara, como progredimos. Nosso nome ganhava força nos Estados Unidos e, no meio da turnê com o Scorpions, retornamos rapidamente ao Reino Unido para sermos headliners do Reading Festival.

Posso me beliscar? Devo estar sonhando. Um ano antes eu me encontrava cheio de dívidas, em uma banda que estava dando errado e parado embaixo de um poste enquanto recebia o convite para um teste no mesmo festival em que estávamos prestes ser atração principal. Parecíamos uma banda bem diferente daqueles meninos de caras tão novas na contracapa do single "Run to the Hills". Tínhamos agora um ar de loucura confiante. O pacto faustiano que havíamos feito ainda era uma via de mão única inteiramente a nosso favor, com certeza, e meu pescoço melhorara bastante, muito obrigado, bem a tempo de embarcarmos esbaforidos em um avião Jumbo e retomarmos as operações nos Estados Unidos. Àquela altura, estávamos genuinamente mordendo os calcanhares do Scorpions.

O ônibus caiu na estrada, e fomos da Costa Oeste para St. Louis. Era hora de começarmos a tocar com Rob Halford e o Judas Priest, e a combinação resultou em uma das turnês mais quentes a passarem pelo país. O Priest mantinha o nível sempre no alto, e seu engenheiro de som era fenomenal. Eu o vira pela última vez dentro de uma jacuzzi em Michigan. A vida de fato parecia estar sempre caminhando em círculos que cresciam cada vez mais.

Tínhamos uma aura de seres do outro mundo, ao menos no nosso universo. Sem que nos déssemos conta, as circunstâncias levaram o resto da humanidade a

BRUCE DICKINSON

nos considerar astros do rock. No fundo, quando eu tinha dezesseis anos, achava que seria uma experiência extraordinária ser um astro do rock e fazer todas aquelas coisas sobre as quais líamos nos jornais semanais. O estrelato era vivido de forma indireta por jornalistas tão invejosos quanto pretensiosos em muitos casos. Era uma armadilha sedutora e fácil de se cair, e ficava ainda mais fácil quando quantidades industriais de cocaína e maconha vinham turvar o seu arbítrio.

O que salvou o Maiden de um destino deprimente foi nossa gradual organização em torno de um triunvirato não planejado formado por mim, Steve Harris e Rod Smallwood. Cada um oferecia ingredientes distintos à receita, e, à medida que adquiríamos conhecimento sobre as contribuições uns dos outros, começávamos a nos meter no domínio alheio. Não era exatamente uma democracia, mas ao menos uma espécie de autocracia guiada.

Há uma relutância por parte de bandas em admitir que não são democracias. O único membro de uma banda que não tem problema em dizer "é claro que somos uma democracia" é o ditador local, pois sabe que ninguém vai contradizê-lo.

Os seres inferiores, por mais talentosos que sejam, têm de aceitar a generosidade do cabeça, e é assim que a banda toca. Não precisa ser desagradável. A razão pela qual os assim chamados "supergrupos" frequentemente deixam de corresponder às expectativas é porque os egos monumentais, quando tirados de contexto e colocados próximos uns aos outros, não atuam como multiplicadores de forças. Imagine tentar unir Napoleão, Hitler e Stálin em uma sala, esquecendo as diferenças políticas, e só observar para ver se dali sairia qualquer decisão sensata que pudesse fazer uma causa comum progredir.

A química interpessoal necessária para sustentar durante várias décadas uma banda de rock de alcance global é nada menos do que um milagre. Muito cacique para pouco índio; só índios e nenhum cacique; um cacique e índios rebeldes; cacique estúpido e índios inteligentes: só tem como dar errado. O ponto da mistura tem de ser exato.

A turnê americana chegou ao fim. Tudo estava bem no mundo. Rod estava em sua zona de conforto, coberto de estatísticas, contagens de pessoal, divisão do merchandising por cabeça e incontáveis outras medidas do nosso sucesso em arrombar a porta do cofre do maior mercado musical do mundo.

Quando o clima assumiu características de outono, dobramos a natureza segundo nossa vontade e voamos rumo ao sul, em busca do inverno, para a terra de Oz — que, depois de toda a insanidade gratuita em que consistira excursionar pelos Estados Unidos, era bem mais anglo-saxã, mas igualmente dolorosa.

EMBARCANDO NO VAGÃO

O voo, é claro, foi longo. Como 99% da humanidade, voamos na classe econômica com os joelhos imprensados ao peito e tivemos de aguardar em uma fila com os olhos vermelhos para sermos revistados em busca de manteiga de amendoim e outros produtos alimentícios capazes de dominar silenciosamente o ecossistema australiano da noite para o dia. A não ser por uma tirinha de quadrinhos dedicada à sua existência, não consigo nem por um decreto enxergar uma razão possível para que aranhas teia-de-funil continuem a existir. Há aranhas inglesas totalmente inofensivas que poderiam substituí-las sem o risco de matar alguém que esteja soltando um barro... desculpe, evacuando.

No bairro de Kings Cross, em Sydney, havia uma boate chamada Manzil Room, um belo buraco rock'n'roll. Despejaram anfetaminas na minha bebida e fiquei 48 horas acordado, ligado na tomada. Telefonei para um médico, pois tinha um show a fazer naquela noite e nem sequer conseguia falar depois de passar a noite em claro matraqueando sem parar. Bebi muita água, dormi o dia inteiro, acordei meia hora antes do show e ajustei a rotação para manter minha voz funcionando.

Ainda bem que funcionou. Vinte e três é uma ótima idade para o sistema imunológico.

A moça da recepção do hotel era muito simpática, e assim fomos parar em um barco no porto de Sydney com toda a equipe: cerveja gelada, a escuridão, a Harbour Bridge acesa e cintilante sobre a água escura. Levamos para o porto um pequeno bote inflável amarelo e um monte de cerveja. Uma barbatana de tubarão apareceu a poucos metros, depois outra. Minha experiência como remador veio bem a calhar.

Na infância, nada se perde.

As coisas haviam mudado desde o tempo da coquilha de lamê dourado; na verdade, haviam se tornado mais transparentes. Steve agora usava uma calça preta de plástico, que era basicamente uma meia-calça e parecia ter sido pintada em seu corpo. Fui acometido pela inveja da calça e arrumei uma igual em Paris, só que vermelha. Certa vez perguntaram ao cantor do UFO, Phil Mogg, sobre sua calça, e seu comentário foi: "É, nada a ver usar cueca."

Acho que todos tínhamos o mesmo costureiro. Sem querer ficar para trás, Clive passou a usar um macacão prateado de spandex, colado ao corpo. Vistas da altura da virilha, as fotos da formação da banda lembravam uma mercearia com bom estoque de pimentões, berinjelas e chalotas.

117

BRUCE DICKINSON

Nossas calças de palco acabaram por ficar gastas. A minha em particular teve a camada de PVC desgastada pela fricção com o pedestal do microfone, deixando um acabamento empolado parecido com efeito especial de filme de terror. Ao caminhar por Sydney, avistei exatamente aquilo de que precisava em uma vitrine: duas meias-calças de balé masculinas estilo arlequim.

Até ali, eu usava botas brancas de boxeador da marca Lonsdale. Vic Vella, o assistente pessoal de Steve, as deixara para secar em frente a um fogareiro elétrico depois de ficarem ensopadas durante um dos nossos shows suarentos em teatros. Uma bota sobreviveu, mas a outra separou-se de sua sola ligeiramente enrugada. Fiz a fatídica descoberta minutos antes de subir ao palco. A única solução era a panaceia universal da fita isolante. Enrolei a frente da bota de alto a baixo com fita, e funcionou muito bem. Quando a fita na parte de baixo começava a ceder, eu só colocava mais. Recebi cartas de fãs sobre minhas botas. Uma moça queria saber onde poderia encontrar a bota com a listra preta. Bem, a resposta agora era na lata de lixo.

De roupa nova e tênis de basquete, meu próximo compromisso era fazer o *check-in* do voo para Tóquio. Estava a caminho da terra dos samurais e do sumô, trens-bala, templos e Monte Fuji e nirvana das bugigangas eletrônicas e video games.

O Maiden já era grande no Japão. A banda tinha um EP ao vivo, *Maiden Japan*, no que era uma evidente brincadeira com um dos maiores álbuns ao vivo de todos os tempos, *Made in Japan*, do Deep Purple. Ao sair do avião e dirigir-me à imigração do aeroporto de Narita, em Tóquio, dois fatos chamaram minha atenção de imediato. Primeiro, o quão inacreditavelmente limpo era o lugar. Há hospitais no Reino Unido que adorariam contar com o regime antibacterial que claramente prevalece nos centros de transporte japoneses. Segundo, aquele era o primeiro país que eu visitava onde não só a língua mas o próprio alfabeto me era estranho.

O segundo problema foi resolvido por uma combinação de formulários bilíngues e sinais de trânsito. Enquanto aguarda o tedioso processo da chegada das malas à esteira de bagagem, você simplesmente aperta um botão e uma luz verde ou vermelha o direciona para um severo guarda de alfândega.

Muito educadamente, a bagagem foi revistada com luvas brancas, e muito educadamente nos mandaram seguir.

As palavras "Live at Budokan" marcavam uma banda como fenômeno mundial, e fazer sucesso no Japão era tão desejado que uma banda ameri-

EMBARCANDO NO VAGÃO

cana chamada Riot deu a um álbum o nome de *Narita* em homenagem ao aeroporto internacional. "Gatwick" ou "Terminal 5 de Heathrow" não têm exatamente o mesmo apelo.

A organização do show se deu como um cronômetro de precisão. Viajávamos de trem-bala para as apresentações, que transcorriam com uma confiabilidade e pontualidade tal que só podem ter tido início com o tiquetaquear do primeiro relógio atômico.

Apesar de todo o status lendário, os salões de concerto em si eram teatros bem modestos. Não havíamos chegado ao nível Budokan ainda, mas ele mesmo não é tão exótico quando você se dá conta de que se trata de um ginásio de porte médio costumeiramente usado como centro de artes marciais.

A fase "sucesso no Japão" também é bastante ilusória. Os japoneses têm dois sistemas de paradas de sucesso inteiramente separados, o internacional e o doméstico. Quem vende cinquenta mil discos é lindamente catapultado para o topo da parada internacional, ao passo que, na parada doméstica, cinquenta mil não dão nem para a saída. Era raro um artista internacional entrar com peso na parada doméstica, como Sheena Easton, por exemplo, fez.

O Maiden era jovem e estava em ascensão. Eram cinco da tarde, horário de Tóquio, e havíamos terminado a passagem de som. O show terminaria às oito. Tudo começava bem cedo para garantir o mínimo de inconvenientes ao dia seguinte de escola ou trabalho, ou assim presumi.

Fazia um silêncio sepulcral antes de entrarmos; nada além de uma ou outra tosse ou arrastar de pés. Não havia banda de abertura. Essas coisas não eram a norma.

Os teatros tinham de 1.200 a 2.500 assentos no geral, e a madeira e os carpetes abafavam o som, ainda que me lembre do Osaka Festival Hall como tendo sido construído da maneira exata para se obter um misto de som ambiente e não reverberação.

Lanterninhas de uniforme azul patrulhavam os corredores para impedir que algum pé saísse do espaço delimitado ou que a emoção superasse a obediência. Não havia grades na frente do palco. Em vez disso, havia um campo de força japonês invisível. Um pedaço de corda nos separava da multidão.

Nós, claro, ficávamos na beirada do palco, Steve fazendo seu baixo de metralhadora e encarando a plateia com olhos loucos. De vez em quando algum espectador não resistia, sacudindo-se em frenesi no lugar. A emoção tomava conta e eles ultrapassavam a linha, mas recuavam de imediato, como

BRUCE DICKINSON

se lutassem contra um raio trator moral que os puxava para dentro da massa obediente.

Sem hesitar, um dos homenzinhos azuis deu um rápido golpe em um pobre coitado usando um jornal enrolado, e ele voltou correndo para seu assento, cabeça baixa, braços colados ao corpo, parecendo um robô que havia acabado de ser desligado.

Anos mais tarde, fui conhecer a expressão japonesa usada com frequência em escolas para descrever alguém excessivamente individualista: "O prego que se destaca leva muita martelada."

Estávamos chegando ao total de 187 shows, mais a composição e gravação de um álbum, tudo isso em menos de um ano. Passaríamos um breve período no Reino Unido para o Natal para então embarcarmos direto na composição e gravação de outro álbum e darmos início à outra turnê gigantesca. Eu havia cruzado o globo terrestre, de leste a oeste, de norte a sul. Todas as minhas fantasias mais loucas haviam se realizado: álbum número 1 na parada, sucesso no Japão, turnês americanas, atração principal do Reading Festival.

Meu quarto de hotel estava coberto pela tralha de uma estrela do rock intercontinental. As malas nunca eram grandes o bastante para as camisetas adquiridas. Estava levando para casa espadas de samurai de mentira, além de bugigangas, pôsteres, livros e um aparelho de som, que eu punha no último volume no quarto, para o incômodo de quem estivesse dormindo ao lado — em geral Rod Smallwood.

Depois do último show, enchemos a cara. Eu misturava saquê quente com cerveja gelada para rebater. De volta ao hotel, eu estava com fome. O serviço de quarto não funcionava à noite. Saí engatinhando por um corredor do hotel até encontrar uma bandeja usada com dois pedaços de pão velho e um tablete de manteiga. Avistei meu reflexo no espelho ao lado do elevador.

Há uma pintura de William Blake, *Nabucodonosor*, que está na capa do álbum *Death Walks Behind You*, do Atomic Rooster. A face do rei exibe uma expressão horrorizada na percepção do que está se tornando: ele está se transformando aos poucos em um animal.

Aquela pintura era o meu reflexo.

O que aconteceu com você neste último ano?, me perguntei.

E o que você pode fazer para conter a insanidade?

Cheguei se meu pé não estava se transformando em uma pata. Não — pelo menos ainda não. Ainda havia tempo, e eu tinha dois pedaços de pão na mão.

Nova bateria

O Natal foi uma situação estranha: vida fora da estrada. Eu agora tinha imóvel próprio. Uma pequena casa geminada na zona oeste de Londres, recém-construída — os despojos da guerra e de se ter um álbum no topo das paradas. Rod Smallwood apareceu para o jantar. Seu presente de Natal era uma caixa ornamentada para guardar cartas de baralho, pois ele era bastante chegado a apostas, mas apenas nas circunstâncias certas.

As cartas foram distribuídas. Após ganhar indiscutivelmente, ele embolsou o dinheiro de todos os demais e foi embora. Era seu instinto de empresário, creio. Se você convida um tigre-dentes-de-sabre para tomar chá, não fique surpreso se ele o comer. Não se deve levar para o pessoal; é apenas como eles são.

Os três álbuns e turnês seguintes equivaleriam aos próximos cinco anos da minha vida. Tudo isso, no entanto, ocorreria sem Clive Burr, demitido ao final da turnê do *The Number of the Beast*.

A questão não foi a bagagem nem as farras ou as mulheres, pois todos nós fomos culpados por isso em algum momento ou outro. O termo "diferenças artísticas" daria peso indevido à sua contribuição criativa. A frase mais próxima a que consigo chegar seria "discordâncias irreparáveis autorrealizáveis". A ruptura do relacionamento entre um baterista e um baixista é algo bem crucial, em especial quando o baixista, por acaso, é o principal compositor e líder da banda.

BRUCE DICKINSON

Clive sempre olhara para a configuração do Maiden com uma ponta de desdenho, apesar de tido em alta conta pelos fãs. Eu adorava sua sensibilidade rítmica, principalmente porque seu forte eram as variações em ritmo de swing das big bands, que também inspiravam sujeitos como Ian Paice, do Deep Purple.

Onde não nos entendíamos bem era nos compassos e viradas intrincados e frequentemente excêntricos imaginados por Steve. As personalidades dos dois encaminhavam-se cada vez mais para o confronto. Steve era tímido fora do palco, mas agressivo e preciso em cima dele. Clive, fora do palco, era o sr. Extrovertido, mas, no que se referia à precisão em cima dele, estava quase sempre mais para sr. Quase Lá. Jogue-se essa mistura na panela e, Estados Unidos afora, a situação só ficava mais e mais caótica. Ao final, Steve me chamou em um canto e disse: "Ele tem que sair. Não aguento mais essa merda."

Por um lado, eu e Steve já tínhamos uma longa estrada juntos desde quando quase saímos no braço no Newcastle City Hall. Por outro, eu ficaria triste de ver Clive sair, mas o clima vinha piorando claramente já havia algum tempo.

Entramos em um mundo inteiramente novo com um tiro no escuro e um novo baterista. Nicko McBrain era músico profissional e praticamente não fizera outra coisa na vida em termos de trabalho. Na parte técnica, era claramente superqualificado para nós. Nossas linhas de bateria até então eram complexas, mas não representavam problema algum para Nicko.

Ele já saíra em turnê com a banda francesa Trust, e quando eles abriram para o Maiden, eu o observara tocar do canto do palco. Steve e o resto da banda eram fãs do Trust e já tinham saído em turnê com eles antes.

Sendo eu mesmo um baterista frustrado, adoro vê-los tocando. Ao longo dos anos, eles criam um estilo pessoal de movimento que acho fascinante. Alguns se sentam com o corpo ereto e sacodem os braços como uma aranha sincopada, as baquetas girando ao redor da cabeça. Alguns tocam como se estivessem em transe, enquanto outros já agem mais como um louco tentando escapar de uma cela na base da porrada, e outros ainda parecem contadores até você fechar os olhos e decidir ouvir em vez de olhar. Nicko era a cara do Animal, dos Muppets. Seu rosto se iluminava quando começava a tocar, e cada pancada em cada tambor era acompanhada de um encorajamento individual vocal, muito semelhante, aliás, aos murmúrios noturnos de Steve em *The Number of the Beast.*

NOVA BATERIA

Ao golpear os pratos — e Nicko sempre gostou de espancar um belo pedaço de metal —, ele sempre os tratava com intimidade especial. "Vá se foder... Vá se FODER... Sifu... Sifu... Se foder...Vá se foder!"

Ao longo dos anos chegamos a considerar amordaçá-lo no estúdio, mas ao vivo não há como disfarçar a síndrome de Tourette musical em que consiste o estrago de McBrain. Sua volatilidade atingia até os coitados dos seus roadies. Poucos meses depois de ele entrar na banda, fui acordado por uma comoção do lado de fora da janela do meu quarto de hotel em San Sebastián, Espanha, onde o Maiden fazia ensaios de pré-produção. Lá estava o roadie de Nicko sentado em uma fonte, segurando um tijolo e gritando: "Me mate. Me mate agora."

O conselho de Nicko tinha claro valor terapêutico. "Vá se foder e não seja um imbecil."

De resto, era uma noite de domingo bem agradável na praça da cidade.

Recorremos aos serviços de Steve Gadd para tomar conta de Nicko. Steve também era baterista e tinha uma carreira respeitável com a banda Charlie. Ele entendia o espírito maníaco que habita o cérebro de um baterista, mas nele isso se manifestava por meio de uma visão de mundo gentilmente irônica e bastante relaxada. Era como se tivesse uma proteção invisível na cabeça e toda a água jogada em cima só escorresse sem molhá-lo. Steve acabaria sendo liberado por bom comportamento e se tornaria nosso fiel diretor-assistente de turnê.

No Ano Novo de 1983, a banda partiu secretamente para a ilha de Jersey, na companhia de Martin Birch. Ocupamos o hotel Le Chalet inteiro. É uma pena que não exista mais. Foi apagado do alto da encosta onde se dependurava; isso, ou caiu lá de cima. Foi nossa casa de composição pelos dois álbuns seguintes. Tinha um bar aberto 24 horas por dia, de forma que era só servir-se, e um pequeno salão de festas, que transformamos no espaço de ensaios onde comporíamos, comeríamos, dormiríamos e respiraríamos música. Não existia internet nem laptop ou celular; havia uma televisão e uma mesa de sinuca.

Os ventos fortes do Atlântico sopravam contra as janelas voltadas para os oito quilômetros de praia abaixo, castigados por tempestades. À noite, o farol de Corbière reluzia estranhamente, e de dia (se a maré estivesse baixa) dava para escalar o elevado rodeado de madeira flutuante e algas marinhas. Não tinha como não me lembrar do Van der Graaf Generator e de sua obra-prima "A Plague of Lighthouse Keepers".

BRUCE DICKINSON

Com a imagem do *Nabucodonosor* de Blake e dos meus dois pedaços de pão incrustada na mente, decidi levar meu kit de esgrima. Minha salvação mental do torpor do rock'n'roll seria tirar a poeira dos meus floretes e mergulhar no treinamento. Incrivelmente, existiam dois clubes de esgrima em Jersey. Organizei um plano de treinamento e apareci para executá-lo.

A esgrima interessava a Martin. Certa noite, ele nos contou sobre sua batalha com a indústria musical. Um prodígio da engenharia destinado à grandeza, e que a atingiu precocemente, foi arrastado para sair em turnê com o Deep Purple na condição de engenheiro de som ao vivo.

Ele era faixa preta em caratê Shotokan, levava seu kit para toda parte nas turnês com o Purple e seu treinamento era como um antídoto para aquela loucura. Falava do poder de "um golpe". Em dado momento, ficou muito perto de abandonar por completo a música e estudar caratê em tempo integral no Japão.

Eu estava ocupado compondo. Meu pequeno gravador cassete de quatro canais tinha algumas ideias armazenadas, e eu havia iniciado uma parceria de composição com Adrian que valeria ao Maiden uma torrente de material para aproveitar como singles em potencial ou faixas para as rádios.

O Japão havia me cutucado. Eu comprara um exemplar do filosófico *O livro dos cinco anéis*, de Miyamoto Musashi. Promovido como o texto fundamental para os guerreiros do mundo dos negócios, fora escrito como tratado sobre o combate, a vida e a arte, por um dos mais lendários ronin do Japão.

A vida de Musashi já foi transformada em série e adaptada no formato de romance épico, e como personagem ele influencia grande parte da cultura cinematográfica ocidental, de *Sete homens e um destino* a Clint Eastwood e *Josey Wales — o fora da lei*.

Yukio Mishima, o ultranacionalista japonês, desenvolveu uma obsessão por ele e causou espanto quando, sendo um dos poetas mais reverenciados do Japão, estripou a si próprio e foi decapitado por um fiel assistente durante um golpe de estado fracassado.

A inspiração para nossa música "Sun and Steel" veio de um dos romances mais célebres de Mishima. Mas a letra não é sobre ele; é sobre Musashi. A música é curta e bem simples. O riff de guitarra que compus era bem básico, pois não sou muito bom no instrumento. Adrian o toca bem melhor do que eu jamais poderia imaginar.

Ross Halfin apareceu e posamos em cima de pedras próximas ao farol, açoitados pelo vento e tentando não parecer que estávamos congelando.

124

NOVA BATERIA

"Flash bang wallop, what a picture, what a photograph", já dizia a velha música da trilha de *Half a Sixpence*, musical britânico.

Steve desenvolveu "The Trooper" a partir de uma melodia alegre que assoviou e gravou em seu walkman Sony, e eu extraí uma estrofe do *The English Hymnal* para usar nos primeiros versos de "Revelations".

Posso assumir parte da responsabilidade pela introdução da bateria de "Where Eagles Dare". Foi baseada na de Cozy Powell para "Stargazer", do Rainbow, ainda que eu buscasse mais o efeito do que propriamente as mesmas notas. Experimentamos coisas diferentes, e mencionei que me lembrava de uma virada formidável de tom-tom de um sucesso obscuro de um guitarrista chamado Gordon Giltrap.

— Ah, sim. "Heartsong". Era eu tocando.

Claro que era — o clássico estilo de bateria de McBrain. Pegamos aquela virada e a recheamos de tercinas antes de entrarmos no riff principal. A parte do bumbo era radical. Parecia o Pica-Pau dando bicadas enquanto tinha um ataque epilético.

— Não dá para tocar isso com um único bumbo. Tem que ser com um pedal duplo — declarou Nicko. Eu estava inclinado a concordar com ele, mas a questão não era essa.

— Aposto que Ian Paice conseguiria.

A trabalheira necessária para que ele conseguisse reproduzir aquele padrão com apenas um pé foi extraordinária. Nicko merece crédito eterno, pois trabalhou por dias naquilo e conseguiu.

— Puta que me pariu, ainda bem que acabou. Essa a gente nunca vai tocar ao vivo… puta merda.

Acabaríamos abrindo o show com aquela música todas as noites. Ops.

Rod Smallwood apareceu e todos enchemos a cara. A não ser por compor e ensaiar, não havia muito mais a fazer. Steve organizou um torneio de sinuca e arranjou um troféu enorme. Havia uma noite de rock por semana em um pub isolado próximo à praia. Ao aparecermos, a frequência ao local imediatamente dobrou.

No bar dava-se sequência às discussões, e questões filosóficas eram respondidas. O sentido da vida, de acordo com Rod, era simples: "Orgulho e ego. Orgulho para fazer o seu melhor, e ego para levar tudo mais um passo à frente."

Eu achava que a coisa podia ser mais complexa.

125

BRUCE DICKINSON

Martin também se envolvia, e Marvin fez uma aparição, pois ele começou a subir na mesa murmurando "Morte, um golpe" e a fazer poses de caratê em uma perna só.

Achamos que tirar a prova quanto a quem venceria entre o caratê e a esgrima poderia ser uma boa. Peguei meu florete e afastamos a mobília do bar. Rod passara da filosofia à física: "Eu era tão imensamente forte que podia levantar cinco trabalhadores braçais com uma só pá."★

As preparações para o combate cessaram momentaneamente enquanto Martin e eu espiávamos de lado de olho.

— Como pode? Isso é lorota — dissemos.

— Não, não é. Essa porra é física, só isso — respondeu Rod.

Meu conhecimento de física não chegava nem sequer ao nível elementar, e Rod estudara arquitetura em Cambridge, mas claramente não entendia nada de assentar tijolos.

Enfim, Martin e eu assumimos nossas posições. Ele fez uma reverência, e eu uma saudação de esgrimista. Ficamos por um tempo em um vai e volta hesitante até ele dar um chute circular que mandou vários bancos do bar pelos ares; parei de avançar, derrubei um vaso de plantas e, em meio a todo aquele caos de quebra-quebra e pouco cuidado, em algum momento a ponta do meu florete havia se aninhado confortavelmente no meio do peito dele.

"Aahhh... ippon", disse Martin, fazendo uma reverência solene. Os únicos ferimentos foram causados pelo choque com os móveis. Creio que concordamos, considerando tudo, que a mobília havia vencido o combate.

Mais ventos fortes do Atlântico; os quartos estavam úmidos e frios. "Still Life", "Quest for Fire" e, claro, "Dune" partiram da musa inspiradora de Steve.

"Dune", na verdade, acabou não se chamando "Dune". Frank Herbert, autor de *Duna*, não gostava de heavy metal e nos causou um monte de problemas, então trocamos o nome para "To Tame a Land".

"Flight of Icarus" teve origem em um toalete. Adrian sempre gostou de tocar guitarra em banheiros — gostava da atmosfera fornecida pelos ladrilhos — e, enquanto ele dedilhava, escutei uma sequência de acordes e comecei a cantarolar segundo a melodia. Como resultado, o refrão de "Flight of Icarus" começou a voar como uma águia.

★ Esta fala seria posteriormente adaptada pela banda como um verso de "The Sheriff of Huddersfield", lado B do single de "Wasted Years", lançado em 1986. (N. da E.)

NOVA BATERIA

Logo me dei conta da possibilidade de que tivéssemos uma música de menos de quatro minutos capaz de conseguir o impensável para o Maiden: execução nas rádios americanas. Na letra, virei do avesso a história de Ícaro, tornando o pai o vilão. Guiado pela ambição e pelo ego, ele força o filho a voar com terríveis consequências, pois o garoto, em sua exuberância juvenil, voa alto demais e as asas derretem. Basicamente revisitei uma típica história de pai dominador.

Uma de minhas faixas favoritas no álbum é "Still Life". Climática e sombria, ela aborda temas familiares a muitas músicas de Steve: medo, fraqueza, traição e profecias inescapáveis. Salvo forte engano de minha parte, o Iron Maiden não faz músicas de amor. O mais próximo disso, para nós, é a melancolia ou a raiva pelo amor perdido ou traído. Psicólogos de botequim, engulam essa...

Enfim, tínhamos grandes músicas, mas que nome daríamos ao álbum? Basicamente, é a Eddie que temos de agradecer pela escolha.

Eddie é o mascote, o monstro, o alter ego do Iron Maiden — chame do que quiser. Em parte sobrenatural, em parte primitivo, em parte adolescente agressivo, Eddie é um superanti-herói sem história pregressa. Eddie não está nem aí. Ele apenas é.

Eddie também livra nossa cara como indivíduos. Eddie é muito maior e mais escandaloso do que qualquer superastro mal comportado. Eddie torna obsoletos os astros do rock.

Isso vem bem a calhar quando você chega aos cinquenta e muitos anos e só quer ter uma noite tranquila depois de tocar para 25 mil fãs histéricos de metal. O pós-festa pode ficar por conta de Eddie, provavelmente ao estripá-los e comer seus cérebros, o que costuma ser mais do que merecem. Ele se tornara um superastro de palco na época do *The Number of the Beast*, tudo graças a um pouco de pensamento lateral, cortesia de Dave Lights, nosso, hã, técnico de iluminação.

Ele vira alguns gigantes — em pernas de pau — em uma ópera e perguntou se poderia encomendar a construção de um Eddie gigante que caminhasse.

Lembro-me de quando ele foi revelado no Rainbow Theatre. A persiana subiu e arfamos ao nos depararmos com o gigante. Já ali nos demos conta de que aquele elemento teatral seria transformador. Poderíamos ofuscar praticamente todo mundo no planeta só com a presença do nosso sanguinolento morto-vivo perambulando pelo palco por trinta segundos e balançando a cabeça.

BRUCE DICKINSON

Até então, Eddie havia sido uma máscara de borracha no rosto de um humano vestido com jaqueta de couro e calça jeans. O sr. Smallwood se saía muito bem na indumentária e, embora fingisse que nem era com ele, era muito bom em assustar criancinhas.

O Eddie gigante que caminhava nos abria tremendas possibilidades de encenação, uma delas era a de remover-lhe o cérebro no palco. O coração não parecia uma escolha adequada e a remoção do cérebro nos permitia confiná-lo a uma camisa de força. Na turnê The Beast on the Road, ele foi acorrentado, lobotomizado e confinado a uma cela acolchoada. Tudo parecia bastante promissor para uma capa de disco.

A parte de cima do crânio era afixada com velcro, e o interior preenchido com meias-calças femininas recheadas com pedaços de espuma manchada de marrom, com uma aparência sanguinolenta. Quando removíamos seu cérebro, na verdade, mais parecia que estávamos extraindo montes de salsichas, mas pelo menos a ideia estava ali. A foto para o encarte duplo apresenta a banda sentada ao redor de uma mesa de banquete, contemplando um cérebro enorme, que estamos claramente prontos para comer.

O título provisório do álbum era "Food for Thought". Um trocadilho com sentido de "algo para refletir", no caso o algo ["food", comida] sendo o cérebro. Não era muito bom, como não costumam ser os trocadilhos, e a resposta veio durante uma tarde de domingo em um pub cujo nome era The Mermaid, bem ao lado do aeroporto de Jersey.

— Por que a gente não chama o disco de *Peace of Mind* [Paz de espírito]?

— Ah, não. Tem que ser *Piece of Mind* [Pedaço da mente], não *Peace*.

A arte da capa ficou sensacional — e dane-se se não tinha nada a ver com qualquer das músicas do álbum. Embora tenhamos resvalado em uma referência à "paz de espírito" na letra de "Still Life", e a reviravolta final surgiu certa noite, quando assistíamos a *A profecia II* na sala de TV, tomada por banda e equipe. Nos créditos finais, subia um letreiro com os dizeres do Apocalipse: "E não haverá mais dor, pois a antiga ordem já passou."

Eu tinha a esperança de que mexer com a Bíblia fosse provocar ainda mais polêmica. *The Number of the Beast* havia gerado bastante conversa-fiada por parte da classe média lamurienta e dos fanáticos religiosos, e esperávamos um pouco mais.

Sinto dizer que não funcionou. Ninguém pareceu se importar com o fato de que "não haverá mais cérebro, pois a antiga ordem já passou". Nossa adulteração do Apocalipse passou impune, mas nos fez rir um pouco.

NOVA BATERIA

A grande montanha-russa começou a se mover, depositando-nos em meio ao clima bem mais ensolarado das Bahamas para gravarmos o álbum. Fazer discos em um paraíso fiscal começava a parecer coisa dos Rolling Stones — mas logo daríamos fim a isso.

No início dos anos 1980, as ilhas eram assoladas pelo tráfico de drogas e, ainda que nas proximidades do Compass Point Studios a vida parecesse adequadamente relaxada, em clima de praia, havia lugares na capital, Nassau, onde a atmosfera era pouco amigável.

Os navios de cruzeiro atracavam e liberavam botes cheios idosos ou universitários bêbados e doidões que se aventuravam pela cidade a intervalos regulares. Ainda era uma época de esplendor colonial decadente, e a colônia britânica basicamente competia de igual para igual com a nova colônia americana em uma disputa pelos corações e mentes do que tivesse restado da cultura das ilhas.

Ainda parecia a ilha onde Sean Connery filmara *007 Contra o Satânico Dr. No*, por mais que a mina de bauxita que se fizera passar por tantas outras locações naquele e nos filmes seguintes de James Bond já tivesse minguado em importância econômica perante a chegada de sacos de cocaína e maconha.

Saindo do Compass Point Studios e subindo a rua que margeava a praia dava-se no Traveller's Rest. O lugar bem poderia ter saído diretamente de um romance de Hemingway. Mesas de concreto, feijão fradinho e arroz, bolinhos de frutos do mar e garoupa assada estavam no menu. A brisa fresca e úmida do anoitecer soprava pelas janelas abertas, e a única entrada era um par de portas vaivém de faroeste. A mistura mais mortífera disponível era um banana daiquiri tão forte que nos causava potência e impotência ao mesmo tempo.

Toda a banda se alojara e passava as noites em casas de praia pequenas e ajeitadinhas. O estúdio ficava a poucos metros. Cada uma das casas tinha três quartos, e a equipe de palco ocupava os aposentos que sobravam. À noite, as ondas quebravam docemente na beira da praia com um som sereno.

Minha pequena casa tinha uma sacada no andar de baixo, abaixo da qual se estendia o mar. O recife ficava centenas de metros à frente e a água era cristalina. Com a proximidade da linha do equador, os horários do nascer e do pôr do sol variavam pouco ao longo do ano. Se eu ficasse em dúvida quanto à hora do dia, era só esperar pela arraia que passava preguiçosamente agitando a água debaixo da minha sacada todo dia, às quatro da tarde.

À noite, pequenos mosquitinhos nos atacavam. Serpentes do mar corcoveavam pelas poças de água rasa, e vários cães tinham raiva, por isso era

BRUCE DICKINSON

melhor evitá-los caso não se conhecesse o dono. A solitária exceção era um pequeno vira-lata adorável chamado Biscuit, que pertencia ao nosso vizinho, Robert Palmer. Voltaremos a falar dele mais à frente.

Chegara a hora de trabalhar um pouco. O estúdio era espaçoso e confortável, mas tinha suas excentricidades. A rede elétrica da ilha era imprevisível, e por isso havia um gerador de emergência. Até aí tudo bem, só que o pico de energia quando o gerador era acionado gerava uma corrente que atingia as cabeças do gravador de 24 canais e apagava ou danificava o conteúdo das fitas que estivessem em contato com a cabeça naquele momento.

Quedas de energia, portanto, eram momentos decisivos. A sala de repente mergulhava na escuridão e os operadores se atiravam na direção do gravador para afastar a fita das cabeças. Tinha-se uns dez segundos para fazer isso antes que um trecho inteiro da gravação fosse perdido.

Quedas de luz à parte, não nos apressávamos para nada. Rod decidira jogar tudo contra a banca nos Estados Unidos e apostara na nossa capacidade de nos estabelecermos como headliners. As redes sociais não existiam. Todo o poder era do rádio, e se conseguíssemos emplacar uma faixa na programação das rádios, estaríamos muito bem — trabalho duro e turnês tomariam conta do resto. Eu disse a ele que "Flight of Icarus" seria a música.

Quando gravamos a faixa, tive um embate com Steve quanto ao andamento. Ele queria tocar tudo bem mais rápido, quase como um *shuffle* lento. Peitei-o, e ele, relutantemente, cedeu e deixou que eu ditasse o *timing*.

— Isso não tem nada a ver com querer tocar no rádio, tem? — cobrou ele.

— Ah, não. Deus que me perdoe. Claro que não — menti.

Bem, gravamos daquela forma e entramos no top 10 da parada radiofônica, fora de todos os padrões. Por acaso, acho que o andamento certo era aquele mesmo, independentemente de qualquer coisa, mas tenho certeza que Steve discorda porque já faz trinta anos que não tocamos a música ao vivo.

"The Trooper" era uma monstruosidade, e a linha de baixo galopante e a capa antológica caíram como carne vermelha para lobos famintos na Europa. "Revelations" ocupava o espaço normalmente preenchido por uma canção como "Children of the Damned", e por razões de insegurança musical empunhei uma guitarra para tocar os trechos mais suaves do início.

Não é como se eu tivesse confiança de sobra ao tocar perante milhares de pessoas, e com certeza, não importa o que eu tenha tocado, jamais foi transmitido de fato para a plateia, pelo motivo de provavelmente ser uma porcaria.

NOVA BATERIA

O ritmo tranquilo da vida na ilha logo chegou ao fim. O moedor de carne de mais uma turnê mundial se anunciava. Bombardeamos o Reino Unido com shows, de Hull a Southampton, e fizemos o mesmo pelo restante da Europa, mas o grande evento seria a turnê pelos Estados Unidos e Canadá como headliners.

Tubos de um órgão

Cantar é difícil mesmo nas melhores circunstâncias, e, com uma banda como o Maiden, os desafios se mostravam excepcionais. O esforço vocal era intenso. Nunca déramos muita atenção a monitores vocais, e a longevidade da minha voz nunca foi levada em consideração como um fator limitador quando programávamos a agenda excruciante de turnês. Cantando como eu cantava, era inevitável que viesse a falhar.

A analogia mais próxima à perda da voz para um cantor é uma perna quebrada para um jogador de futebol. Talvez ele nunca mais possa jogar de novo, e a voz é um instrumento tão precário que emoções semelhantes prevalecem. Tensão superficial nas cordas vocais é tratada com descanso e silêncio. Viver como um monge faz parte do negócio. Uma doença já é algo mais grave, e cantar enquanto se sofre de uma infecção vocal como laringite é o tipo da coisa que pode encerrar uma carreira.

A pressão sobre cantores nessas situações é implacável e frequentemente autoimposta. Você quer fazer o show, claro, e a culpa que sente ao cancelá-lo é enorme. Empresários, agentes e afins costumam ser pouco compreensivos, neutros na melhor das hipóteses. Felizmente não aconteceu tantas vezes ao longo dos anos, mas o ritmo de trabalho e o estilo de vida daqueles primeiros cinco anos significavam que algum grau de incapacitação acabaria por ocorrer.

A melhor forma de se preservar a voz é dormir bastante em um quarto silencioso sem ar-condicionado, apenas temperatura estável e um bom grau de umidade. Preferencialmente, tirar dias de descanso regulares e evitar falar desnecessariamente e, em especial, apertar a mão de muita gente estranha — sem dúvida a melhor chance de se pegar um resfriado ou uma gripe. Ter uma dieta balanceada e nada emocionante, com muitos vegetais frescos, e evitar exagerar nos laticínios e outros alimentos que produzam excesso de muco.

Muco em excesso ou do tipo pegajoso é a morte para a voz de um cantor. Pateticamente frágeis, cordas vocais não precisam de mais do que uma minúscula partícula grudada nelas para que a vibração irregular emitida soe como um pente arranhando um pedaço de papel.

Pólipos vocais, que são essencialmente calos formados quando se fricciona duramente as cordas vocais umas contra as outras repetidas vezes (por exemplo, gritando por dias a fio) são manifestações permanentes do mesmo fenômeno.

Uma cantora de ópera alemã escreveu um tratado sobre fleuma no qual identificou mais de cinquenta tipos diferentes — quase a mesma quantidade de palavras que os esquimós têm para descrever neve.

Nem é preciso dizer que a grande maioria das drogas pode ser fatal para a voz, em especial cocaína e *speed*, que são aspiradas por meio da mucosa delicada das cavidades nasais.

Algumas pessoas se dão bem com tabaco e maconha, mas sem dúvida não é o meu caso. É sorte conseguir sobreviver ao ataque às cordas vocais, mas é mais sorte ainda não fumar nada disso e cantar ainda melhor.

As cordas vocais são só o início do processo. Meu estilo de canto é muito físico, e me sinto esgotado ao final de um ensaio; a barriga dói, a cabeça dói e os olhos parecem querer saltar das órbitas.

O diafragma é a casa de máquinas da voz, e cantores respiram de forma mais familiar a pessoas que meditam ou fazem ioga. É muito raro observar os ombros de um bom cantor se erguerem quando ele respira; de fato, a respiração pode ser quase imperceptível.

Isso ocorre porque um cantor treina seus pulmões e barriga para relaxarem e inspirarem por meio da simples pressão atmosférica. Se o corpo estiver relaxado, os pulmões simplesmente se enchem. O dado mais interessante é que a maior parte da capacidade deles está armazenada muito abaixo dos mamilos, na parte inferior das costas.

Como consequência, sou o rei da cintura elástica. Restrições ao redor da barriga são extremamente desconfortáveis e geram deficiências na produção de ar por parte do diafragma, que é o fole do corpo.

BRUCE DICKINSON

Cantores treinam o diafragma para fortalecê-lo e se habituam à postura com a parte inferior das costas levemente esticada para a máxima expansão da cavidade pulmonar. Comer antes de um show, portanto, pode ser uma experiência bem desconfortável e até perigosa.

Uma vez que o diafragma tenha medido a quantidade e a velocidade do ar que passa pela garganta, a nota a ser cantada é acrescentada pelas cordas vocais, retesadas ou relaxadas, um pouco como a palheta no bocal de um clarinete.

A história não acaba aí. Essa nota em estado bruto chega então à base da língua, que molda e ecoa o som, movendo-o e direcionando-o pelas cavidades ressonantes do nosso palato mole e pelos espaços rígidos e ósseos das cavidades nasais.

Com a prática, cantores encontram o próprio som a partir do formato e do espaço dos próprios corpos. As regras básicas não mudam, contudo, e quem escolher criar um estilo vocal idiossincrático abusando da voz deve se certificar de conhecer as regras antes de quebrá-las. Dessa forma, você terá uma chance de que sua voz dure mais de cinco anos.

Porque, afinal de contas, uma voz é só isso mesmo. É a voz que conta uma história, uma forma de levar as pessoas a sentir algo e, nessa medida, os fins justificam os meios.

Após essa breve descrição do que ocorre, você deve estar se perguntando como é possível irmos além do nosso primeiro som vocálico sem um diploma universitário. Felizmente, bebês estão aí para nos ensinar. Para nossa eterna vergonha, esquecemos como é ser um bebê, mas eles emitem os sons mais extraordinários, como pode testemunhar qualquer um que já tenha ficado preso em um avião com um deles por várias horas. A potência vocal que sai daqueles pacotinhos é formidável.

Astros do rock, é claro, sabem desde sempre agir como bebês, mas não têm o discernimento para cantar como eles.

Powerslave

A turnê do *Piece of Mind* só foi mais curta do que a anterior porque compor e gravar o álbum havia tomado mais tempo. Fizemos dos Estados Unidos a nossa aposta e partimos para cima, chegando a nos apresentarmos como atração principal da noite no Madison Square Garden, em Nova York. E deu certo.

O *Piece of Mind* representou o nosso desafio aos Estados Unidos. Ainda que "Flight of Icarus" estivesse tocando na rádio, estava na cara que não duraríamos muito como queridinhos da mídia americana, simplesmente por não sermos americanos. Não gostávamos de limusines e era mais fácil nos achar jogando dardos do que fumando crack.

Desprezávamos a moda, odiávamos o culto à celebridade e achávamos o conceito de "coma o quanto puder" tão nojento quanto seus praticantes obesos. O Canadá, em contrapartida, parecia muito mais são, e hóquei no gelo fazia mais sentido do que futebol americano, ao menos naquela época.

Rodamos pelos Estados Unidos, Reino Unido e Europa, depois mais um pouco pela Europa e terminamos em um festival televisivo alemão no Westfalenhallen, em Dortmund. Chegavam ao fim dois anos de estrada. Eu passara por uma hérnia de disco, paralisia nos membros, laringite, bronquite bacteriana e uma terapia de choque de assimilação cultural.

O line-up no Westfalenhallen equivalia a um quem-é-quem do metal dos anos 1980: Ozzy, Scorpions, Whitesnake… estavam todos lá. Havia dois palcos, um de cada lado de uma enorme arena, e uma torre de mixagem ao centro.

Lembro-me de estar bem cansado, mas a adrenalina bateu e o show foi bom, na medida insatisfatória em que shows para a TV são "bons". É raro que sejam de fato maravilhosos. A TV mata a música ao vivo. As câmeras são o inimigo, mas as pessoas são seus verdadeiros amigos.

Após o show, fiquei muito bêbado e agressivo. Comportei-me muito mal. Estava bebendo champanhe no gargalo ao escalar o andaime da torre para chegar à mesa de mixagem.

Um jornalista sério me perguntou o que tinha achado do som. Minha resposta foi mijar na mesa de mixagem, então fui convidado a me retirar.

Desacompanhado e com o piu-piu de fora, interrompi uma sessão de fotos do Quiet Riot, inserindo meu pau na orelha do vocalista, tornando-me assim um novo membro.

Fui escoltado para fora do prédio e colocado em um carro, e o motorista foi instruído a me colocar na cama. Infelizmente eu estava no assento do carona, o que foi ruim para ele, já que eu insistia em pôr o carro em marcha a ré quando parávamos no sinal. Depois de tentar abrir a porta em alta velocidade, fui conduzido da frente para o banco de trás, onde havia trancas à prova de crianças.

Quem disse que havíamos esquecido de como nos comportar como bebês?

O *Piece of Mind* nos havia enchido de moral e de um desejo de escapar à identidade de "punk metal raivoso do East End" que a mídia nos havia impingido e que nunca fora verdadeira. Ferozes, sim. Punks, nunca. E o East End? Bom, isso era quase verdade.

Eu vinha me ocupando com a esgrima e tinha aulas com o técnico da seleção inglesa, Brian Pitman. Por acaso, seu filho Justin era meu amigo e também havia ficado em quarto lugar no campeonato mundial sub-20, ao lado de futuros campeões mundiais. Tornamo-nos parceiros de treino, e isso envolvia certa dose de bebedeiras.

Esgrima é um esporte paradoxal. A aparência é de passatempo aristocrático, prática de uma elite rica. É uma forma de pensar bastante conveniente e preguiçosa, mas desde quando o rigor na apuração é impeditivo para um bom clichê nas mãos de um jornalista indolente?

O paradoxo na esgrima se dá no conflito entre disponibilidade e oportunidade. Devia haver aulas e treinos nas escolas mais violentas de regiões periféricas, sem se desperdiçar esforços com aqueles que meramente podem pagar. Não quero dizer com isso que não deva ser um esporte inclusivo. É só que a rede devia ser jogada para compreender uma área maior do que atualmente. Em diversos aspectos, é bem semelhante ao tênis na exigência por dedicação e orientação individual.

É, evidentemente, um esporte de combate. Em tempos passados, a meta era matar o oponente, e de esporte a coisa tinha muito pouco. Tenho uma coleção de velhos livros de esgrima e sobre duelos. Não há maneira mais letal de se dar cabo de um ser humano, excetuando-se armas de fogo, do que trespassá-lo com uma espada.

Levei meu kit de esgrima comigo na turnê, e em cada cidade em que tocávamos eu tentava treinar e lutar no clube local. Era bom para sair um pouco do gueto rock'n'roll do ônibus. Eu simplesmente dava as caras e lutava, e dali saíamos para beber cerveja e falar sobre esgrima e muito pouco sobre música, já que ninguém dava a menor bola mesmo.

Eu me inscrevia em competições sempre que conseguia me desvencilhar das turnês. Ainda tenho algumas das medalhas bizarras que ganhei Estados Unidos afora. Em certa ocasião, me vi esgrimindo a céu aberto na Renaissance Faire, na Califórnia, em meio a uma plateia formada por moças de chapéus pontudos e cavalheiros robustos em trajes elisabetanos, que falavam "rogo-lhe" no sotaque local anasalado, debaixo de um calor de 37 graus. Depois de limpar a bosta de vaca das minhas botas, fui presenteado com uma roseta com a inscrição "Pela bravura".

Morda-se de inveja, Errol Flynn. Aliás, tive aulas com o mestre esgrimista que foi o professor de esgrima e dublê de Errol Flynn em vários filmes. Ralph Faulkner também deu aulas a Basil Rathbone e a Stewart Granger, creio, e, bem, a praticamente todo mundo em Hollywood. Ele tinha o próprio estúdio, o Faulkner Studios, em East Hollywood, em uma área que hoje é uma zona de aluguéis baixos. Devia ter mais de oitenta anos e ainda dava aulas.

Há muito em comum entre tocar bateria e lutar esgrima. Ambas exigem senso de ritmo, mas o elemento de combate exige *timing*, o que é bem diferente, ainda que calcado no ritmo. *Timing* é a habilidade de desferir o golpe certeiro, como no clímax de uma piada.

No espaço que sobra entre as intenções das pessoas, ou no espaço entre sucessivas ações, há tempo para atacar. É como observar um grande boxeador encaminhar-se para a vitória soco a soco, sem esforço, dando a impressão de ler cada intenção de seu oponente e estar sempre dois movimentos à frente.

BRUCE DICKINSON

Ralph não tinha tanta agilidade corporal, mas a velocidade e a precisão de sua mão eram extraordinárias; ela se movia como se guiada por uma trilha predeterminada no ar, e eu penava para conseguir a precisão necessária a fim de manipular a ponta do meu florete através do copo gasto de alumínio e rumo ao alvo, seu castigado peitilho de couro marrom.

Por baixo da máscara, ele gritava orientações. Sua voz era rouca e ficava bastante difícil entendê-lo. Ele levantava a máscara e me encarava através das lentes grossas de seus óculos de aro fino:

— Eu disse *quarte*!

— Ah, sim — respondia.

Havia outro clube em L.A., administrado pelo ex-esgrimista olímpico Heizaburo Okawa, também campeão de kendo e nada mau no golfe. Assim, a coordenação entre a mão e os olhos não era muito trabalhosa.

Sentia-me em casa com esgrimistas por serem quase sempre excêntricos, inteligentes e gostarem de cerveja. Meu maior entrave à evolução era a falta de consistência em treinamentos e orientação. Sem a sólida contribuição de um bom treinador, não se chega a lugar nenhum. Logo retornaríamos a Jersey para compor o álbum seguinte, mas não havia muitos treinadores na ilha e, assim, fiz planos de importar meu colega Justin para ter com quem lutar.

O Relógio do Juízo Final mantido pelos cientistas nucleares marcava dois minutos para a meia-noite. Aquilo soava como um nome de música. Ronald Reagan vinha discorrendo sobre o "império do mal" da União Soviética e, só de sacanagem, Steve se saiu com uma canção épica que recontava *A balada do velho marinheiro*.

Em um toque irônico, escrevi a música "Powerslave" como uma alegoria parcial da vida de um faraó astro do rock, acumulando acólitos pelo caminho. No fim das contas, acaba-se em uma tumba vazia, e assim qual o sentido de tudo? O sentimento que me batia no coração era o de esplendor oco, e começava a se tornar aquilo que eu sentiria ao final da turnê: um escravo do poder da morte... ["A slave to the power of death...", trecho de "Powerslave"].

A música nasceu como um riffzinho de guitarra de sonoridade egípcia, e sempre amei a imagem criada pela frase "amplificador escravo". Alguns devaneios e um tanto de contemplar a paisagem da janela em dia chuvoso me forneceram o resto. E a música nos deu ainda um título para nosso álbum.

O presente que o *Powerslave* realmente nos deu, contudo, foi o faraó Eddie, somado à magnificência dos cenários inspirados pelo álbum. Tínhamos agora

POWERSLAVE

um Eddie mumificado caminhando em cena, além de outra múmia gigantesca que se erguia do fundo do palco durante o final apoteótico. A teatralidade era sensacional. Para "Rime of the Ancient Mariner", transformamos o mesmo palco em um velho galeão. Falo aqui de cenários de fundo pintados à moda antiga, efeitos e objetos de cena *trompe-l'oeil*. Teatro de verdade em vez de truquezinhos sem substância. Era o teatro da mente.

Quando fomos rodar um vídeo para "2 Minutes to Midnight", o diretor estava louco para nos mostrar quão cinematográfico era seu *storyboard* e marcou um encontro para nos mostrar polaroides de locações.

A passagem subterrânea de Greenwich era uma delas. A mim, trazia memórias da época de faculdade, de caminhar sob o rio para pegar o ônibus até o Green Man, em Plumstead. Ele então nos apresentou uma série de desenhos que descreviam o lugar onde os mercenários se confraternizavam.

— Achamos uma locação fantástica. É nojenta, cheia de ratos e mijo... horrível — disse ele.

E virou a polaroide para cima.

— Já morei aí — murmurei.

Era a Roffey House, nº 22. Como o mundo dá voltas.

Cortinas de ferro

Retornar às Bahamas para gravar o *Powerslave* foi parecido com voltar para casa. Embora todos tivéssemos casa, nenhum de nós havia passado qualquer período significativo de tempo nela por mais de dois anos. Nenhum de nós compreendia de fato que ainda teríamos de esperar outros dois anos até que qualquer sugestão de uma existência normal começasse a nos impactar, e mesmo assim muito brevemente.

Mixamos o álbum na cidade que nunca dorme, tão boa que foi batizada em dobro: New York, New York.

Eu amo Nova York, e com o tempo a cidade passou a corresponder esse sentimento. É um sonho acordado de proporções cinematográficas, e é nos menores detalhes que ele se revela. O tagarelar dos guardas, a agitação e a vulgaridade impetuosa, que seria nojenta em qualquer outro lugar, mas chega às raias da inspiração em Nova York. De manhã bem cedo, em um dia de inverno, o café fervendo no copo de papel, os caminhões de lixo sacolejam sobre seus eixos e se desviam dos buracos, e você está em *Operação França*, e Popeye Doyle sai de dentro daquele prédio bem… agora. Ou talvez não.

Eu achara um clube de esgrima comandado por um desertor ucraniano de primeira categoria. Stan era um herói da União Soviética no campo esportivo e treinador da equipe nacional da Ucrânia. Saíra escondido do país e conseguira chegar a Nova York. Era um sujeito excêntrico e trabalhador e, além de

CORTINAS DE FERRO

dirigir uma escola de esgrima, tinha um negócio de produção e importação de trajes de esgrimista vindos do mundo todo.

Eu treinava por horas a cada semana. Entrava no metrô na rua 23 com meu kit às onze da manhã, me aquecia e tinha uma aula particular de 45 minutos. Reduzido a uma pequena bola de suor e meleca, eu ia até a *deli* da esquina, pedia almoço para viagem e voltava para observá-lo dando aulas para a turma seguinte de mosqueteiros da era moderna. Mais algumas horas de treino e dava o dia por encerrado.

O Electric Ladyland Studios, onde o álbum estava sendo mixado, fica escondido em um porão do Greenwich Village, que ficava a poucas paradas de metrô descendo a rua ou a uma boa caminhada. É dar uma escutada, formar uma opinião e deixar os outros trabalharem. Steve amava o processo de mixagem, mas eu preferia deixá-lo nas mãos deles e contribuir com uma segunda opinião. É muito fácil ficar próximo demais a uma mixagem, o que torna bem difícil desenvolver qualquer julgamento objetivo.

Mais tarde, já no meio da minha carreira solo, eu teria de me envolver mais com o processo de mixagem. Ainda assim, fornecia as linhas gerais do que queria e deliberadamente deixava a equipe trabalhar sozinha para determinar sua própria mixagem, a que lhes parecesse melhor. Não dá para pintar um quadro quando só se enxerga a área onde está o pincel. Da mesma forma, é muito fácil se perder em minúcias técnicas, o equivalente criativo de areia movediça.

Mixagem pronta, ensaiamos para a turnê seguinte em uma casa noturna lindamente cafona em Fort Lauderdale, hospedando-nos em um hotel de frente para o mar e infestado de baratas.

Mas logo a folga teria fim. Chegara a hora de emigrar para o Império do Mal, por trás da Cortina de Ferro, assim chamada em 1984, para a Polônia, onde teria início a turnê do *Powerslave*.

O Tupolev Tu-134 é um pequeno avião a jato bimotor e foi o veículo escolhido para nos transportar até a Polônia. A LOT Airlines usava exclusivamente aeronaves russas, e essa era do tipo que contava com uma cúpula de bombardeiro no bico, algo bem eletrizante.

Amontoamo-nos na fuselagem apertada, que tinha redes em vez de compartimentos de bagagem suspensos, e comemos derivados de carne inidentificáveis e doces cozidos oferecidos por uma tripulação cujo humor seria melhor descrito como assassino.

BRUCE DICKINSON

Varsóvia era fruto proibido. Fomos recebidos com cenas que remetiam aos Beatles voltando para o Reino Unido depois de terem tocado no Shea Stadium. Saímos do avião alheios, a princípio, às centenas de poloneses que sitiavam o aeroporto, com faixas, cartazes e álbuns.

O comitê de boas-vindas era cordial, descontraído e o exato oposto de quaisquer noções preconcebidas que tivéssemos quanto à nossa viagem ser organizada por algum *apparatchik* stalinista ou pau-mandado da Stasi.

Descemos a escada do avião e cumprimentamos o representante do organizador dos shows. Era só felicidade. Nós sorríamos, ele sorria, o sol brilhava, e o calor castigava o ar ao redor da área de concreto.

"Cadê o Rod?", perguntou o representante. Rod Smallwood havia escolhido aquele momento para uma atitude de impacto. Ele comprara um terno branco (embora insista até hoje que era bege) e óculos escuros. Quando a porta da aeronave foi aberta, ele passou em revista o comitê de recepção, que o ignorou. Descemos lentamente as escadas e conversamos com todo mundo, mas Rod manteve-se distante, com seu terno e óculos escuros.

Ao embarcarmos no avião, havíamos lhe questionado sobre a escolha de roupa.

"Tenho que mostrar para eles quem manda", foi a resposta. Se bem me lembro, nenhum de nós tinha muita certeza se um terno branco causaria tanta sensação em Varsóvia.

Quando chegamos à alfândega e à imigração, ficara claro que todo o aparato estatal havia sido infiltrado por fãs do Iron Maiden. Qualquer um que estivesse portando uma arma queria um autógrafo, e, quando tentamos entrar no ônibus do lado de fora do terminal, precisei usar todo o meu limitado repertório de rúgbi só para conseguir passar.

No ônibus, voltamos ao assunto do terno branco. Rod estava contrariado em não ser o centro das atenções pelas razões erradas. Admito que tentei tirar sarro.

Rod tinha o hábito desagradável de dar com o nó dos dedos na cabeça das pessoas caso não estivesse gostando da conversa. Os executivos de gravadoras viviam com medo, mas na cultura machona da época isso era tolerado, da mesma forma que secar e apalpar as mulheres, que aceitavam trincando os dentes e chutando mentalmente o saco do agressor.

"Cala essa boca", disse Rod, e soltou o punho na direção da minha cabeça.

Segurei-lhe o punho e nos atracamos. A coisa começava a ficar interessante. Acabamos nos engalfinhando no chão do ônibus, e Rod resmungava: "Puta que pariu, você é bem forte para um baixinho."

CORTINAS DE FERRO

Após aquela vergonhosa dança do acasalamento, o terno branco deixara de ser branco. Coberto de sujeira e amarfanhado, nunca mais foi visto de novo.

Os poloneses foram sensacionais. Para mim, representava também o primeiro país a jamais ter visto a banda com o vocalista anterior. Tudo era novo para todos nós.

Como esperado, os shows transcorreram praticamente sem problemas. O entusiasmo dos fãs era tamanho, e a sensação de liberdade no ar tão palpável, que poderíamos ter subido ao palco de cuecas agitando bandeiras brancas e a reação teria sido a mesma.

Viajar pela Polônia foi como reviver os quarenta anos anteriores da História, dos horrores de Auschwitz ao cruel e óbvio fracasso do comunismo, e a lenta mas crescente sensação de um novo futuro insinuando-se à distância.

À nossa disposição, foi colocado um jovem sujeito bastante elétrico, Josef, para ser o nosso segurança durante toda a turnê. Seu inglês era quase nulo, e ele fora treinado pelo exército soviético para matar pessoas de formas criativas e inesperadas. Era membro da Spetsnaz, ou as forças especiais, como chamávamos. Felizmente para nós, Josef não estava inclinado a nos executar ou assassinar, o que, claro, poderia ter mudado se de repente tivéssemos entrado em guerra.

Josef estava em licença permanente depois de ter saltado de um avião a noventa metros de altura com um paraquedas que não abriu como deveria. Os danos causados à sua coluna o colocaram de molho, encarregado da segurança de astros do rock decadentes do Ocidente.

Em poucos dias o convertemos, e ele desertou rumo à nossa maneira de ver o mundo. A reação inicial de Josef à gloriosa desordem que se instalava sempre que chegávamos a um hotel era matar todos. Andava armado, ainda que não precisasse, afinal, como nos demonstrou certa noite ao apagar a luz, seus pés nunca ficavam sem munição. Em vez de usar as mãos, ele deu pontapés para a frente e para trás na altura da cabeça e então, com uma destreza assombrosa, desligou o interruptor com o pé.

Explicamos para Josef que a plateia era nossa amiga e que realmente não deveríamos tentar matá-la, pois as pessoas só queriam ser legais conosco. Ele pareceu captar o que dissemos e, no decorrer dos dias seguintes, seu inglês melhorou consideravelmente, ainda que os temas de suas conversas fossem mais esclarecedores do que desejávamos.

Alguns membros da nossa equipe arranjaram um pouco de maconha, e persuadimos Josef a experimentar. Os resultados foram imediatos e, temo,

143

BRUCE DICKINSON

duradouros. Josef ficou de pé em cima da cama, muito bem-humorado, e fez sinal para que nos calássemos.

— Isso ser mulher boa — disse, agachado em cima de um pênis virtual, com dois pintos virtuais em cada mão, e com o orifício que lhe restara encostou a língua no canto da boca para cantar o "Danúbio azul" enquanto movia-se de cima para baixo e de um lado para o outro em um ritmo admiravelmente persistente.

— Muito bem, Josef.

Claramente ainda havia muito o que se trabalhar, mas estávamos fazendo algum progresso.

Durante nossas viagens pelas estradas rurais da Polônia, a caminho dos locais dos shows, ele nos apontava os marcos:

— Tem base militar secreta.

— MiG? — perguntei.

— SIM! MiG 21.

Gostei do Josef. Aliás, gostei de todos os poloneses que conhecemos.

As cidades, no geral, eram bem deprimentes. Ficamos em um hotel de luxo em Varsóvia, mas após uma noite de bebedeira acordei em um apartamento, sei lá em que parte da cidade, com pessoas que eu não conhecia e não falavam inglês. Culpa minha por ter bebido com Howard Johnson, jornalista que fora cobrir o show. Havíamos ido parar em um carro, fomos parados pela polícia, e nossos acompanhantes informaram que éramos poloneses, e assim acabamos dormindo na casa deles até passar a ressaca e ouvimos suas fitas cassete gravadas do rádio.

A luz ofuscante do sol era de ferir os olhos. Tínhamos uns poucos zlotys, a moeda local, e, ao sairmos do apartamento, percebemos que estávamos em um conjunto habitacional de arranha-céus. Os prédios eram sem graça e mal conservados, as filas do bonde e do ônibus iam se formando e havia alguns vendedores com carroças puxadas a cavalo que vendiam verduras e legumes.

Levou cerca de uma hora até conseguirmos um táxi e, embora não tivéssemos dinheiro algum, era óbvio que éramos estrangeiros, e apesar dos cabelos compridos nosso destino era o Hotel el Chique. Ainda bem, porque a banda estava sem vocalista para o show daquela noite.

O restante das cidades que visitamos era parecido. Levaram-nos às compras em uma loja de departamentos. Não havia quase nada para comprar. Desde sua encarnação anterior como quartel-general da Gestapo, o prédio mudara muito pouco. Alguns dos locais de shows eram arenas esportivas e, em uma loucura fabulosa, o Spodek havia sido construído à semelhança de um gigantesco disco voador.

Em Breslávia, tocamos no Salão do Centenário, e foi uma experiência de arrepiar.

No enorme salão, uma cortina vermelha de veludo pendia do alto, para cobrir o centro do domo. A razão logo ficou evidente. Uma gigantesca Cruz de Ferro de pedra vedava a claraboia e efetivamente impedia o teto de desabar.

Na coxia, postigos haviam sido abertos na parede de forma que a Gestapo pudesse observar a plateia e, presume-se, medir o entusiasmo individual de cada um pela apresentação nazista. Os rumores eram de que os túneis sob o prédio estendiam-se para baixo no equivalente a dezessete andares.

Os restos mortais da Europa nazista pareciam nos seguir por onde fôssemos. Havíamos estado em Jersey, que também fora ocupada e fortificada. Muitas estruturas de concreto ainda existiam, e os corpos dos operários que morreram, alguns dos quais poloneses, teriam supostamente sido confinados ao interior das paredes nos locais onde pereceram.

De longe, a manifestação mais reveladora e deprimente dos fantasmas do passado da Europa foi nossa visita a Auschwitz, onde a morte era planejada de forma metódica e brutal, friamente inevitável.

No bombardeio de imagens do mundo de hoje, o genocídio perdeu o poder de chocar. O Khmer Vermelho, os expurgos de Stálin — tudo parece se confundir. Em algum lugar do mundo, há um genocídio ocorrendo neste instante, mas é o tormento de uma criança a ponto de morrer que nos cala fundo na alma — a não ser, é claro, que você tenha desistido da ideia de uma alma e a substituído pelo conceito de "apenas cumprindo ordens".

Os pássaros não sobrevoam Auschwitz. É como se o solo tivesse contaminado o próprio ar com o fedor da morte e da maldade dos que por ali caminharam e planejaram o horror. A banalidade de se planejar execuções em escala industrial em contraste com os gritos das câmaras de gás é a verdadeira medida do terror. E esse terror, creio, é o medo oculto de que, bem lá no fundo, todos sejamos monstros. Sinto calafrios só de pensar.

Chorei muito depois da visita. Senti raiva e fiquei em silêncio. Só voltaria a sentir aquela mesma intensidade dez anos depois, ao entrar de carro em Sarajevo sitiada.

Neve, couro e bondage

Deixamos a Polônia com um documentário gravado, comparecemos a um casamento polonês e tocamos uma versão bêbada de "Smoke on the Water", além de termos adquirido um respeito profundo pela vodca.

Vamos em frente, portanto, enquanto os caminhões seguiam Europa adentro. Claro, fomos alvo de uma batida antidrogas na Alemanha. Quer dizer, na verdade não fomos, não. Foi a grande apreensão de drogas do Iron Maiden que nunca houve.

Na cama, adormecido, ouvi as batidas na porta do quarto.

— Não quero que arrumem o quarto — grunhi.

— É a polícia.

Abri a porta. Um rapaz à paisana, muito educado, mostrou-me a identidade.

— Estamos procurando drogas. Você está com alguma coisa?

— Hã, não.

— Se importa se eu der uma olhada?

— Não, não. Pode olhar.

Muito educadamente, ele fuxicou minhas malas e disse:

— Obrigado.

— Perdão, mas o que aconteceu?

— Um dos motoristas dos caminhões de vocês estava traficando — disse ele. — Pegamos dois quilos de heroína, além de maconha. Quando o encontramos, ele estava tão alucinado que nem conseguia ficar de pé.

NEVE, COURO E BONDAGE

Bem, aquele foi um momento de cair o queixo. Liguei para o quarto do diretor de turnê e dei uma olhada no corredor, onde seu assistente, de olhos vermelhos, passava escoltado. Creio que havia um baseado ainda aceso na cômoda. Drogas à parte, trata-se de um sério risco de incêndio.

Botei uma roupa e fui para o restaurante. Sentados em um canto, o cantinho do castigo, metade da equipe de palco pagava pequenas multas por posse de quantidades ínfimas de maconha. Havia policiais com binóculos no teto. A coisa era séria, até deixar de ser.

Quem alertou a polícia quanto ao que havia na cabine do motorista do caminhão havia tirado algumas conclusões precipitadas, e a polícia, por sua vez, adicionara mais algumas — e todas envolviam seguir os ônibus da equipe até seu destino final, por acaso o nosso hotel.

O motorista do caminhão tinha dirigido a noite toda e teria o dia seguinte de folga, então, no intuito de relaxar, bebeu uma quantidade considerável do conteúdo do frigobar na condição de sedativo caseiro, antes de dormir.

Bêbado de cair, foi arrastado em meio a um sono pesado, sem conseguir explicar direito que era diabético e gostava de assar o próprio pão. Dois quilos de farinha com fermento não são coisa que se cheire.

O outono virou inverno, e a Europa virou a América do Norte.

Aterrissamos na costa leste do Canadá, em Halifax, um lugar interessante. Ali permanecemos por vários dias, preparando o show, e acabei dando conselhos para uma aprendiz de dominatrix na construção de seu calabouço. De dia, ela usava calça social de poliéster e era uma promotora de rádio superprofissional. À noite, só tinha tempo para mordaças de bola, trajes de borracha e chicotes.

Não que eu fosse chegado. Só o que ela fez foi me mostrar o catálogo após o nosso comportado encontro amoroso.

— O que você achou dos troncos? — perguntou ela.

— Muito legais. Tem outras opções de cor?

Perguntei a ela como se tornara tão apaixonada por sadomasoquismo a ponto de querer construir o próprio calabouço.

— Caixeiros-viajantes — respondeu ela.

Pelo jeito, o Canadá estava coalhado de caixeiros-viajantes sadomasoquistas, todos munidos de kits de mão, como maçons.

Só posso imaginar que todas aquelas noites escuras de inverno tenham um efeito sobre a alma. Como dizem os islandeses:

BRUCE DICKINSON

— O que vocês fazem no verão?

— Gostamos de pescar e gostamos de trepar.

— E no inverno?

— No inverno, a pesca não é muito boa.

Fomos para Quebec, e o trem demorou à beça. Descobri que só há dois tipos de árvore no Canadá: as que estão de pé e as toras. É tudo o que há para se ver além da neve.

Seguíamos na direção oeste no inverno, e quanto mais longe íamos, mais e mais frio ficava. Toronto, em comparação, era quase tropical, e ali, meus amigos, foi onde conheci o poderoso Johnny Cash. Estávamos fazendo a passagem de som no Maple Leaf Gardens e reparei em cinco caras espalhados pelas cadeiras vazias no fundo do auditório.

— Quem são aqueles caras? — perguntei.

— É a banda do Johnny Cash.

Fiquei de bobeira pelo backstage quando terminamos. A área estava coalhada de destroços de hóquei de gelo e ladrilhos de pavimentação. Destacando-se em meio a tudo, estava um gigante vestido com sobretudo de couro e botas de montaria de couro que iam até as coxas. Ele estendeu a mão e apertou a minha.

— Oi, meu nome é Johnny Cash — disse. — Queria saber se você podia dar um autógrafo para minha filha. Ela é fã de vocês.

Sua voz era reverberante, mas não no sentido barulhento e petulante. Era uma alma incrivelmente humilde, e sendo um homem daquele tamanho, impressionava ainda mais. Eu só conseguia pensar nos versos de "Folsom Prison Blues": "I shot a man in Reno, just to watch him die" [Atirei em um homem no Reno, só para vê-lo morrer].

Mas o que respondi foi:

— Claro que sim. Botas muito bonitas.

— Sim, feitas sob medida no Texas.

Assinei uma foto e ele me passou uma dele, promocional, jogando sinuca, com a legenda "O Barão".

— Muito obrigado — disse, e então desapareceu.

Eu também, e quase fui derrubado em Winnipeg. Do lado de fora do hotel, fazia menos 25 graus. Decidi dar uma caminhada para ver o que acontecia. Em meia volta na pequena praça em frente ao hotel, meus olhos e narinas haviam congelado — mal conseguia respirar, muito menos enxergar — e só tive tempo de voltar para o lobby. Com o Canadá não se brinca.

NEVE, COURO E BONDAGE

Estávamos sendo castigados pelo inverno continental. Levamos 36 horas para atravessar as Montanhas Rochosas rumo a Vancouver, com correntes de neve e escolta, nos arrastando a seis ou oito quilômetros por hora. Nunca tinha visto tempo tão severo de perto. Na Grã-Bretanha, quando se fala em "tempo ruim", em geral quer dizer chuva. Na América do Norte, "tempo ruim" pode matar você.

Passamos a jato pelo Natal, em estado de choque. Aquela etapa da turnê terminou no Rosemont Horizon, perto de Chicago, e perturbada é pouco para descrever a atmosfera. Nosso desespero em voltar para casa era tanto que pagamos para ir de Concorde.

Havia um voo de manhã bem cedo de Chicago para Nova York, em um 747, que chegava a tempo de pegarmos o Concorde das nove da manhã e estarmos à tardinha em Londres. Antes de partirmos, caímos na farra como se fosse 1999, e me vesti como Sherlock Holmes, vagando pelo hotel com uma bengala nas mãos, acertando lâmpadas.

Após um breve período de inconsciência (e não propriamente sono), fui parar sei lá como às sete da manhã na primeira classe, na escuridão total de uma manhã de inverno em Chicago. A tripulação apareceu e perguntou o que queríamos beber. Eu queria um copo d'água. O empresário atrás de mim grunhiu alto.

— Acho que vou querer um Bloody Mary — disse ele. — Estou vendo que vai ser um daqueles dias...

Bêbado do jeito que eu ainda estava, já era um daqueles dias.

O avião era pequeno, os assentos, muito apertados, e o menu, excelente. Havia lagosta e champanhe, e...

Acordei em Londres. Desmaiara e perdera toda a experiência do voo. Nem um pedaço de comida passara pelos meus lábios. Como era o Concorde, eles me deram uma garrafa de champanhe para levar para casa como prêmio de consolação. Por isso, na mente, não guardo nenhuma lembrança do Concorde. Isso é quase rock'n'roll.

Os meninos do Brasil

Os rumores vicejavam quanto a um acontecimento dramático e exótico — um continente a se descobrir. O mundo do Iron Maiden estava prestes a enlouquecer à brasileira. Rumávamos para o sul, a caminho do Rio de Janeiro. Eu jamais ouvira falar de uma companhia aérea de nome Varig nem nunca tivera em mãos dinheiro brasileiro. Não fazia ideia de onde ficava a praia de Copacabana ou o Corcovado ou o Pão de Açúcar. Nunca fora apresentado à Garota de Ipanema e nunca provara uma caipirinha. Brahma para mim era um monge indiano, não uma cerveja, e não fazia ideia de que balançar o traseiro pudesse ser um esporte nacional. E também não fazia ideia de quem fosse o advogado de Frank Sinatra.

O Rock in Rio, o primeiro de todos, era nota 10 — em qualquer escala de 1 a 10 que se pense. Talvez eu possa achar o que reclamar da banda, ou da minha performance, mas a verdade é que essa não é a questão. Foi um show que abriu as portas de um continente inteiro para o Iron Maiden, da noite para o dia.

A princípio, havíamos recusado o convite. Em meio a uma sequência de shows com ingressos esgotados nos Estados Unidos, tirar duas semanas para ir ao Brasil parecia loucura. Só que a oferta do Rock in Rio parecia boa demais para ser verdade. A tudo, o advogado deles dizia ok.

— Queremos que vocês façam dois shows, um em cada semana.

— Só topamos fazer um.

OS MENINOS DO BRASIL

— Ok.

E por aí foi. Passagens de primeira classe, um cachê monstruoso, merchandising que equivalia a uma semana de shows lotados pelos Estados Unidos, dinheiro para despesas pessoais, hotéis de luxo, frete garantido para trinta toneladas de equipamento — e a resposta sempre era: "Ok. Mais alguma coisa?"

Na chegada ao Rio, nossas roupas quase foram rasgadas por fãs histéricos, muitos dos quais eram mulheres extraordinariamente bonitas. Fomos perseguidos a caminho do hotel na praia de Copacabana, e o prédio era cercado 24 horas por dia por centenas de tietes.

Pelo restante da semana, ficaríamos prisioneiros no hotel, junto a vários outros artistas, até o momento de sermos liberados para ir ao festival. E que empreitada incrível aquilo era.

Três palcos completos haviam sido instalados sobre os trilhos de uma estrutura rotativa e se descortinavam perante uma área especialmente projetada e construída, com capacidade para 300 mil pessoas.

Os maiores astros da música internacional, além dos artistas locais de maior peso, se apresentariam durante duas semanas, em uma orgia sem fim de entretenimento. Só os direitos de transmissão pela TV já valiam uma fortuna. Talvez os cínicos digam que tudo não passava de uma grande operação de lavagem de dinheiro. Uma coisa era certa: sem dúvida havia muito dinheiro a ser lavado.

Quanto a nós, estávamos curtindo o passeio, literalmente. A última vez que andara de helicóptero havia sido ao saltar de um Westland Essex em meio a uma floresta infestada de carrapatos em Thetford. Ao embarcarmos para o voo de dez minutos rumo ao local do festival, o dia se anunciava algo mais exuberante.

Ainda não éramos headliners; a honra pertencia ao Queen, que tocaria depois de nós. Mesmo assim, era claro que havia grande expectativa pelo Maiden.

A área do festival em si estava tomada pelo caos. Os ânimos e a tensão estavam acirrados no backstage. Mal se tinha uma percepção de ordem, e a sensação era de que a qualquer momento a desordem poderia irromper.

Duas equipes rivais de seguranças estavam se engalfinhando. Ambas com cachorros e ambas armadas. Estavam envolvidas em um entrevero do lado de fora do nosso camarim. Feras de dentes arreganhados, presas às coleiras, eram mantidas a distância em cada lado do corredor.

151

BRUCE DICKINSON

Aguardamos em nosso camarim por um sinal de que o palco estava pronto, alheios a toda a comoção. No corredor do lado de fora, brandia-se revólveres e trocava-se insultos — e, creio, insinuações em português sobre membros da família de alguém. No que a situação se acalmou e os revólveres foram guardados, recebemos sinal verde.

A plateia do Rio foi a maior para que me apresentei até então, e provavelmente será para sempre. Dava a impressão de se estender além do horizonte, além dos clarões difusos de cor e luz, escuridão adentro.

A onda de adrenalina que sentimos ao entrar no palco foi imensa, como doze largadas de provas olímpicas de cem metros rasos concentradas em uma só. Tanta gente, tanta emoção e... o som estava horrível. Havíamos trazido alguns de nossos próprios monitores, mas uma parte do equipamento era local, e o responsável pelos monitores, um estranho. Eu sacudia os braços, entre a cruz e a caldeirinha. Não dá para parar na frente de trezentas mil pessoas e passar o som.

Chegou a hora de tocar "Revelations", e empunhei minha elegante guitarra Ibanez azul-neon. Fazia um bom par com o estiloso violão Ovation da mesma cor que tenho até hoje. Minha raiva se intensificava com as tentativas de comunicação com o técnico na beirada do palco. Nervoso e ansioso, impulsionei o braço da guitarra por cima de minha cabeça e abri um corte na testa.

Minha cabeça sangrava em profusão quando me aproximei da área da mesa de som.

O engenheiro viu o sangue e ficou aterrorizado.

— Ajeita a porra desse som, não fica parado aí feito um peixinho-dourado — vociferei.

Imagino que eu tenha lhe parecido louco de pedra, o que naquele momento eu estava. Para deixar isso claro, espatifei minha guitarra contra a mesa de som, partindo-a no meio do braço.

— AJEITA ISSO! — gritei.

Como nada aconteceu, joguei todos os monitores para fora do palco. Plateias adoram esse tipo de coisa; acham que faz parte do show. Às vezes faz, mas às vezes não. Todo aquele espetáculo estava sendo transmitido ao vivo pela TV para milhões de lares latino-americanos.

Cantei um pouco mais e então fui para trás dos amplificadores para me acalmar. Um roadie me deu uma toalha para tirar o sangue dos olhos, e então outro membro da equipe deu as caras, todo alvoroçado. Olhou cuidadosamente para a ferida.

OS MENINOS DO BRASIL

— Rod perguntou se você pode apertar e fazer sangrar um pouco mais — disse ele. — Fica ótimo na televisão.

No dia seguinte, a foto estava na primeira página dos jornais: eu, suado e ensanguentado, e trezentos mil novos fãs do Iron Maiden.

Saboreamos tudo aquilo, e desacelerar depois do show nos tomou a noite inteira. A apresentação começara tarde de qualquer forma, e só voltamos ao hotel lá pelas quatro ou cinco da manhã. Nossos ouvidos ainda zumbiam e o efeito soporífico do álcool parecia ser nenhum; a carga de adrenalina ainda se sobrepunha aos esforços do corpo para adormecer.

Entrei no lobby do hotel às seis da manhã. Não havia fãs. O caminho até a praia estava deserto, e o sol, deliciosamente quente de assar os olhos, mas ainda não abrasadoramente insuportável como ficaria depois.

Era uma sensação estranha, a de estar livre após seis dias sob estado de sítio. Entreguei-me ao fruto proibido da fuga sem um guarda-costas e atravessei a rua devagar, tirei os sapatos e me sentei na praia, afundando os dedos dos pés na areia quente.

Não demoraria muito e eu estaria em um avião, de volta ao meio do inverno. *Que porra de vida esquisita essa*, pensei comigo mesmo. Olhei para a esquerda. Lá estava Brian May, olhos fechados, rosto voltado para o sol, provavelmente pensando algo parecido. Deixei-o quieto. É um mundo engraçado, de verdade.

Muito a cortar

De volta à Inglaterra, prontamente me recolhi por duas semanas a um intensivão de esgrima em Sussex, de onde voltei com a qualificação de treinador. Eu chegava rapidamente à conclusão de que ser um astro do rock não era tudo aquilo que diziam.

Passei o restante do verão treinando com o técnico da equipe olímpica da Grã-Bretanha, Ziemek Wojciechowski. A temporada de competições de esgrima começaria no início de setembro, e era bom para mim tentar aguilhoar e espetar alguém que não fosse americano.

Eu estava, era o que me parecia, absurdamente em forma. Treinava cinco dias por semana, às vezes dois treinos por dia. E, se houvesse uma competição, um desses dias ficava por conta da própria disputa.

Competições de esgrima costumam durar um dia só. Os mais de duzentos esgrimistas do início são reduzidos já à tardinha aos dois que disputam a final. Ficar entre os oito finalistas costuma significar que se começa a lutar às nove da manhã em uma chave com outros cinco competidores — cinco lutas, portanto, de três minutos cada. A parte seguinte envolve ficar sentado, com frio e entediado. Depois tudo isso de novo. Às vezes há um terceiro round, até os esgrimistas que restarem serem encaixados em um torneio de mata-mata, quer se tenha começado com 128, 64 ou 32.

Quando começa o mata-mata, as lutas passam a ser de três rounds com três minutos cada, com a obrigação de atingir o oponente quinze vezes. O

MUITO A CORTAR

formato sofreu pequenas modificações ao longo dos anos, mas é basicamente esse.

Vencer uma competição, portanto, pode envolver até quarenta rounds de três minutos, cada um mais difícil do que o outro, posto que a concorrência vai ficando mais forte perto do fim. É um esporte que exige muito do físico e da mente. É ainda um esporte quase incompreensível para quem é de fora.

Quando se assiste a uma luta de espadas em um filme, interessa aquilo que está sendo mostrado; quando se assiste a um verdadeiro combate de esgrima, interessa o que se está escondendo. Marca-se um ponto em uma fração de segundo e, se um espectador consegue antecipar o golpe, é quase certo que o oponente também conseguirá.

Replays em câmera lenta e alta definição ajudam a explicar o que frequentemente se parece com dois gatos brigando com agulhas de costura bambas, mas são muito insatisfatórios. Pontos na esgrima não são sempre bonitos como esperamos que sejam a julgar pelas lutas de espada que vemos em filmes.

Minha satisfação era inteiramente pessoal e baseava-se nos dois pilares que a meu ver interessam. Um, o respeito pelos colegas, os demais esgrimistas que compartilham da mesma ética esportiva, e o outro, o respeito pela filosofia do esporte. O que me agradava na esgrima era que não tinha um final definido. Como em outras artes marciais, cada oponente é diferente, e ser um *expert* não garante o seu sucesso contra um iniciante inseguro.

O inimigo na esgrima é você mesmo, tanto quanto o oponente. É isso que eu mais amo no esporte. Aprendi mais do que poderia ter imaginado quando comecei a lutar e só levei dois anos para passar a competir a sério. Aquilo me induziria a questionar minha própria identidade.

Levei quase uma temporada completa treinando e competindo até começar a achar que algo não estava lá muito certo no meu cérebro. Não costumo ser uma pessoa muito raivosa. Às vezes, posso ser meio volátil e bastante passional quanto a certas coisas, mas raiva destrutiva raramente. E, no entanto, quanto mais eu avançava na competição, mais parecia haver uma panela de pressão pronta a explodir dentro da minha cabeça. Nunca passara por algo assim.

Retornei à prancheta, da mesma forma que aprendera a cantar de novo após descobrir uma voz diferente dentro do meu corpo. Com alguma pesquisa, desemboquei em uma série de questionários de autoajuda e um livro de testes para os lados esquerdo e direito do cérebro, do professor Hans Eysenck.

155

BRUCE DICKINSON

Depois de preencher todos os campos e responder a todos os testes, minha conclusão foi de que usava igualmente ambos os lados do meu cérebro. Estava cravado no meio. Aquilo explicava por que eu tinha facilidade de conversar com diferentes tipos de pessoas, mas quase não me trazia conselho algum quanto a eu dever ser canhoto ou ao menos ambidestro.

Esta última característica é de família. Meu pai e meus primos são todos ambidestros. Eu esgrimia com a mão direita, como sempre havia feito. Escrevia com a mão direita, mas nunca fora bom em qualquer esporte de raquete utilizando essa mão. Chutava com o pé esquerdo e usava o olho esquerdo para fazer mira em rifles ou observar telescópios. Também costumava usar o telefone no ouvido esquerdo.

Ambidestria na coordenação entre mãos e olhos não é incomum — é uma excelente receita para rebatedores de críquete ou beisebol. Um destro com olho esquerdo dominante acha a bola com a visão periférica uma fração de segundo mais rápido.

Existe uma teoria segundo a qual em esportes de reação rápida o canhoto será sempre mais veloz em tramar uma solução e, portanto, pode esperar mais tempo antes de tomar uma decisão — e tudo isso aumenta a pressão sobre seu oponente.

Eu já tinha meus vinte e tantos anos. Olhei para meu braço esquerdo franzino. Havia certa perda muscular em função dos danos ao sistema nervoso causados por bater cabeça. Meu lado direito era bem mais forte. Esgrima é um esporte de um lado só, e até minhas pernas haviam se tornado assimétricas como resultado.

Procurei novamente meu treinador, Ziemek. Seria possível que eu fosse na verdade canhoto — ou pelo menos que devesse ser canhoto?

Pus a espada na mão esquerda. Ele me pediu que desse um passo à frente e outro para trás, levantasse o braço e o atingisse, não com rapidez, mas com a maior suavidade e exatidão que conseguisse.

"Você é automaticamente melhor com a mão esquerda", disse Ziemek, arranjando então um pedaço de papel e me pedindo para desenhar um polígono irregular com a mão direita, de olhos fechados, o que fiz.

Ele pôs a caneta na minha mão esquerda e me pediu para fazer um desenho no mesmo formato. De olhos bem fechados, desenhei um espelho da primeira imagem, quase idêntica e exatamente do mesmo tamanho.

"Acho que você devia trocar de lado", disse ele.

156

MUITO A CORTAR

Comecei a lutar de novo, agora com a mão esquerda. Era lento, e minha coordenação, dolorosa; a memória dos músculos estava toda errada e tinha de ser reprogramada. Meu braço esquerdo logo se cansou e meu pescoço latejava — estava torcido de um lado devido à lesão por bater cabeça. Vários pequenos músculos do meu antebraço haviam se atrofiado por conta da hérnia de disco. Foi uma reabilitação para o meu corpo, mas caiu como uma revelação para o meu cérebro. A raiva se fora. O espírito de luta e a paixão continuavam, mas a panela de pressão havia desaparecido.

Na primeira oportunidade que tive, fui sozinho até uma quadra de squash e peguei a raquete com a mão esquerda. Inesperadamente, a bola bateu no exato ponto em que eu queria. Eu brincava com a bola em vez de ficar irritado. A diferença na minha cabeça era estarrecedora, como se tivesse descoberto todo um universo de beleza e movimento e, acima de tudo, timing inesperados. Timing, no sentido do espaço entre todas as coisas, me havia sido desconhecido.

Voltei a treinar, agora com a mão esquerda. Todos os meus colegas esgrimistas acharam que eu tinha perdido a cabeça. Era verdade. Tinha perdido uma cabeça; estava usando outra agora.

Você vai acreditar que um baterista pode voar

Estive muito próximo de abandonar a música após a turnê do *Powerslave*. Não estava a fim de aturar mais politicagem de bastidores ou confinamento à solitária dos ônibus de turnê e das gaiolas de ouro. Não esperava que os outros compreendessem, pois tenho certeza de que para muitos tudo aquilo podia parecer o sonho máximo, mas eu esperava mais do que meramente conseguir me manter de pé. Quando chegou a hora de retornar ao moedor de carne, achei que devíamos fazer uma mudança radical, só pela diversão.

Não é bom estar em minoria de um em uma banda de cinco integrantes. Fui chamado a um canto e silenciosamente liquidado por Martin Birch, que me disse que meus singelos números "acústicos" não eram o que eles precisavam. Ele foi bem direto ao ponto e, se você vai ser esmagado, o melhor é esquecer o assunto e partir para outra.

Não sou do tipo que passa mais de cinco minutos se lamentando, de forma que relaxei e pensei: *Como vou fazer para curtir o próximo ano?*

Um passarinho se sentou no meu ombro e sussurrou no meu ouvido (esquerdo): "Por que não ser só o cantor e deixar que os outros levem a coisa adiante?"

Em vez de contemplar o quadro geral das coisas, pensei só em mim, eu mesmo e eu. E, por algum tempo, foi um belo alívio.

Voltamos a Jersey, agora para um hotel diferente, para compor o álbum seguinte. Como não compus canção alguma, fui à Europa me inscrever em algumas competições de esgrima.

VOCÊ VAI ACREDITAR QUE UM BATERISTA PODE VOAR

Eu tinha umas ideias malucas quanto à nossa indumentária de palco. Sem dúvida teríamos pela frente alguns momentos *Spinal Tap*, e eu queria me certificar de que fôssemos estar na vanguarda da diversão, mesmo que involuntariamente.

O álbum *Somewhere in Time* deve grande parte de sua inspiração ao filme *Blade Runner*. A capa, e até mesmo a gravação que abria o show, deviam muito ao clássico de Ridley Scott.

O Eddie "Cyborg" foi a mais sofisticada versão do nosso monstro figurante, e os cenários eram uma criação fabulosamente complexa à base de vigas e rampas de alumínio, debaixo das quais mãos com garras infláveis se erguiam.

A ideia era usar muita coisa inflável, mas a tecnologia para isso era primitiva, e parte da execução também. Metade do tempo os infláveis não inflavam — pelo menos não por completo — e era comum que a grande mão com garras parecesse estar dando o dedo do meio para a plateia até que os demais inflassem para acompanhá-lo.

A cabeça de Eddie, na sua grande versão inflável, sempre demorava a se recompor e às vezes parecia um saco de lixo frouxo. Havia planos de espaçonaves infláveis no alto do cenário e, meu favorito, um astronauta que caminharia sobre uma armação extensível sobre a plateia.

Infelizmente, as espaçonaves nunca cabiam nos locais dos shows ou regras de bem-estar e segurança determinavam que nada poderia se projetar sobre a plateia, e acabamos desistindo da ideia.

Ao menos poderíamos contar com um vocalista que explodia ao fim da primeira música, só que isso também não funcionou. Eu decidira, quando ainda estava com minha mente perturbada, que mandaria confeccionar trajes de palco, em vez de roubá-los de lojas caras. Lembro-me das instruções que dei à costureira.

— Quero algo meio traje de D'Artagnan, só que espacial. A parte de baixo tem que parecer um estranho lagarto espacial, recém-morto e então remendado, e de preferência verde e escamoso. Deu para entender?

Bom, agora vocês sabem.

Para sustentar a estética de *Blade Runner*, eu queria um casaco de couro com um coração gigante, luminoso e pulsante, além de cordas com luzes piscando em sequência ao redor de uma espécie de exoesqueleto. Hoje em dia certamente faríamos tudo em computação gráfica, mas na época ficou a cargo do nosso técnico de monitores, John Thomson.

BRUCE DICKINSON

O casaco pesava em torno de dez quilos. Era cheio de fios de cobre e alimentado por uma bateria chumbo-ácida de seis volts, além de um interruptor liga/desliga surrupiado de um abajur de cabeceira.

Aquilo consumia tanta energia que meu coração pulsante sofreu um ataque cardíaco cerca de dois minutos antes do fim da primeira música. A engenhoca completa está atualmente em algum lugar no Rock and Roll Hall of Fame, onde é mantida debaixo de sete chaves ou usada como lâmpada de cabeceira.

Tive a ideia de um traje preto que parecesse couro, mas fosse afixado por velcro de alto a baixo em cada lado. Haveria aparelhos pirotécnicos embutidos nas laterais dos braços e pernas, de forma que, em uma paródia da pose do *Homem vitruviano*, eu me dissolvesse em fumaça ao final da música de abertura.

Pois lá se foi minha fantasia. No que me deparei com o corpete de nove quilos, estilo peito de pombo, que me aguardava, vi que teríamos de fazer adaptações. Ativemo-nos a apenas um e minúsculo aparelho pirotécnico, muito pouco confiável, enfiado na parte de cima de uma luva, com uma bateria de nove volts e um mecanismo de detonação bizarro. Era bem sem graça quando funcionava e, quando não, eu protagonizava a mais solitária troca relâmpago de roupa do mundo ao correr para fora do palco com o mecanismo ainda acionado e podendo detonar a qualquer momento. A equipe toda se escondia enquanto eu o desarmava e então me livrava do cinto de lastro e da camisa de força iluminada.

Deixei a barba crescer durante a turnê. Em Las Vegas, Rod me pediu que raspasse. Raspei um lado só, de cima a baixo. Existem fotos. Não sei bem o que a plateia achou; devem ter achado que eu estava doidão.

É importante lembrar que dei muita sorte em conseguir aguentar tanto tempo de turnê. Por uma série de razões e situações arriscadas, quase não deu.

Eu me ocupava treinando esgrima com meu amigo Justin, e nosso treino tinha tons de *Rocky*, subindo e descendo morros íngremes.

Bolamos uma aventura de fim de semana que envolvia trens, aviões, navios e duas competições de esgrima, na Bélgica e na Holanda. Voltaríamos no trem noturno para Cherbourg, de onde pegaríamos um voo pela manhã de volta para Jersey, voo este que, segundo o cronograma, não levaria mais de dez minutos.

A caminho da França, perdemos o *ferry*, pegamos o seguinte, cruzamos o Canal e perdemos o trem. Dormimos no chão do terminal das barcas, minha

VOCÊ VAI ACREDITAR QUE UM BATERISTA PODE VOAR

cabeça repousada na bolsa de esgrima, até pegarmos o trem das cinco da manhã e lutarmos o dia todo na Antuérpia. Dormimos em um sótão, acordamos bem cedo para pegar o trem rumo à Holanda, esgrimimos o dia inteiro e voltamos a Paris. Duas garrafas de vinho vagabundo e vários hambúrgueres mais tarde, embarcamos no trem para Cherbourg, que, segundo meu *European RailTimetable*, de Thomas Cook (não saia de casa sem o seu), só circulava nos domingos à noite. Logo descobriríamos o porquê. Havia seiscentos marinheiros franceses a bordo. Entramos em uma das cabines e achamos melhor sair. Decidimos dormir no banheiro. Cheirava um pouco melhor.

O solo estava coberto de neve ao chegarmos e arrastamo-nos pela escuridão, mal lavados e mal amados, até acharmos uma cafeteria que claramente funcionava 24 horas e sermos ressuscitados pelo café quente.

Em uma manhã de segunda-feira em Cherbourg não há lá muita demanda de táxis para o aeroporto. Quando finalmente conseguimos um, o avião já havia decolado e o próximo só sairia dali a dez horas.

— Nicko sabe pilotar — sugeri.

Era verdade — ele estava aprendendo. Seu instrutor era um sujeito muito gente boa chamado Charlie, e o Jersey Aero Club era um local bastante aprazível para se almoçar aos domingos e ver os aviões passarem.

Consegui me entender com um telefone público francês e o encontrei no hotel.

— Somos só nós dois — falei.

— Hã… aah. Sei lá. Sabe, eu não tenho brevê ainda. Talvez o Charlie possa ir comigo.

— Olha aí. De repente você até faz uma aula no caminho.

O que poderia dar errado?

Justin e eu ficamos aguardando no café/bar deserto do aeroporto de Cherbourg. Bastou que chegássemos por lá para o lugar fechar. Passadas duas horas, um único e pequeno avião sacudido pelo vento pousou e taxiou até se aproximar da janela. Até onde dava para ver, era a única aeronave no local.

Aquela seria uma primeira vez. Eu nunca havia subido em avião pequeno antes, e por isso minha curiosidade suplantava o cansaço generalizado de três dias dormindo no chão, em um sótão e em um banheiro e bebendo vinho vagabundo entre uma competição de esgrima e outra.

A aeronave em questão (hoje eu sei) era um Piper Cherokee 140. Um monoplano de asa baixa com apenas um motor e quatro assentos bem aper-

161

BRUCE DICKINSON

tados. O 140 no nome se referia à capacidade do motor. O mesmo modelo existia com motores de 160, 180 e até 200 cavalos-vapor, nenhum com mais de quatro assentos. Está aí a pista para o que viria a acontecer.

Revistas sobre aviação sempre trazem dois tipos de coluna fixa: o tipo "Foi assim que aprendi a pilotar" e o tipo "O pior dia de todos". Pilotos adoram falar sobre desastres, em parte como um processo de aprendizado, mas em especial para lembrar a si próprios quão invencíveis são no fundo, pois nada daquilo jamais ocorreria com eles.

Justin e eu mostramos nossos passaportes ao gendarme e caminhamos até o avião.

Só havia duas portas, uma para cada piloto, e para conseguir se aboletar nos assentos traseiros era preciso subir na asa.

Charlie parecia preocupado.

— Isso aí é muito pesado? — A pergunta era quanto às bolsas que carregávamos. Tanto a minha quanto a de Justin eram do tamanho de bolsas de golfe, e traziam roupa suja, máscaras de aço inoxidável, toda sorte de pedaços de arame e apetrechos, mais meia dúzia de armas e roupas sobressalentes para a viagem.

— Até que não — respondi, fazendo esforço para esconder o sulco no meu ombro causado por ter arrastado aquele troço maldito por meia Europa.

— Está tudo ok, Charlie? — perguntou Nicko.

— Ahh, sim... acho que sim.

Mas o tom não era convincente, e ele puxava com tanta força os fios do bigode que achei que fosse arrancá-los.

Subimos a bordo com esforço, colocamos as bolsas no compartimento de bagagem, e ainda assim elas se projetavam por entre os assentos traseiros. Encostei-me; e o avião tombou sobre a própria cauda.

— Puta que pariu — balbuciou Nicko.

— Era para isso acontecer?

— Não. Puta que pariu. Não era.

Charlie voltou-se para avaliar a cena que se descortinava atrás dele: dois sujeitos atrás, duas bolsas pesadas ainda mais atrás, Nicko na frente, a cauda no chão, a roda em frente ao bico pendurada no ar, o gendarme começando a ficar interessado.

Finalmente, ele disse:

— Certo, rapazes, eu tenho uma ideia...

162

VOCÊ VAI ACREDITAR QUE UM BATERISTA PODE VOAR

Parecia coisa de *Uma saída de mestre*, achei, e era apropriado também. O treinador, pendurado à beira do precipício, com o ouro em uma das mãos — era exatamente a situação em que nos encontrávamos.

— Todo mundo inclinado para a frente…

Obedecemos. Nada mudou.

— Botem essas bolsas entre os assentos da frente e os de trás…

Socamos as bolsas de qualquer jeito até ficarmos aprisionados atrás delas.

— Certo. Nicko, quando eu gritar "liga o motor"…

Charlie correu até a cauda e levantou-a do chão, segurando-a enquanto a roda dianteira enfim tocava a terra firme.

— Liga o motor.

Observei fascinado enquanto Nicko lia as instruções. Hoje, é claro, sei que aquilo tem um nome, checklist, mas de fato trata-se das instruções para se ligar o motor.

Ouviu-se uma série de rangidos e chiados, e um barulho de "boing" se seguiu ao puxar de uma alavanca. Ele cutucou vários mostradores, girou alguns instrumentos e encheu a cabine com o cheiro opressivo de gasolina. Após apertar um pequeno pistão para dentro do painel, Nicko pôs a cabeça para fora da porta e gritou:

— Sai de perto da hélice!

Aquilo era esplêndido. Parecia até um exercício militar de voo. Nicko virou a chave na ignição e o motor ganhou vida. No que a hélice começou a girar, o avião recuperou o equilíbrio e Charlie saltou em seu assento gritando:

— Está comigo!

Taxiamos bem rápido, me pareceu, enquanto as nuvens baixas passavam rapidamente por sobre a pista, carregadas por fortes rajadas de vento. O avião corria pela pista, e o barulho do motor e da hélice aumentava até as janelas começarem a vibrar.

— Todo mundo inclinado para a frente — gritou Charlie por acima do estrondo, a própria cabeça pressionada firmemente contra o painel de controle.

A pista de decolagem em Cherbourg, fui descobrir mais tarde, é bem longa, o que é bom, pois tivemos de utilizá-la inteira para alçarmos voo.

Apesar do vento contrário ter se provado um benefício na decolagem, as rodas mal saíram do chão. A altitude acima do nível do mar tornou-se clara quando caímos, ou melhor, quando quase caímos, da beirada do penhasco que marcava o fim da pista.

163

BRUCE DICKINSON

Abaixo, repousavam pedras pontudas, um mar acinzentado e furioso em que vagalhões elevavam-se e arrebentavam e um desgraçado leito de nuvens baixas a nos ensanduichar.

Em cerca de cinco minutos, pude entender o que indicavam todos os instrumentos, e aparentemente não conseguiríamos ascender mais do que oitocentos pés.

— Continuem inclinados para a frente — incitou-nos Charlie quando outro penhasco surgiu no horizonte, com uma pista de pouso logo adiante. Percebi que Charlie estava bem pálido a essa altura, e suando... muito. Ao aproximarmo-nos do solo, vi que a pista descia e subia à nossa frente.

— Não encostem! Continuem inclinados para a frente!

Charlie puxou levemente o manche e taxiamos muito rápido até pararmos em meio à grama.

Houve um longo suspiro.

— Bem-vindos a Jersey — disse Nicko.

Nicko obteve seu brevê e, como se esperaria de um baterista com tanta coordenação, suas mãos formavam um ótimo par no que tangia a pilotar um avião. Mais tarde, durante a etapa americana da turnê, ele realizou vários voos em um pequeno turboélice de propriedade de um piloto de avião comercial, que ia junto com ele como instrutor.

Eu os acompanhei em alguns voos e fiquei fascinado pelos instrumentos. Tão fascinado, aliás, que minha próxima escala seria o *Flight Simulator* da Microsoft, que instalei no monstro com dimensões de bagagem que era o Mac Portable, ou Mac Trambolho, como o apelidei. Eu já me encontrava na ladeira escorregadia que levaria à pista, mas tinha antes de negociar nossa última parada nas Bahamas e uma estadia prolongada em Amsterdã.

Isso é holandês para mim

Ficamos relativamente pouco tempo nas Bahamas. O resto do álbum seria finalizado e mixado na Holanda, em Hilversum, no Wisseloord Studios.

Mesmo assim, Marvin deu um jeito de fazer uma aparição, e em grande estilo. Já havia amanhecido, mas ainda estava dormindo pesado. De repente, escutei alguém bater à porta com força lá embaixo. Cada uma daquelas casinhas tinha três quartos no andar de cima e um quintal nos fundos, com uma porta que abria para a rua e que dava de frente para os estúdios. As batidas eram Marvin tentando entrar. Acordei, mas elas pararam, então comecei a cochilar.

Segundos depois vieram os sons da moldura da janela quebrada, gritos abafados, uma voz de mulher, um chute na porta — e o som inconfundível de Martin, em transformação.

Ele bateu à minha porta e perguntou:

— Arrá, você está aí?

— O que foi?

—Você tem que descer.

— São sete e meia da manhã.

— Agora. Você tem que descer *agora*.

— E por que eu tenho que descer agora?

Eu já tinha começado a vestir a calça, ou aquilo poderia acabar mal — tudo bem, talvez fosse acabar mal de qualquer jeito, mas enfim...

BRUCE DICKINSON

— É a pessoa mais importante... que você vai conhecer... no mundo todo... Calcei os tênis.

— E quem seria?

— Desce logo, garoto.

Ouvi uma pancada surda. Era Marvin se chocando contra a escada.

Lá embaixo, ele estava outra vez em cima da mobília, equilibrado em um pé só, mas desta vez coberto de terra e com um forte sangramento no antebraço.

—Você está bem?

— ARRÁ! Tudo bem? Veja... — Martin apontou para o próprio olho. — Aqui... o olho do tigre.

— Martin, você está sangrando...

— RÁ! Isso aqui... é o sangue do samurai!

— Se fosse você, eu cuidaria disso. Quer passar um antisséptico?

— Morte... um golpe... Shotokan. — Ele pulou de uma perna para a outra. — Porque eu... sou o bobo da corte.

Suspirei.

—Vou fazer um chá...

Martin havia saído para beber na noite anterior, com boas intenções, mas tinha sido iludido por seu Mr. Hyde interno e acabou ficando sem companhia. Depois de esmurrar minha porta às sete da manhã, trepou no muro de 2,5 metros e caiu em uma roseira. Isso explicava a terra e o sangue.

Mas Marvin não se deu por vencido: subiu na treliça, chutou a teia contra mosquitos, escalou a parede para invadir o quarto de um dos roadies e, imaginando que o do lado era o meu, abriu a porta com um chute. Deu de cara com uma moça pelada com outro roadie. Sua reação:

— Continue aí, garoto.

A campainha tocou, e revelou-se a última peça do quebra-cabeça da noite. Abri a porta do quintal e ali estava Robert Palmer, impecável em seu roupão e chinelos, segurando uma garrafa de rum e dois copos.

Martin e Robert se conheciam desde a época em que Martin trabalhou com uma banda chamada Vinegar Joe. Robert era o vocalista.

Depois de ficar sem companhia para beber, e sem ver Robert havia uns trinta anos, Marvin foi bater à porta dele às quatro da manhã.

Como se fosse a coisa mais natural do mundo, Robert o recebeu com um "Martin, quanto tempo! Entre...".

ISSO É HOLANDÊS PARA MIM

Uma garrafa de rum já estava vazia e a segunda, reparei, pela metade.

—Vou fazer mais chá... — disse eu.

— Esse é o cara mais importante que você vai conhecer em toda sua vida — balbuciou Marvin. Em seguida, foi até a sacada, onde ficou contemplando o mar equilibrado em um pé só, mas felizmente sempre caindo em terra firme.

Sentei-me de frente para Robert.

— Esse álbum está me dando tanto trabalho... — começou ele. — É como uma montanha, e eu não sei por onde começar.

Sorvi o chá.

— Comece pelos degraus — sugeri.

— Os degraus?

— É, os degraus na encosta da montanha. É para isso que servem.

— Os degraus — sussurrou ele. — Os degraus. Sim, vou começar pelos degraus. — E saiu porta afora, repetindo: — Fantástico. Claro... os degraus. Comece pelos degraus...

Terminei o chá e deixei Marvin sozinho para treinar seu caratê.

Horas depois, saí pela porta da frente e me deparei com Marvin parado no meio da rua, descalço, ainda sangrando e com um sorriso de maníaco. Suas mãos se agarravam aos bolsos do short, que estava do avesso.

— A chave, garoto — disse ele. — Não encontrei a chave da casa.

Enfim puseram Marvin na cama, e não demoramos a levantar acampamento rumo a um lugar de tentações ainda maiores — a farra de Amsterdã.

O estúdio em Hilversum era um lugar chato de doer. Ficava em um complexo utilizado na maior parte do tempo por TV e rádio, por isso tínhamos de aturar os *Smurfs* na porta ao lado e os sanduíches de queijo mais sem graça do mundo na cantina. A própria Hilversum era uma cidadezinha conservadora morbidamente silenciosa, e foi nela que Steve se hospedou.

Em Amsterdã, fiquei em um loft com escadaria circular e lindas vigas triangulares de madeira. O apartamento dava para uma boate que só fechava depois de amanhecer, um cinema gay e três garotas em janelas de luz vermelha. A estação central ficava a dez minutos a pé dali, e logo comprei uma bicicleta roubada por 25 *guilders*. Eu tinha uma penca de livros por ler, comprei um candelabro e comia no restaurante italiano ao lado; jarra de vinho, candelabro e livro do mês. Chato não era e, quando comecei a me enturmar com os locais, minha vida ficou ainda mais iluminada.

BRUCE DICKINSON

Perguntei a Steve por que ele não quis ficar no centro de Amsterdã.

— Muito cocô de cachorro — resmungou.

Admito que ele não estava totalmente errado, e algumas das oferendas eram gigantescas. Não era culpa dos cachorros, e o tamanho de alguns deles condizia com as toras indesejadas que deixavam no meio-fio. Um desses cachorros era um dinamarquês enorme que frequentava o Café Midnight, na porta ao lado, com um Hells Angel tão grande quanto ele.

O Café Midnight não existe mais, e o casal gay que o administrava talvez ainda esteja preso, mas a teia que se propagava a partir de um único estabelecimento era típica do lado oculto daquela que, pelo menos na superfície, era uma cidade de espírito livre e porra-louca.

Henrik (digamos que este seja o nome dele) era o *capo dei capi* dos Hells Angels na cidade. Incrivelmente alto e cortês, tinha uma namorada que trabalhava no bar do Café e era garantia de encrenca, mas bastava olhar para ela para entender por que os homens (e as mulheres) caíam a seus pés.

Ela já havia sido responsável pela ruína de um integrante do gabinete do governo holandês e vinha azucrinando a vida do meu amigo empreendedor Hells Angel.

— A situação com a minha namorada está um inferno — disse ele.

— Sinto muito.

—Vamos sair para beber.

Assim começou uma longa noite de cervejinha atrás de cervejinha, que se encerrou em uma boate deserta com o sol nascendo sobre os canais.

Ele me explicou como funcionavam seu império empresarial e sua natureza filantrópica.

— Nosso braço é administrado como uma espécie de clube de previdência social.

— Que legal.

—*Ja*. Por exemplo, um dos nossos estava morrendo de câncer, então a gente fez uma vaquinha para dar algo a ele. Para que se sentisse melhor, sabe como é...

— O que vocês deram a ele?

— Uma máquina de lavar.

— Uma máquina de lavar?

— *Ja*, isso mesmo. Ele chorou. Disse que nunca ninguém tinha comprado uma máquina de lavar para ele antes. É esse tipo de coisa que a gente faz. Legal, não acha? Porra... estou esperando um carregamento dos grandes para este mês.

168

ISSO É HOLANDÊS PARA MIM

— De máquinas de lavar?

— Não, de drogas.

— Caramba, qual o tamanho do carregamento?

Eu imaginava algumas sacolas plásticas, no máximo uma saca.

— Um contêiner abarrotado — respondeu ele, como se fosse a coisa mais normal do mundo. Olhei ao redor da boate vazia; todas as janelas eram portinholas de barco, com vista para o que, afinal, era uma cidade portuária.

— Parece estressante à beça, e isso sem contar a situação com sua namorada.

— *Ja* — concordou ele, dando de ombros, empreendedor macaco-velho que era. — Você dá um passo em falso e termina no fundo do rio... — E tomou um gole de Heineken. — Sabe, da última vez que estive aqui um cara tentou atirar em mim com uma Luger. Sete tiros.

— Hmm. Você é grandalhão. Ele devia ser bem ruim de mira.

— *Ja, ja*. Foi o que eu disse quando peguei ele.

Evitei fazer mais perguntas.

— Foi muito bom conversar com você — disse ele. — Me sinto bem melhor.

Noites como aquela eram janelas surreais para o lado não-tão-legal de Amsterdã. Eu sempre ia parar em uma boate que ficava de frente para o meu apartamento e fechava tarde. Lá havia uma prostituta superalegre que entrava depois do trabalho. Era australiana e estava sempre feliz de me ver.

— Caramba, amigo, até que você não é feio, não. Quer umazinha de graça?

Recusei educadamente.

— Não, amigo, sério mesmo. Vou deixar você doidão.

Imaginei que ela não seria a única coisa a me deixar doidão, mas me surpreendi ao ficar só na cerveja e no papo. Ela estava com o braço enfaixado.

— O que houve aí? — perguntei.

— Porra, amigo. Um merda que saiu da cadeia apareceu aqui e começou a me morder até tirar sangue.

Ela trabalhava na vitrine, portanto era normal clientes entrarem do nada. Era muito simpática e bonita. Eu não conseguia entender por que trabalhava ali.

— Mas a polícia foi dez! Deram nele logo de cara. Eles detestam quem bate nas meninas.

Por baixo da propaganda fofa de "cidade aberta", Amsterdã era um lugar severo. Não conheci ninguém que fosse exatamente o que parecia ser: o malandro de Liverpool foragido da polícia britânica mas estabelecido ali e feliz

169

BRUCE DICKINSON

da vida com uma linda garota holandesa e dois filhos; o sujeito de Manchester dono de uma barcaça cheia de potes de argila vazios e vasos tailandeses para vender. E claro, sem nenhuma pista do que havia dentro deles quando ali chegaram.

Havia o casal feliz que havia pintado o Rolls-Royce de John Lennon e confeccionado figurinos de palco para o Led Zeppelin e que tentou me vender um piano e me apresentar a uma nova droga, o ecstasy.

Meus momentos de êxtase em Amsterdã não tiveram nada a ver com drogas. Certo dia, descobri o mais bizarro clube de esgrima em um porão. O treinador era maravilhosamente louco e dava aulas do lado de fora, na rua de paralelepípedos à margem do canal. O porão em si era tão pequeno que só era possível lutar na diagonal, e mesmo assim só havia espaço para três ou quatro passos.

Minha garota australiana da vitrine morava no fim da rua e certa noite me convidou para o seu apartamento, dizendo: "Quero que você conheça uma pessoa." Sinceramente, eu não queria ir, mas ela insistiu.

— Bom, tudo bem — concordei. — Mas só cinco minutinhos.

E lá fui eu subindo a escada em petição de miséria do velho prédio em enxaimel, um, dois, três andares em caracol.

— Quem é essa pessoa? — quis saber. — É um fã, alguma coisa assim?

— Shhhh! — De repente, ela parecia preocupada. Deu uma rápida olhada por cima do ombro de um jeito um tanto melodramático. — É o homem mais procurado da Holanda.

— Como é que é?

— É, amigo. Ele é fugitivo e está ficando uns dias comigo.

Entrei no pequeno apartamento e havia dois homens sentados à mesa da cozinha. Não eram exatamente muito falantes.

— Este é o meu amigo, Bruce — apresentou-me ela.

Dei um sorriso amarelo.

— Obrigado. Prazer em conhecê-los. Bom, eu preciso ir...

Fui embora o quanto antes. Sei lá se ela estava distribuindo cortesias para fugitivos, como uma espécie de serviço público, mas ainda bem que nunca aceitei.

Amsterdã era assim, imprevisível e, às vezes, trágica. Como nosso malandro de Liverpool com a linda mamãe holandesa. Ela acabaria em uma cadeia francesa, depois de ser persuadida por ele a entrar de carro na França com as

ISSO É HOLANDÊS PARA MIM

crianças, carregando drogas em caixas de chocolate. Ele terminou com o estômago rasgado de um lado a outro em um ataque a faca. Gente boa, aqueles traficantes. Ninguém me convence de que Robin Hood está por aí vendendo drogas — não mais.

Quanto à garota do Café Midnight, perdeu o emprego quando os proprietários atearam fogo no prédio. Coitados, não fizeram um bom serviço, tiveram de voltar ao local do crime com mais gasolina umas duas horas depois. O problema foi que os vizinhos de porta haviam sentido o cheiro e alertaram a polícia. Os idiotas até fugiram do país, mas foram burros o bastante para retornar à Holanda, onde acabaram ficando por mais tempo do que pretendiam. Dez anos, para ser exato.

Amsterdã também é a única cidade europeia em que já me apontaram um revólver. Aconteceu quando fui me queixar de um carro que quase me atropelou em frente ao American Hotel.

Não há só merda de cachorro nas ruas da cidade.

E assim, aprendendo um pouco mais do que aprendi com minhas boas notas na faculdade, segui em frente para ser disparado pelo canhão: a turnê mundial do *Somewhere in Time*.

Você não pode estar falando sério

O Marquês de Sade escreveu fantasias notoriamente brutais, ainda que jamais tenha tido a oportunidade de realizar algumas delas. Passou a maior parte da carreira de escritor preso em uma cela onde o único material disponível para compor suas obras escatológicas era papel higiênico.

Por motivos muito distintos, na turnê do *Somewhere in Time* eu me vi prisioneiro em quartos de hotel mundo afora e, no melhor espírito de "Para que serve esse botão?", decidi escrever um romance ao mesmo tempo cômico e picante porque, bem, porque eu podia — e para isso não me faltavam blocos de papel nos quartos de hotel.

O resultado foi *The Adventures of Lord Iffy Boatrace*, híbrido da série *Wilt*, de Tom Sharpe, com tiradas ao estilo do filme *Fuzarca no Camping*.

Atribuo a culpa pela minha carreira de escritor amador ao fato de ter ficado em segundo lugar no concurso literário da escola preparatória Birkdale. Os segundos lugares são a aguilhoada que nos impulsiona na vida, e quem aplicou meu tratamento de choque foi Shaun Hutson, autor de livros de terror e fã do Iron Maiden.

Li a maior parte dos livros de terror de Hutson. Nem teria como não ler, já que ele presenteou a mim e a toda a banda com sua obra.

Dá para enxergar uma fórmula no que ele faz, mas também a mão de um artesão, na forma de apresentar a história. Eu adorava ver como seus livros produziam reações de fato físicas. Não havia aquele desenvolvimento ver-

VOCÊ NÃO PODE ESTAR FALANDO SÉRIO

borrágico de personagens ou descrições detalhadas de crepúsculos ou locais. Aquilo era uma literatura universal, descaradamente interessada em fazer você devorar as páginas, com mortes chocantes a intervalos regulares. Morda-se, Jane Austen, até o coração sangrar (*e deixe-o pulsar em uma massa ensanguentada até que o odor de cobre do líquido vermelho impregne o quarto. De punho cerrado, ele socou e esmagou o órgão brutalmente arrancado das costelas dilaceradas, viradas do avesso como dentes quebrados.* Desculpem — não resisti à tentação de fazer uma homenagem a Shaun Hutson...).

Pessoalmente, recomendo o trecho de *Slugs* em que o paraplégico vai soltar um barro e é comido por dentro por uma lesma devoradora de colunas vertebrais que se esgueira da privada e invade sua cavidade anal. Prefiro esta às passagens mais literárias.

— Como é que se escreve um livro? — perguntei.

— Bom, eu começo de manhã, tomo uma xícara de chá às onze, aí escrevo até as cinco, com uma pausa para o almoço — respondeu Shaun.

— Quer dizer que é só meter a cara?

— Sim, basicamente.

— E quanto tempo você leva para escrever um livro?

— Umas três semanas.

Nós levávamos três meses para gravar um álbum.

Três semanas, pensei. *Deve ser incrivelmente intenso.*

— E o que você faz para relaxar? — perguntei.

— Maratonas de 24 horas de filmes de terror — respondeu ele.

Graças a Deus Shaun Hutson era escritor, e não um serial killer. Acho que ele teria sido um assassino muito eficaz.

Comecei a escrever todos os dias. Desapareci da vista de todos. Já não dava mais as caras no bar. Havia me tornado o homem invisível em turnê. Certo dia, na Finlândia, bateram à minha porta. Abri e dei de cara um membro da equipe. Percebi que espichava o pescoço para bisbilhotar a papelada espalhada pelo quarto, as cortinas fechadas e a luz acesa.

— O pessoal está perguntando cadê... você... hã, o que você está fazendo?

— Escrevendo uma história.

— Que tipo de história?

O bar todo foi para o meu quarto, e pelo resto da turnê tive que ler cada capítulo de *The Adventures of Lord Iffy Boatrace* para a equipe técnica assim que ficasse pronto.

BRUCE DICKINSON

Se eu não produzisse um capítulo rápido o suficiente para entretê-los em um dia de folga, havia reclamações. Eu tinha uma série de microprazos a cumprir, e ao final da turnê havia acumulado um maço enorme de papéis, todos de hotéis quatro e cinco estrelas que os disponibilizavam para correspondência.

Era minha versão do papel higiênico do Marquês de Sade.

Por incrível que pareça, o livro acabou sendo publicado pela Sidgwick & Jackson, que imediatamente encomendou uma continuação. A Pan Macm-Millan, por sua vez, lançou os dois em brochura e assinou contrato comigo para três livros neste formato.

Levou um tempo até *The Adventures of Lord Iffy Boatrace* ser publicado, mas, por incrível que pareça, vendeu trinta mil exemplares e, de repente, percebi que tinha uma continuação por escrever, e com prazo. Minha habilidade na digitação com dois dedos foi duramente posta à prova enquanto eu digitava naquela ridícula engenhoca portátil, o Mac Portable original.

O Mac Portable tinha embalagem do tamanho de uma mala e peso suficiente para malhar os bíceps, e, apesar de contar com uma bateria de chumbo de seis volts com potência para fazer um Fiat Uno pegar no tranco, ainda assim ficava sem energia em cerca de duas horas. Dava para estender o tempo de uso desligando a luz de fundo, mas aí, claro, só dava para enxergar alguma coisa em um dia claro.

Ele era bom para daltônicos, já que só havia monitores brancos ou pretos. E, em qualquer viagem, era preciso fazer uma escolha simples: computador ou roupas. Os dois não dava.

Como tudo que carregava a marca Mac nos anos 1980, o que importava era o estilo, nunca a praticidade. Mesmo quando eu cambaleava para subir vários lances de escada com meu aparato destruidor de coluna, seres humanos embasbacados me paravam, admirados.

— *Isso* é um Mac Portable? — perguntavam, como se fossem tocar uma relíquia sagrada.

— É, essa porra mesmo — respondia eu. — Quer carregar para mim?

Escrevi grande parte da continuação, *The Missionary Position*, em trens e na turnê, e o resto tomando chá em casa. Achei os trens noturnos especialmente úteis. Ninguém aparecia para me incomodar, e, como eu não conseguia dormir mesmo, martelar as teclas naqueles quartos minúsculos que sacolejavam noite adentro fazia todo o sentido.

174

VOCÊ NÃO PODE ESTAR FALANDO SÉRIO

Fiquei tão indignado com o fim da operação da linha noturna de Manchester para Londres que incluí uma menção na quarta capa. Acho que eu era o único que a usava. Trens noturnos eram uma constante nas turnês, sempre que possível. Antes do Google, eu sempre carregava comigo o *European Rail Timetable*, de Thomas Cook. Certa noite, após um show em Lausanne, o papo no bar estava ficando entediante, e uma rápida olhada no livro revelou que havia um trem noturno para Veneza, que me pareceu um bom lugar para se acordar. Viajar com pouca coisa — só uma mochila — sempre me foi conveniente. Acho que eu deixo os diretores de turnê nervosos. Empresários, mais ainda.

A razão principal para eu gostar de trens era o tempo de viagem que eu podia usar para pensar com certo grau de paz e sossego. Os trens modernos, infelizmente, são cada vez menos assim, mas ainda existe um quê teatral quando se embarca em um. O tamanho e a velocidade trazem uma aura solene, ainda que o interior dos vagões hoje em dia seja uma mistura sem graça de plástico, almofadas manchadas de café, cestos de lixo cheios e privadas entupidas com líquidos insondáveis.

Certa vez, em Nova York, decidi pegar o trem para New Haven, uma viagem curta subindo a costa. Os trens locais faziam o transporte casa-trabalho, e não tinham nada de muito interessante, portanto optei pelo Amtrak, saindo da Penn Station, que tinha uma locomotiva de verdade e muffins de queijo com ovo.

Às duas da tarde, saímos da plataforma, e pouco depois paramos — e parados ficamos. Por duas, quase três horas, permanecemos no mesmo lugar. Felizmente, eu tinha meu exemplar do guia *OAG Pocket Flight Guide* (não saia de casa sem ele, ou não deixe de checar sua versão on-line) e descobri um voo saindo do aeroporto de LaGuardia para New Haven.

Perguntei ao vigia o que estava acontecendo.

— O sistema elétrico caiu — respondeu ele. — Estamos esperando um trem a diesel para nos levar de volta à Penn Station.

Eu iria perder o show se não conseguisse pegar o voo.

— Preciso sair do trem. Tenho que ir para New Haven.

O vigia deu de ombros.

— Ainda vai levar algumas horas.

Um rapaz estava escutando a conversa.

—Você é do Iron Maiden? — perguntou.

BRUCE DICKINSON

— Sou.

— Eu tiro você desse trem.

Parei imediatamente e fiquei tão imóvel quanto o vagão em que estávamos.

— Se conseguir me tirar daqui, você vai comigo para o show... backstage, a porra toda.

Fomos até a porta, ele puxou algumas alavancas, e ela deslizou para o lado em um movimento preguiçoso, como quem diz: "Não era para eu abrir deste jeito, mas se vocês querem..."

Pulamos nos trilhos, corremos pelo aterro, saltamos uma cerca de arame para dentro de um depósito dos Correios e saímos em uma rua de subúrbio.

Fiz sinal para o primeiro motorista que vi.

— LaGuardia está muito longe?

— Ih, cara, é logo ali!

— Cem pratas para me levar com meu amigo até lá.

Conseguimos os dois últimos assentos do pequeno avião e cheguei ao local do show dez minutos antes da hora marcada para entrarmos no palco.

A turnê do *Somewhere in Time* terminou "em algum lugar", e finalmente voltamos à Inglaterra, onde caímos exaustos.

Na época eu morava no campo — ou em sua versão suburbana, Buckinghamshire, logo na saída de Londres. Tinha uma piscina, já que eu não gostava de nadar, uma quadra de tênis, já que eu não gostava de jogar tênis, um jardim, já que eu detestava jardinagem, e ficava a uma longa caminhada do pub mais próximo, pois tudo de que eu precisava era tomar algumas doses em silêncio, sem ter que dirigir até lá e infringir a lei na volta.

Como diz o ditado, cuidado com o que você deseja.

Tinha também uma garagem espaçosa para o BMW vermelho berrante que eu não dirigia e uma sala de sinuca, comprida e com piso de madeira, já que eu não jogava sinuca. Como era comprida o bastante para se lutar esgrima, porém, dei um chega para lá na mesa de sinuca e transformei o lugar em um espaço de treinamento.

Foi por volta dessa época que um húngaro espalhafatoso surgiu na minha vida e nela permaneceria pelos 25 anos seguintes, levando-me de uma posição em que não sabia nem sequer diferenciar o braço direito do esquerdo ao título de campeão britânico júnior de florete. Juntos, vencemos o campeonato britânico por equipes e representamos a Grã-Bretanha em torneios europeus.

VOCÊ NÃO PODE ESTAR FALANDO SÉRIO

Com o improvável patrocínio do Clube de Esgrima de Hemel Hempstead, éramos apenas doze e nos encontrávamos duas ou três vezes por semana em deprimentes ginásios de escolas ou centros comunitários. O irascível, excêntrico e brilhante técnico por trás de todo esse esquema era meu mentor húngaro, Zsolt Vadaszffy.

Zsolt tinha cabelo branco, falava como o Conde Drácula e fazia as garotas suspirarem pelos corredores, apesar de ter o dobro da idade delas. Havia sido um dos mais jovens prodígios do florete na Hungria, mas sua carreira esportiva fora abreviada pela chegada de um tanque russo abaixo de sua janela durante a repressão soviética ao levante de Budapeste.

Aos dezesseis anos, Zsolt pegou seu passaporte e foi para a Áustria. Deu aulas de esgrima Europa afora, chegou a atuar no filme *Ipcress: Arquivo Confidencial* (papel de médico búlgaro malvado) e foi piloto automobilístico, antes de abrir seu negócio de importação e exportação de eletrodomésticos.

A esgrima foi seu primeiro e definitivo amor. Quando o enterramos, sua luva de esgrima foi colocada em cima do caixão, e a espada a seu lado.

Zsolt foi quase um segundo pai para Justin, meu colega de florete, não só em termos esportivos, mas também sociais. A se observar do meu quarto de sinuca adaptado, Zsolt morava do outro lado do vale. Passou a frequentar minha casa e começamos a treinar. Percebi, após um tempo, que eu jamais tivera um técnico que se dera ao trabalho de me ensinar a pensar. Quando lutadores de artes marciais se referem a alguém como um "mestre", imagino que seja isto que queiram dizer. Um mestre de esgrima, na verdade, é mais do que um técnico; ele transmite uma filosofia de pensamento, estratégia e movimento. É algo profundamente pessoal, e fica difícil descrever o nível de envolvimento que existe em uma aula particular de esgrima ministrada a todo vapor.

Em algum ponto na evolução da relação entre mestre e pupilo, ocorre a iluminação. E uso este termo com toda a carga que ele traz. É como se uma corrente se quebrasse e seu corpo e mente fossem libertados de suas intenções — libertados da tirania do "...e se?" e do medo do fracasso que nasce dessa forma de pensar.

Aconteceu comigo em algumas ocasiões, quando, por vinte e tantos minutos de nossa aula, que durava 45 minutos, experimentamos somente com distância e movimento, pegando o ritmo de aproximação e afastamento dos floretes. Minha consciência era transferida para a ponta de uma haste flexível de aço, que incitava e conversava com sua parceira do outro lado — não mais uma oponente, apenas uma parceira na dança.

177

Não há troca de palavras. As ações começam, param e são retomadas puramente de acordo com a linguagem do florete. Depois que acaba, é difícil explicar para as pessoas o que eu estava fazendo, e é melhor nem tentar.

No começo, claro, não é assim. No começo, o que há é um jogo de pés desajeitado, coordenação bamba, repetições pacientes, correções e frustrações constantes, até que os movimentos comecem a se tornar automáticos e a mente controle a intenção sem ter de se preocupar com o ato.

Tive sorte de meu primeiro professor no colégio, John Worsley, ter me ensinado tão bem. Nem tanto no nível técnico, mas no intelectual. Ele me ensinava como professor, não apenas como treinador. Cada ação era analisada; cada ação tinha uma motivação, mesmo que fosse apenas "quero desistir e ir para casa".

Quando escreveu o clássico *O tao do jeet kune do*, Bruce Lee baseou sua análise de ações ofensivas, defensivas e contraofensivas no sistema desenvolvido no Ocidente pela esgrima. É uma ferramenta bastante eficaz e claramente analítica de se dissecar a técnica de combate — ou mesmo partidas de tênis, já que qualquer esporte disputado na base de um contra um é, na prática, um combate por definição.

Moonchild

Era inevitável que em algum momento o Iron Maiden fosse impactar todas essas atividades extracurriculares, e assim começou o trabalho de composição de nosso álbum seguinte, *Seventh Son of a Seventh Son*. Seria um dos nossos melhores trabalhos.

Steve estava em Essex, criando a estrutura do álbum em sua casa, em Sheering Hall, que contava com uma réplica de pub, um campo de futebol e vestiários separados para o time da casa e o visitante, e que posteriormente teria uma sala de ensaios e um estúdio de gravação.

Steve e eu havíamos voltado a compor juntos. Quando ele mencionou a expressão "álbum conceitual", meus ouvidos se espicharam e meu coração disparou. Trama, teatro: estava tudo lá em *Seventh Son of a Seventh Son*.

Só que não estava. Não tudo. Em algum lugar da minha empoeirada coleção de escritos mofados tenho o conto que narra a lenda do sétimo filho, suas questões familiares e o amor não correspondido que o levam a se vingar de forma terrível e trágica. A narrativa nunca foi consumada em todos os seus aspectos: minhas letras aludiam ao conto, mas as de Steve não. Nada disso importa tanto no plano geral, pois o show, a capa e a faixa-título eram mais do que épicos o suficiente para satisfazer os fiéis. Mas eu gostaria de ter podido explorar um pouco mais a história, talvez até no formato de *graphic novel*.

A Alemanha seria nosso destino para a gravação, e sua improvável locação, o arranha-céu Arabella, um hotel em Munique. O Musicland Studios ficava

BRUCE DICKINSON

nas entranhas do edifício, perto do aquecedor tremendamente defasado, dos canos de esgoto, dos cestos de roupa suja e do equipamento de cozinha.

Em muitos aspectos, o lugar me lembrou o Kingsway Studios, de Ian Gillan, localizado no porão do estacionamento do edifício do Conselho de Aviação Civil, em Holborn, Londres. Ali Martin Birch havia gravado *In Rock*, do Deep Purple — e, claro, posteriormente eu havia sido encontrado coberto em vômito no banheiro, de onde fui arrastado pelo próprio Gillan.

O estúdio do Musicland era minúsculo; a sala de controle, claustrofóbica. Mas alguns grandes álbuns tinham sido produzidos ali, uma gama que ia de Queen a *Rising*, do Rainbow. Para diversão, havia uma conhecida boate chamada Sugar Shack, onde, infelizmente, costumava haver mortes.

Descobri o clube de esgrima local, o MTV München, e me dediquei a treinar e me aperfeiçoar na dança sobre mesas. Os alemães adoravam sair para beber e dançar depois do treino. Caso estivesse calibrado o suficiente de cerveja, eu conseguia fazer uma dança cossaca razoável, e o restaurante grego parecia se divertir com a cena.

Cerveja de trigo era novidade para mim, e vinha nas opções escura, loira e do tipo Hefe — esta última, cheia de pedaços de levedo, mais parecia sopa. Qualquer que fosse a opção, no dia seguinte a dor de cabeça era certa.

Todos ficamos meio perturbados em Munique. Dave Murray havia decidido tentar uns truques de mágica em seu tempo livre, que ele tinha sobra. Certa noite — foi uma noite célebre —, no 16º andar do hotel, Marvin apareceu enquanto Dave tentava fazer algo desaparecer.

— Olha essa cadeira — grunhiu Marvin. — Eu consigo fazê-la desaparecer.

E então a atirou da sacada. A perturbação começava a ficar séria.

Eu planejava manter minha sanidade e, quando surgiu a oportunidade de escapar dos horríveis quartos verdes e marrons, saí estrada afora, rumo à então capital do lado de cá da Alemanha dividida, Bona.

Aluguei uma quitinete, comprei uma TV de segunda mão e joguei um colchão no chão. Iria praticar esgrima em tempo integral no exclusivo Fechtclub Bonn, um *Bundesleistungszentrum*. É fácil de falar, não?

Eu era um dos mais velhos ali e não tinha nem trinta anos. O lugar era inteiramente dedicado a produzir campeões, e todo mundo me achou meio louco, em especial porque ainda estava aprendendo a usar a mão esquerda. Eu me esqueci por completo de álbuns, música e todo o resto. Tomava café da manhã, saía para caminhar, treinava, bebia uma cerveja, assistia à televisão e por fim ia dormir.

MOONCHILD

Certo dia uma jovem jornalista e um fotógrafo do *Daily Mirror* apareceram por lá. Eu os convidei para tomar um chá em casa e conversar sobre a reportagem que iriam publicar — obviamente, toda relacionada ao Iron Maiden. Quando desci com o fotógrafo para a frente do prédio, ele me perguntou onde a jornalista estava.

— Deixei ela lá em cima — respondi, inocente.

Ele me encarou horrorizado.

— Eu não faria isso.

— Sério? — respondi.

Claro que ela não fuçaria as minhas coisas pessoais, não é?

Nós a resgatamos entre meu cesto de roupa suja e minhas latas de feijão. Parecia genuinamente horrorizada com o lugar onde eu estava morando.

— Por que você está vivendo assim? — perguntou ela.

— Qual é o problema? — retruquei, indignado.

Era como se levar uma vida simples fosse uma afronta aos deuses da fofoca, e imagino que era esse o caso.

Aprendi algumas coisas sobre os alemães — entre elas, que adoram conversar sobre emanações corporais, especialmente cocô.

Certa vez, peguei um forte resfriado e estava um caco. Thomas, um esgrimista, tinha me convidado para um almoço. Éramos doze à mesa, e eu estava tremendo de febre.

— Você está doente — anunciou Thomas, indo até o quarto dos fundos. Depois de remexer algumas coisas, voltou com um pedaço comprido de tubo marrom flexível e algo que parecia uma bomba-d'água portátil.

— Aqui, use isto — ofereceu ele, orgulhoso.

— O que é isso? — perguntei com cuidado, apesar de já fazer uma boa ideia.

— Bom — explicou ele com um sorriso aberto —, esse tubo você enfia no traseiro, isso aqui você enche de água, e rapidinho você vai cagar bonito.

Ao redor da mesa, houve murmúrios em concordância.

— Thomas, isso é um enema — respondi.

— *Ja*, exatamente.

— Thomas, de onde você tirou a ideia de que um enema vai fazer eu me sentir melhor?

— Ah, *ja*, com certeza. Eu uso o tempo todo. — Os convidados ergueram o tom de voz, concordando. — Minha mãe fazia isso em mim desde pequeno.

— Sua mãe?

181

BRUCE DICKINSON

A irmã de Thomas se animou.

— Não só ele. Nós fazíamos juntos, a família toda.

Merdas acontecem, diz o ditado. Família que faz enema unida permanece unida.

A banda acabaria por se juntar a mim, e ensaiamos perto dali, em Colônia, em uma boate que também funcionava como ginásio. Acho que o dono acabou passando alguns anos sob custódia do Estado alemão, porque o pozinho que vendia ali certamente não era vitamina C.

Eu havia trabalhado com Derek Riggs na capa do disco, que tinha um toque de Salvador Dalí, com aquela procissão meio surreal de velas e um Eddie esquelético, meio desencarnado. Junto com *Powerslave*, é minha capa favorita de Derek Riggs.

O cenário de palco era gigantesco e baseado nos elementos naturais — no caso, gelo. Como já era de se esperar, a turnê foi um sucesso, sobretudo na Europa, onde havíamos entrado no circuito dos grandes festivais — notoriamente o de Donington, no Reino Unido.

Infelizmente, aquele dia ficou marcado pela tragédia, com mortos e feridos em função do terrível lamaçal causado pela tempestade. Só nos contaram os detalhes do que havia ocorrido após o fim do show. Qualquer instante de triunfo teve vida curta. Nada vale o preço de uma vida humana, muito menos um evento de entretenimento.

Depois disso, houve situações que precisamos administrar. Uma história mais leve foi quando houve uma pane em toda a rede elétrica de Earls Court no meio da apresentação e ficamos sem luz e som por uns bons quarenta minutos.

A equipe fez um trabalho fantástico, entrançando cabos de alta voltagem e restabelecendo a energia enquanto nós enrolávamos, fazíamos caretas, jogávamos futebol com a plateia e mantínhamos a bola rolando. Em momentos assim você sente orgulho de verdade.

Em 2011, na Arena Olímpica do Rio, que na época se chamava HSBC Arena e hoje tem o nome de Jeunesse Arena, um pedaço inteiro da grade de proteção desabou, formando uma pilha de alumínio denteado. A grade era uma cópia barata de uma configuração testada e aprovada, mas havia sido montada com material inferior, em vez de metal de qualidade.

Ficamos meia hora no palco, eu e uma tradutora, persuadindo a plateia a sair dali e voltar no dia seguinte. O fato de terem feito isso sem destruir o local é prova do que a simples interação entre seres humanos pode alcançar.

MOONCHILD

Voltando a 1988, a turnê de *Seventh Son* não deixava pedra sobre pedra, mas, para mim, igualmente interessante foi conhecer o diretor de vídeo, montador e autor por excelência Julian Doyle, que fora inicialmente chamado para dirigir o clipe de "Can I Play with Madness". Julian e eu viríamos a dirigir e fazer *storyboards* de várias outras ideias, além, claro, é do longa-metragem digno de Oscar *Chemical Wedding*, estrelado por Simon Callow no papel de Aleister Crowley.

Mas antes de Aleister Crowley houve o Monty Python. Julian era o guru cinematográfico da trupe. Foi ele quem reestruturou a montagem de *Brazil: o filme*, finalizando um bom pedaço por conta própria quando Terry Gilliam estava doente. Seus créditos como editor se estendiam por praticamente todos os filmes de Monty Python, e ele dava aulas em escolas de cinema e era seu próprio diretor de iluminação e câmera.

Depois de dirigir Donald Sutherland e Kate Bush no clipe de "Cloudbusting", foi pedido a Julian que apresentasse ideias para "Can I Play with Madness". Ele conseguiu convencer Graham Chapman a atuar no vídeo.

Lamentavelmente, na época da filmagem, Graham estava bastante debilitado pelo câncer na garganta. Ele, Chris Aylmer, da minha antiga banda Samson, e Steve Gadd, nosso diretor-assistente de turnê e amigo de longa data, viriam todos a morrer desta mesma terrível doença.

Vinte e seis anos depois eu seria diagnosticado com o mesmo tipo de câncer.

Adorei o vídeo e estava ansioso para conversar com Julian, porque amava escrever e todas as minhas letras eram imagéticas, ao menos na minha cabeça. Quando cantava, eu enxergava filmes da história. Minha voz se resumia a entabular a narrativa do teatro da minha mente.

Julian me deliciou com histórias de *Os bandidos do tempo*, e os Beatles errantes.

— Por que você não faz um filme do Eddie? — sugeriu ele.

Pensei a respeito e escrevi vários tratamentos cinematográficos, mas era óbvio para mim que não era nem a hora nem o lugar para um filme do Eddie, mesmo se conseguíssemos passá-lo escondido debaixo do nariz de Rod Smallwood, o guardião dos portões do Maiden. Simplesmente não era uma possibilidade.

— Mas e um filme sobre Aleister Crowley? — perguntei. — Ninguém nunca fez.

Grave essa ideia.

183

Trucidando filhas

O álbum e a turnê de *Seventh Son* nos colocaram de vez como headliners em arenas e festivais. Ao final da turnê, eu havia adquirido um guarda-roupa completo de calças incrivelmente loucas, camisas peludas e máscaras de todos os tipos, entre elas uma bem atraente de Baphomet, com chifres de sessenta centímetros.

Para manter a sanidade na estrada, eu tinha a esgrima, Adrian tinha a pesca, e Steve, seu próprio time de futebol, que ele frequentemente importava para jogar. A maioria de nós participava, e algumas partidas eram significativas, em especial para alguém como eu, canhoto e ainda por cima equipado por Deus com um pé esquerdo sobressalente. Adrian era bastante habilidoso e tinha estilo, era cheio de artimanhas. Seu *timing*, em diversos aspectos, lembrava muito sua forma de tocar guitarra. Steve, é claro, era o centroavante — não por direito, mas por sua habilidade indiscutível.

Eu gostava de jogar no meio de campo. Gostava de marcação cerrada e da frustração que causava ao desviar os passes do adversário ou impedir que a bola chegasse aos atacantes do outro time. Era um estilo tático e, na verdade, não muito diferente da posição de asa no rúgbi, na qual eu me saía melhor enquanto pratiquei o esporte, dos onze aos dezesseis anos. Depois disso, comecei a encolher, ou talvez os outros é que tenham crescido.

Certa vez o Iron Maiden F.C. abriu o show para uma partida entre Canadá e Grécia, e eu tive de marcar o vocalista bom de bola de uma banda chamada Glass Tiger. Infelizmente para ele, o campo estava em péssimas condições e,

TRUCIDANDO FILHAS

após eu persegui-lo por 45 minutos, ele torceu o tornozelo e saiu de maca. Nem encostei nele, seu juiz — eu juro!

Nós nos apresentamos no Estádio Olímpico de Montreal — como time de futebol, lógico, o que foi impressionante. Em 2000, enfrentamos o Flora Tallinn, uma equipe da Estônia. Ganhamos notoriedade quando o *Times* noticiou que mandamos Mart Poom, o goleiro estoniano do Derby County que jogava como convidado, para o hospital

Poom foi carregado de maca para fora do campo com "lesões não especificadas nos testículos" — essa foi, salvo engano, a frase publicada pelo jornal. Isso diz tudo o que você precisa saber sobre a partida.

Trabalhávamos duro e jogávamos duro. Eu dava minhas escapadas para treinar com a equipe de esgrima do Canadá e até a do Japão. São esses mundinhos secretos que nos mantêm na linha durante as turnês. Eu já tinha visto muitas vítimas ao longo do caminho e percebido, da mesma forma como havia pensado naquele corredor de hotel durante a turnê do *The Number of the Beast*, que, se deixar, a indústria musical pode enlouquecer você.

Voltar para casa depois de uma turnê é meio como se reintegrar à sociedade depois de passar um tempo na cadeia, fazendo trabalho missionário ou vivendo como ermitão, e tomar doses diárias de adrenalina em quantidade suficiente para afetar o cérebro. É estranho.

Saí de Buckinghamshire, me mudei de volta para a zona oeste de Londres e pouco depois comprei uma réplica de submarino de 1,20 metro de comprimento, controlada por sinal de rádio. Ainda a tenho, e cheguei perigosamente perto de comprar um de verdade.

Por que uma instituição de caridade para crianças iria querer comprar um submarino a diesel ou elétrico da Marinha Real é algo que me escapa à compreensão. O fato é que compraram e, de acordo com o *Daily Mail*, agora estavam doidos para descomprar.

Bolei um plano de começar uma linha de cruzeiros de submarino pelo Atlântico para entusiastas. Depois que me botaram na camisa de força e me jogaram em uma cela acolchoada, finalmente cedi e concordei que talvez o mercado para uma experiência tão prática não fosse tão grande.

Após me acalmar, retornei à rotina de beber cerveja à beira do Tâmisa e observar o vaivém de patos e cisnes. Foi quando Janick Gers e eu começamos a procurar encrenca em dobro.

185

BRUCE DICKINSON

Eu conhecia Janick de quando ele tocava em uma banda chamada White Spirit, contemporânea do Samson. Éramos fãs de Ian Gillan, e Janick claramente tinha algo de Blackmore em seu estilo, em especial o movimento dos joelhos bamboleando, que tempos depois faria parte de sua forma de dançar. Imagine um dervixe saltitante segurando uma guitarra e sendo jogando de repente em uma chapa pelando; isso talvez lhe dê uma ideia das firulas típicas de Janick.

Havíamos mantido contato e vivíamos nos esbarrando, eu estava escalando o sucesso com o Iron Maiden e Janick, pulando de banda em banda. Eu e ele nos sentamos para tomar uma cerveja, e ele parecia resignado, até meio deprimido, quanto ao estado da indústria musical. Dizia: "Estão mais interessados na porra do seu cabelo do que na sua habilidade com a guitarra."

Janick estava pondo o equipamento à venda: suas velhas Stratocasters, seus gabinetes e amplificadores Marshall originais. Estava estudando sociologia e pensava em dar aulas ou fazer qualquer coisa que não estivesse relacionada a música. Eu admirava sua sinceridade, mas ele era bom demais para ser desperdiçado dando aulas de sociologia.

Com meu diminuto cérebro, concebi um plano. Tinha uma oferta a fazer. Era bizarra, mas talvez fosse a solução para o problema dele.

Ralph Simon — da Zomba Music, talvez vocês se lembrem — era nosso editor musical, um sul-africano barbudo e gente boa. Certa vez, quando fiquei um tempo sem casa, dormi em um colchão em um quarto vazio no Battery Studios, do qual ele era dono. Ralph tratou de interceptar o que imaginava ser um ladrão.

— AHÁ! Peguei você! — gritou, invadindo o quarto.

— Oi, Ralph — respondi.

— Quem é ele? — perguntou minha namorada, com muito mais ênfase e escondendo as partes do corpo que eu não estava cobrindo.

Ralph achou tudo aquilo muito rock'n'roll e passou a me chamar de sr. Libido mesmo em conversas formais, o que podia soar bem estranho vindo de um advogado de meia-idade com um sotaque africâner.

Ralph também era meio que um sábio no quesito música. Depois do sucesso de "Run to the Hills", ele me chamou em um canto e disse:

— Sabe, você tem aquela oitava aguda que deixa os americanos malucos.

— Sério?

— Sim. Com certeza. O Mutt Lange também tem.

186

TRUCIDANDO FILHAS

Com essa informação, levei os anos seguintes aos trancos e barrancos até que um dia Ralph deu as caras no escritório dos nossos empresários. Desta vez eu estava de roupa.

— Quer fazer a trilha sonora de um filme? — perguntou ele.

Eu tinha acabado de terminar a turnê de *Seventh Son* e estava no momento perfeito para fazer uma trilha sonora... a não ser pelo fato de que não era trilha sonora coisa nenhuma. Era apenas uma música para *A hora do pesadelo* — creio que o quinto filme da série.

— O orçamento é bem pequeno.

— Esse pequeno é quanto? — perguntei.

O "pequeno" era grande o suficiente. Telefonei para Janick.

— Você não pode vender sua aparelhagem. Tem que gravar uma faixa comigo. Depois, se ainda quiser se desfazer dela, eu compro tudo e você pode usar quando quiser.

Eu nunca tinha visto um filme do Freddy Krueger, então perguntei a uma pessoa no pub:

— Esse *A hora do pesadelo* é sobre o quê?

— Ah, umas adolescentes dormem e são estripadas por um velho medonho, mas ele só consegue fazer isso quando elas estão dormindo.

Uma história de amor, então.

A faixa era para ontem, e eu tive de criar uma melodia às pressas. Quando estiver em dúvida, pegue uma guitarra e toque a primeira coisa que soar bem. Tenho uma teoria não comprovada de que há uma canção em cada guitarra, e daquela em particular era "Bring Your Daughter to the Slaughter".

Foi só o refrão, e o resto da música era uma espécie de pastiche de AC/DC, no melhor estilo Bon Scott, com um trecho irônico em que monges loucos cantam sobre sinos que tocam.

Parimos a canção em poucos dias no Battery Studios. Rimos e bebemos cerveja para comemorar e, de maneira geral, criamos música de forma relaxada, distante da atmosfera intensa que permeava as atividades do Maiden.

A canção chegou tarde demais para entrar no filme, mas não para a CBS, que a ouviu e deu pulinhos. Queriam fazer um contrato solo comigo.

Ralph me telefonou.

— Você tem mais material desse tipo?

— Ah, sim, aos montes — menti.

Duas semanas depois eu contaria a verdade.

BRUCE DICKINSON

A casa de Janick, em Hounslow, ficava na rota dos voos do aeroporto Heathrow. E não era um pouco; as rodas quase tiravam um fino do telhado quando os aviões passavam zunindo por cima. Por isso, os vizinhos não reclamavam dos gritos estranhos que atravessavam as janelas da sala de estar dele enquanto compúnhamos o álbum.

Para darmos conta da tarefa, fiz uma lista de arquétipos de canções de rock. Já tínhamos uma meio AC/DC, precisávamos de uma balada, uma com cara de hino, uma com um balanço meio Rolling Stones, outra estilo *boogie*... talvez um cover também.

Por sorte eu havia feito um show beneficente para o Prince's Trust, em Wembley, fazia pouco tempo. Tinham me pedido para cantar "All the Young Dudes", canção de Bowie que claramente havia influenciado o Mott the Hoople. Fiquei mais surpreso do que qualquer outro quando descobri que ela se encaixava naturalmente à minha voz — embora, para ser justo, ache que não melhoramos o original.

Então, certa noite, enquanto tomava uma cerveja, fui dar uma mijada e lá estavam na parede os versos proustianos: "Toda buceta tá valendo, é só cair lambendo." Mais umas cervejas e babaquices a respeito do lendário programa infantil de TV *Captain Pugwash*, e nascia, ou melhor, submergia "Dive! Dive! Dive!". Ao menos eu tinha um submarino de 1,20 metro para exibir no vídeo.

O single "Tattooed Millionaire" foi composto inesperadamente, após uma conversa a respeito de Graham Bonnet, ex-vocalista do Rainbow, dono de uma voz extraordinariamente potente e rascante. E Janick então tocou aquela que, para mim, é a melhor canção do álbum.

A TV estava ligada ao fundo, com o volume baixo, e Jan tocou os primeiros acordes do que se tornaria "Born in '58". Perguntei o que era aquilo.

— Ah, uma coisinha que eu andei experimentando.

A parte instrumental estava praticamente completa. Só o que fiz foi adicionar o vocal.

A EMI tinha dado a cada membro do Maiden o direito de fazer um disco solo. Havia chegado a hora de exercer meu direito.

E quem surgiria para fazer o vídeo de "Tattooed Millionaire" senão Storm Thorgerson, famoso pelo trabalho com o grupo de design gráfico Hipgnosis — e com o Pink Floyd? O contato foi feito através de um conhecido de um novo contratado da Sanctuary, a companhia que empresariava o Maiden.

188

TRUCIDANDO FILHAS

A premissa do vídeo não era exatamente um submarino amarelo, mas um submarino subterrâneo erguendo o periscópio para avistar o estilo de vida tétrico dos ricos e infames. Fiquei fascinado pela sala de controle do submarino e queria instalá-la no meu sótão, com periscópio e tudo, mas os homens de jaleco branco me explicaram que aquilo tudo pertencia a uma firma de aluguel de peças cenográficas. Que decepção.

Fiquei assistindo enquanto Storm dirigia e me ocorreu o pensamento atrevido de que ele estava se divertindo um pouco demais fazendo todos aqueles vídeos.

—Você está inventando isso tudo, não é? — sussurrei um dia.

— Não conte a ninguém, garoto — sussurrou ele de volta.

Linhas de falha

Os Estados Unidos viraram a página e eu reentrei no mundo do Iron Maiden, tendo composto, sem saber, aquele que viria a se tornar o nosso único single a chegar ao topo das paradas. "Bring Your Daughter to the Slaughter" só não entrou em *Tattooed Millionaire* porque Steve pediu que ela entrasse no novo álbum, *No Prayer for the Dying*. Claro, precisou ser regravada.

Cogitou-se a ideia de que deveríamos voltar às raízes. Gravaríamos tudo na casa de Steve e usaríamos o estúdio móvel dos Rolling Stones, o que soa um tanto grandioso. Em "Smoke on the Water" há um verso imortalizando a lata-velha que havia estacionada junto ao solar tombado de Steve.

Honestamente, creio que tínhamos caído na armadilha da infalibilidade papal. Por que o Papa está sempre certo? Porque é o Papa, portanto nunca está errado. Bem, mas e se por acaso ele estiver errado?

Trata-se simplesmente de uma divergência de opiniões, e a única opinião que importa é a do Papa.

Bandas, grandes empresários, papas e países inteiros tornam-se vítimas de suas crenças falaciosas. Tornam-se, em última análise, vítimas de seu próprio sucesso. Desesperados para evitar a incerteza e cercados por pessoas que concordam com tudo, acabam cruzando a linha que separa integridade artística de estagnação artística.

O Maiden tinha um duplo problema — estava cada vez mais difícil ampliar o público-base da banda sem alterar radicalmente o som. E mudar sim-

LINHAS DE FALHA

plesmente não era uma opção. O som da banda era sua identidade, ao contrário de outras que seguem a moda e vivem mudando. O sucesso do Maiden se baseava na reinvenção da roda que conduzia o ônibus do heavy metal. O dilema era reinventá-la a cada novo álbum e turnê. Havia muito o Maiden deixara para trás o momento divisor de águas do terceiro álbum. E a grande questão era: como manter a banda em sua trajetória para se tornar lendária, e não iniciar uma lenta parábola rumo à lata de lixo da história?

Nosso problema, na minha opinião, era que ninguém estava prestando atenção a essa questão fundamental.

Para ser franco, as coisas estavam boas demais para ser verdade.

Pela segunda vez na minha carreira com o Iron Maiden, houve uma grande cisão.

Adrian Smith saiu.

Ninguém esperava por aquilo, acho que nem o próprio Adrian, da mesma forma que ninguém escolhe pisar em areia movediça ou jogar amarelinha em campo minado. É famoso o dito de que se esperava de um soldado romano que caísse sobre a própria espada para evitar a desonra. Porém, acho que Adrian não sabia que havia uma espada à sua espera na fatídica tarde em que expôs suas preocupações quanto ao álbum a ser gravado. Claramente não estava satisfeito quanto à situação, mas duvido que quisesse sair; só queria que as coisas melhorassem. O problema foi que a conversa ganhou tom de acusação e, no fim, foi nossa própria arrogância, alimentada por nosso sucesso aparentemente intocável, que selou seu destino. Ele não foi demitido; simplesmente caminhou para o poço do elevador vazio.

Nossos empresários, é claro, cuidaram da repercussão na imprensa dessa notícia tão surpreendente. Os empresários do Maiden sempre foram dedicados à banda de um jeito fanático, custasse o que custasse, o que é necessário na maior parte do tempo. São poucas as bandas que já tiveram um empresário tão abnegado quanto Rod Smallwood. Certa vez tive de lhe entregar um troféu de "Empresário do Ano" em um jantar de premiação. Era para ter sido um segredo, e só conseguir que ele comparecesse foi uma luta. O salão estava lotado de seus pares, além dos grandes e dos bons, maus e feios da indústria fonográfica.

— Odeio essas merdas — resmungou. — Aliás, que diabos você está fazendo aqui?

Por baixo do casaco, eu estava escrevendo em um bloquinho de notas: anotações para o discurso.

BRUCE DICKINSON

— Que diabos você está escrevendo? Odeio essa merda.

Foi neste momento que um ansioso executivo musical americano arreganhou o sorriso perfeito de um milhão de dólares para Rod e disse:

— Sr. Smallwood, que honra! Sempre fui um admirador do seu trabalho.

A qualquer momento o cartão de visitas iria sair do bolso.

— Está achando que eu sou do meio musical, não é? — disse Rod, tentando despistar

— Bem, sim....

— Eu não sou da indústria musical. A porra da minha indústria é o Iron Maiden.

Essa resposta fez o jovem leão se recolher, tendo sido devidamente devorado pelo velho lutador de Huddersfield.

O segredo de seu sucesso era ser inteiramente focado na banda, e não no bem-estar de qualquer outra criatura sobre a Terra, fora sua família. Seu êxito em direcionar nossa carreira era possibilitado por seu sócio e nosso gerente de negócios de longa data, Andy Taylor. Com diploma de contabilidade em Cambridge, onde ele e Rod se conheceram em 1969, Andy comandava e negociava a sobrevivência financeira do Maiden e nos permitia ter liberdade criativa para fazer música sem precisar ficar atentos à nossa retaguarda. Mas nem Rod nem Andy jamais fizeram qualquer contribuição significativa à nossa empreitada musical. Na verdade, há muitos anos que existe uma zona de exclusão total no estúdio de gravação, do qual estão banidos empresários, agentes, advogados, gravadoras e suas respectivas opiniões. Na maioria das vezes, isso me parece bom. De vez em quando, porém, todo mundo precisa de orientação. A não ser, é claro, que você seja o Papa, pois neste caso sempre pode consultar Deus, que nunca está errado, certo?

Rod deve ter contado com alguma orientação divina, pois "Bring Your Daughter to the Slaughter" chegou ao número 1 da parada do Reino Unido depois do Natal, para desgosto da BBC e dos autointitulados gurus da música pop. Como um serviço à nação, destronou o indefectível *Sir* Cliff Richard do louvado primeiro posto e nos impulsionou pós-férias de fim de ano com um sorriso no rosto.

Permanecemos duas semanas no topo da parada, e, em função de uma bizarra exigência legal, a BBC tinha que tocar trechinhos da música, por mais que rangesse os dentes de raiva. Em vez de se contorcerem no anzol de uma

Dando o dedo do meio para as multidões na turnê do *Somewhere Back in Time*.

logue voador.

À esquerda: Barba Marrom. No backstage e loucos.

Abaixo: Este sou eu usando a máscara (o da esquerda).

Acima: A banda, o empresário e nosso próprio Buda! Da esquerda para a direita: Steve Harris, Nicko McBrain, eu, Rod Smallwood, Janick Gers, Dave Murray e Andy Taylor.

À esquerda: Bom gosto para guitarristas, mau gosto para cerveja. Eu e Janick Gers.

"Por favor, não vá embora, Bruce." ... Mas eu fui.

Nossa, como eu ri.

A banda nova. Da esquerda para a direita: Eddie Casillas, Adrian Smith, eu, Dave Ingraham e Roy Z.

À esquerda: Trevor (à direita) e mais um dia trágico em Sarajevo.

Abaixo: Uma arma que não era fã de Renaults.

À direita: Terra de ninguém. O último cara que fez isso levou um tiro.

À esquerda: Retorno ao lar para o Natal.

De volta ao jogo.

Acima: A Astraeus Airlines tenta fazer os flaps funcionarem. **À direita:** Estou gordo demais para passar pela janela.

Encontre aquele que não bebeu a noite toda.

Derrube o Fokker.

Cerveja é a solução.

Durante o tratamento contra o câncer. Já estou preocupado com o bigode.

Uma posição de batida nada ortodoxa para zunir o câncer para longe.

LINHAS DE FALHA

trilha sonora jocosa de filme de terror, deviam ter prestado mais atenção à conduta imprópria de Jimmy Savile.

A saída surpresa de Adrian deixou feridas abertas, e não dava para costurá--las meramente por meio de um trabalho esperto de relações públicas e da atenta manipulação do sistema britânico de paradas de sucessos. De repente faltava uma peça essencial do quebra-cabeça do Iron Maiden, e a nova peça, na pele de Janick Gers, não se encaixava no espaço.

Não havia qualquer razão para que Janick soasse como uma cópia de Adrian. Seu estilo era claramente diferente, mas a partir de então estaríamos privados dos duelos melódicos com o estilo mais ornamentado de Dave Murray. Dave tendia a fundir torrentes de notas que cascateavam sobre os solos, enquanto Adrian tocava como se seus solos estivessem à beira de um precipício, verda-deiros *cliffhangers* de um roteiro, que prendiam você a cada nota.

O estilo e o som de guitarra de Jan eram mais cortantes e menos burilados, mas minha esperança era de que sua chegada trouxesse ao som da banda um pouco mais do Janick que havia tocado em *Tattooed Millionaire*. Atordoado pelo entusiasmo de um primeiro álbum, esperar isso dele era demais — po-rém nosso álbum seguinte, *Fear of the Dark*, era a oportunidade de evoluirmos em um mundo que se transformava a passos largos.

O filme sobre Aleister Crowley enfim saiu do papel. O catalizador era uma can-ção escrita por mim chamada "Man of Sorrows". O roteiro brutal que acabaria por desaguar em *Chemical Wedding* era baseado em uma atualização do romance *O mágico*, de Somerset Maugham. O autor havia conhecido Crowley e o detes-tou de primeira, dando origem ao personagem Oliver Haddo, feiticeiro malig-no que tenta criar uma homúnculo ou uma *moonchild* em seu covil na Escócia.

O próprio Crowley escreveria um romance similar, intitulado, aliás, de *Moonchild*, com trama muito menos semelhante aos filmes de terror da Ham-mer do que o livro de Maugham. As letras do Maiden são apinhadas de refe-rências a Crowley, de "Revelations" a "Moonchild" e "Powerslave".

Julian Doyle e eu tínhamos reuniões frequentes para tratar do roteiro. Jim-my Sangster, que escreveu diversos filmes originais da Hammer, assinou uma das revisões. Eu até gostei, mas Julian achou horrível, tradicional demais.

Continuamos trabalhando duro, mas nos atendo ao período até 1947, ano em que Crowley morreu de infarto. Na época, ele usava heroína diariamente, e em quantidade para matar uma dúzia de mortais comuns.

193

BRUCE DICKINSON

Os cinco minutos iniciais do que eu havia escrito eram tremendamente dramáticos. Passavam-se no alto do monte K2, onde Crowley comandava uma fatídica expedição. Ele era um alpinista de primeira categoria, apesar da asma e do vício em drogas. Graças àquela cena, e à demo de "Man of Sorrows", a Velvel, produtora embrionária de Walter Yetnikoff, adquiriu a opção para fazer o filme. Walter havia sido produtor-executivo de *Por Favor, Matem Minha Mulher* e desenvolvido um apetite por cinema depois de a CBS ser vendida à Sony Music por bem mais do que valia.

Walter planejava fazer três filmes, e o meu era um deles. O dinheiro chegou a ser movimentado, e eu fui a L.A. para debater o roteiro. Eles estavam arcando com os custos, de forma que não fiz objeções à entrada de um *script doctor* no projeto para fazê-lo caminhar. Na verdade, eu tinha interesse em acompanhar o processo, pois, no que tangia a escrever roteiros, eu estava aprendendo por conta própria — me guiava apenas por alguns manuais no estilo "faça você mesmo". Julian desprezava uma estrutura mais tradicional. Eu também não tinha tanta certeza de que queria isso e, além do mais, aquilo era meio que uma aventura.

Ao longo dos dois anos seguintes, o roteiro fez ponte aérea sobre o Atlântico, e fiquei aguardando o médico me informar o resultado da cirurgia. Pareceu levar uma eternidade.

Por outro lado, o álbum seguinte do Iron Maiden não demorou nada.

O espaço de ensaios no celeiro agora contava com um estúdio de segunda mão instalado de maneira claustrofóbica próximo ao forro. Achei o projeto louvável, mas falho na execução.

Concluímos os vocais e continuei vencendo competições de esgrima e escrevendo roteiros. Ainda estava ocupado com um terceiro livro da série de Lord Iffy, no qual me arriscava a levar nosso estranho senhor feudal de volta aos tempos de escola.

Enquanto isso, surgia a possibilidade de gravar o sucessor de *Tattooed Millionaire*. Àquela altura, Janick já estava totalmente adaptado ao Maiden, e sugeriam-se vários nomes para possíveis parceiros de composição. Percebi que já não conhecia outros músicos. Na verdade, eu não conhecia mais nada fora do Iron Maiden, tão completa havia sido minha imersão nos últimos dez anos.

194

Louco por asas

De férias na Flórida, peguei o telefone e disquei. Aulas práticas de voo, 35 dólares. O *Flight Simulator* da Microsoft não era realista o suficiente.

O dia 17 de julho de 1992 marca o primeiro item em um surrado diário de bordo marrom, registrando uma decolagem e uma aterrissagem no campo de pouso de Kissimmee, na Flórida. Poderia muito bem ter descrito a jornada de Paulo, o Apóstolo, até Damasco.

Minha conversão aconteceu a bordo de um Cessna 152 e foi causada por metade da velocidade do ar sobre a asa ao quadrado, multiplicada pelo coeficiente de sustentação do aerofólio envolvido. Isso esclarecido, meu peso foi elevado aos céus e, libertado do arrasto da vida pela hélice que girava e me tirava do chão, fui impelido para o alto e avante. Resumindo, consegui voar.

Não sou uma pessoa de números; prefiro palavras ou imagens. A maioria dos pilotos provavelmente é o oposto, mas, em números ou palavras, a resposta emocional ao meu primeiro voo foi inexplicável, transformadora e fascinante.

O Cessna 152 é uma aeronave pequena de duplo comando com asa alta, a qual, no chão, parece extremamente frágil. No entanto, lá estava eu, 1.500 pés acima da paisagem da Flórida, o sol prestes a se pôr, os pântanos de Everglades e os lagos, as estradas, os cursos d'água.

Era um encontro de todos os mundos: o poético, o mecânico, o lógico, o desafiador, o experimental, o criativo, o interno e o externo. Em um instante, percebi que aquela confecção de alumínio e rebites me mantinha vivo. Mais

BRUCE DICKINSON

que isso: no ar eu era um intruso e tinha de respeitar os caprichos do vento, da temperatura, da densidade do meio que me sustentava, suspenso apenas por uma diferença de pressão que, embora real, podia muito bem ser apenas um ato de fé.

Ainda assim, o enigma se aprofundava. Para onde eu iria? Como navegaria? Como seria capaz de prever quais falhas poderiam ocorrer e quando?

Do panorama externo ao acúmulo interno de perguntas hipotéticas, voar era uma atividade incognoscível. Você pode voar todos os dias pelo resto da vida e, mesmo assim, nunca será capaz de dizer "já vi de tudo, sei de tudo, fiz de tudo".

Dei uma longa e panorâmica olhada da ponta de uma asa à ponta da outra, e todos esses pensamentos imediatamente começaram a ferver dentro de mim. De repente, meu devaneio foi destruído. Meu instrutor era um sujeito sério, e acho que percebeu que estava na presença de alguém disposto a levar a pilotagem igualmente a sério.

— Bem, sr. Dickinson, que tal você mesmo pousar o avião? — perguntou.

Tenho certeza de que a maior parte do trabalho foi dele, mas não importa, pois eu estava ansioso para me jogar daquele precipício. Em tese, estava de férias na Disney; na prática, voei todos os dias ao longo da semana seguinte.

No quinto dia, eu já contabilizava cinco horas e meia em meu pequeno diário de bordo, além de 22 aterrissagens. Está registrado que decolei, ascendi, desci, pratiquei estols, fiz curvas apertadas com 45 graus de inclinação, voei bem devagar e simulei falhas de motor. Meu instrutor me perguntou por quanto tempo eu ainda ficaria na Flórida. Respondi que tinha de voltar à Inglaterra e iniciar uma turnê.

— Ah, que pena — lamentou ele. — Se fizesse um exame médico, em mais uns dois dias eu colocaria você para voar sozinho.

Aposto que você diz isso a todos, pensei. Mas lá no fundo eu estava me torturando por não ter entrado para a Academia de Cadetes da RAF.

A turnê de *Fear of the Dark* começou, e só voltei a ter chance de voar no meio dela, na Califórnia. O aeroporto de Santa Mônica, uma joia encantadora e um refúgio da alegria e do *esprit de corps* da aviação, se abrigava no sotavento das montanhas da cidade, logo atrás de Venice Beach. Mal sabia eu que naquele aeroporto começaria um novo capítulo da minha vida, e que eu retornaria a ele por anos e anos.

A Justice Aviation, de Joe Justice, era a maior escola independente de voo e também a maior do ramo de aluguel de aeronaves. Eu simplesmente apa-

LOUCO POR ASAS

reci e pedi para voar. Meu instrutor era formado em física e também pela Embry-Riddle Aeronautical University, e seu pai, coronel da Força Aérea dos Estados Unidos.

Eu tinha cabelo castanho comprido e usava shorts e camisetas engraçadinhas. Ele me pareceu bem tranquilo para alguém com uma criação tão puritana, portanto fiz uma anotação mental — a de pegar emprestada uma frase de Arnie em *O exterminador do futuro*: "Eu voltarei."

Depois dos Estados Unidos, passamos rápido pela Nova Zelândia. Na época, já infectado pelo vírus da aviação, procurei o aeroporto de Ardmore e fui em busca de mais conhecimento.

— Posso fazer um parafuso? — perguntei.

— Não, amigo. Não posso deixar você fazer um parafuso... mas posso fazer um e você me diz o que achou.

O nariz do avião apontou para cima, o ruído do motor diminuiu sensivelmente e uma asa caiu, de forma que o solo ficou à minha esquerda e meu traseiro foi na direção oposta. De repente, o panorama da janela do lado esquerdo passou a informar "céu, terra, céu, terra" e o do painel dianteiro, "solo, cabeça para baixo, solo muito mais próximo, SOLO!" e, de repente, a rotação parou, as asas se nivelaram e o motor voltou a rugir. Fiquei sentado em silêncio. Continuei mudo ao retornar para a tenda de briefing. O que estava acontecendo?

— Nunca tive uma aula teórica — comentei. — Me ensina alguma coisa.

O que obtive parecia saído direto da Escola de Voo da RAF. Gráficos de razão de planeio lindamente explicados e sua relação com a velocidade do ar e o ângulo de ataque. Uma hora depois, voltamos a falar do parafuso: como aconteceu, o que aconteceu.

De volta à Inglaterra, fui ao aeródromo de Elstree e fiz mais uma aula naquele meu desestruturado curso de voo estilo "experimente antes de comprar".

Ao contrário da Califórnia e da Nova Zelândia, a Inglaterra era verde e enevoada, e a aeronave parecia rastejar entre as ervas daninhas, proibida de voar mais alto do que os postes de telégrafo para não correr o risco de colidir com aviões comerciais fora de rota.

A navegação visual na Inglaterra tinha mais a ver com orientação do que com navegação propriamente dita. Meu simulador de voo no laptop peso-pesado lançava mão de instrumentos de navegação por sinais de rádio, todos iguais aos do Grumman AA-5 em que estava aprendendo.

BRUCE DICKINSON

Percebi que o instrutor tinha um mapa, um cronômetro, lápis de cera e régua.

— Por que não nos orientamos a partir de um sinal de rádio? — perguntei.

— Meu Deus, isso é proibido. Não faz parte do programa de estudos. Cronômetro, papel e lápis, meu camarada.

Lembrete: treinar contas de cabeça.

Meu compromisso seguinte seria novamente em Santa Mônica, em novembro de 1992. Eu teria uns dois meses de estúdio para produzir o que viria a ser *Balls to Picasso*, meu segundo álbum solo, e decidi que ao final desse período estaria com o brevê de piloto.

Em ambos os departamentos, os resultados foram muito além do que eu imaginava.

Muita gente tinha a impressão de que *Tattooed Millionaire* havia sido uma tentativa séria de trabalho solo, quando na verdade não passara de pura diversão, bem executada e impulsionada pelo tremendo entusiasmo da gravadora.

O disco seguinte, para mim, teria de ser algo bem mais sério, e tudo o que eu não queria era "a mesma coisa de sempre", hard rock anos 1970 repisado. Bandas como Soundgarden e Faith No More traziam um som inovador, ao passo que o mundo do metal "tradicional" não raro me lembrava de transexuais precisando fazer a barba.

O Maiden sempre se diferenciara de quaisquer tribos, ainda que várias delas nos apoiassem. Meu problema era definir onde me encaixava no rock moderno, se é que me encaixava. Haviam me indicado uma banda de metal tradicional chamada Skin. Acreditavam de maneira equivocada que eu queria fazer uma simples sequência de *Tattooed, Millionaire*, algo no mesmo estilo. Não fiquei feliz com o resultado. Coçava a cabeça, perplexo, diante da minha falta de criatividade, e cheguei a pensar que talvez meu tempo tivesse passado. Talvez o Maiden fosse o máximo a que eu pudesse chegar nesta vida. Eu poderia encontrar alívio no conselho dado pelo amigo faminto do canibal que não quer comer seu vizinho: "Ah, pare de reclamar. Cale a boca e coma as batatas fritas."

Ao final da turnê do *Fear of the Dark*, eu estava no ônibus de volta ao aeroporto de Narita, em Tóquio. Retornávamos para casa mais uma vez convencidos de nosso sucesso. Eu tinha tentado expor minha preocupação quanto ao som e à produção dos nossos álbuns, quanto à pressuposição da perfeição e à falta de críticas honestas dentro da banda. Todos me olharam como se eu estivesse louco. Talvez fosse o caso, ou talvez estivéssemos em meio à lenta trajetória rumo a uma suntuosa extinção criativa.

198

LOUCO POR ASAS

Los Angeles seria a origem do meu novo futuro. As fitas das sessões de gravação com o Skin haviam sido enviadas a Keith Olsen, um produtor de renome, no intuito de resgatar, retrabalhar, remodelar e basicamente reconstruir o álbum.

Keith tinha estúdio em L.A. e havia retrabalhado discos de David Coverdale, transformando-os em megassucessos de rádio nos Estados Unidos. O problema era que eu preferia o David Coverdale produzido por Martin Birch. O sucesso de rádio, aos meus olhos, equivalia à perfeição sem alma. Ainda assim, dei as caras em L.A., comecei a me orientar pela 10 para chegar à 405 e então à 5, toda aquela cama de gato numérica infinita que abrange o sistema de *freeways*, até alcançar a entrada do Goodnight L.A. Studios.

Keith escutou minhas fitas e mixagens provisórias.

— Estou interessado porque você de fato sabe cantar — declarou ele. — Tem voz mesmo.

Travado por elogios tão desanimados, sugeri que jogássemos tudo fora e começássemos do zero. Eu não estava com paciência para meias-medidas. Além disso, eu estava pagando por tudo. Queria um disco sombrio e emocionalmente afiado, em sintonia com meus pensamentos na época. Um dos álbuns que usei como referência foi o terceiro de Peter Gabriel, que considerava, e ainda considero, uma obra-prima.

Keith importou tecladistas de estúdio para trabalhar comigo, além de diferentes bateristas, guitarristas e vocalistas de apoio. Era fascinante, mas artisticamente estéril. O nível de proficiência técnica de todos era espantoso, mas o estilo era polido e pouco desafiador. A vida não é desse jeito, e eu não queria que a minha música fosse assim.

Quem resolveu a situação foi Shay Baby, engenheiro de som de Keith e personagem dos mais pitorescos. Shay Baby era um ex-fuzileiro naval que havia servido no Vietnã e estava servindo no estúdio de gravação. Foi ele quem me forneceu a bússola quando eu chapinhava por um terreno musical lamacento, tentando encontrar o caminho pelo pântano que me levasse a um momento de revelação no melhor estilo Sherlock Holmes.

—Vem ver os meus amigos da Tribe of Gypsies tocarem — sugeriu ele.

Eu fui.

Em outro momento revelador, minha fé na música foi reavivada por aquele combo surpreendente. Roy Z, o principal compositor e guitarrista solo, era um ex-viciado em crack, e, em suma, a música o salvou de uma vida de

BRUCE DICKINSON

guerras entre gangues. O percussionista também havia sido de gangue e chegara a passar um tempo na cadeia. O baixista, Eddie, era tão gente boa que até as gangues dos *barrios* o respeitavam e davam trégua perto de sua casa. Ele era uma rocha. Toda a cena latina de L.A. era desconhecida e um mistério para um rapaz inglês rico, e o que me salvou foi o fato de todos serem fanáticos pelo Iron Maiden.

Eles eram tão bons que, se fossem guerreiros, teriam afundado metade da Marinha Britânica. Ali havia amor, poder, paixão e alma, e nada de dinheiro, empresários ou política. Assistir ao show deles era inspirador e deprimente, porque mereciam muito mais do que metade das bandas por aí.

Fui à casa de Shay e conheci Roy Z. Batemos um papo e tiramos um som na guitarra. Ele estava constrangido em perguntar se podíamos compor juntos, presumindo que o todo-poderoso Bruce Dickinson não estaria interessado. Eu estava igualmente convencido de que Roy não precisava de sugestões de um velho acabado como eu, tendo em vista como sua banda era nitidamente sensacional.

Lá pelo meio da tarde já estávamos com a corda toda. Ao cair da noite, precisamos de baldes de cerveja para nos acalmar. E o que bastou para isso tudo foi um riff de guitarra tocado por Roy, que viria a se tornar a introdução de uma faixa chamada "Laughing in the Hiding Bush".

— Acho que talvez você consiga fazer algo com isto aqui. — Foi como o processo começou.

De volta ao Goodnight L.A. Studios, eu estava a meio caminho na segunda encarnação do meu trabalho solo, mas percebi que os esforços do dia anterior com Roy Z haviam tornado tudo obsoleto da noite para o dia. Eu teria de recomeçar. É compreensível jogar um álbum fora; jogar dois é descuido; três, é a desforra criativa por ter passado dez anos fazendo música no mesmo silo.

Eu havia alugado uma casinha em Brentwood, bem perto de onde O.J. Simpson cometera um assassinato. Certamente não era um poço de luxúria e pecado, ao menos não nas ruas depois de escurecer. A portas fechadas talvez fosse diferente. Em Los Angeles, tudo fecha cedo. Talvez a indústria cinematográfica e suas sessões de maquiagem com início às cinco da manhã tenham influenciado o resto da população, ou quem sabe aquele pessoal que sai para correr estupidamente cedo não passe de um bando de viciados em medicamentos controlados vivendo sua vida às claras. De qualquer forma, à noite, após voltar do estúdio, ir para a cama era a única opção.

200

LOUCO POR ASAS

Eu estava a caminho da minha terceira tentativa de fazer o álbum. Estava determinado a finalizá-lo no Reino Unido, utilizando elementos já gravados no Goodnight L.A. e com Shay Baby na produção. Seria crucial levar Roy e a Tribe of Gypsies para a zona oeste de Londres e finalizar novas gravações no Power House Studios, em Stamford Brook.

Eu também estava a caminho de obter meu brevê até o fim de fevereiro.

Existem brevês de todos os formatos e tamanhos, e os Estados Unidos emitem documentos próprios, que, embora sejam reconhecidos pelas autoridades europeias, são diferentes — sobretudo dos brevês britânicos.

Pautado pelo programa de estudos americano, eu receberia uma "emissão original" de uma licença americana. Ao longo do tempo acumularia várias outras do país, até alcançar o status de piloto de avião comercial e instrutor de voo em aeronaves mono ou multimotor. Não tentei obter a Licença para Piloto de Linha Aérea pois, àquela altura, eu já possuía a licença britânica equivalente e estava superocupado com uma série de outras atividades.

Naquele momento, na Califórnia, minha meta era obter a mais humilde das licenças americanas: a de avião monomotor terrestre (e não hidroavião), que me permitiria voar dia e noite contanto que não chegasse nem perto de qualquer nuvem e evitasse outras aeronaves, objetos e pessoas usando o Globo Ocular Humano Original, dois dos quais estavam acoplados a esta unidade humana e em pleno funcionamento.

Equipei-me com mapas — ou "cartas", como meu instrutor insistia que eu chamasse — e uma régua de cálculo computacional circular da época da Segunda Guerra Mundial, além de lápis, réguas de acrílico com escala de milhas náuticas e um transferidor para medir ângulos.

Terra do pragmatismo, os Estados Unidos publicavam todas as questões existentes no banco de dados para o exame por escrito. Terra do livre empreendedorismo, tinha livros disponíveis com respostas para todas as mil e tantas perguntas, além de exemplos testados de problemas de peso e equilíbrio, de navegação, técnicos, aerodinâmicos e regulatórios.

Eu imaginava que os organizadores desses livros eram pessoas com cérebros do tamanho de um planetário e sem muita vida social. Claro que, hoje em dia, todas essas publicações estão disponíveis na internet como programas interativos de instruções.

Eu passava o início de cada noite, às vezes o fim, com a cabeça enterrada no programa de estudos, fazendo um exercício atrás do outro. O índice de

201

BRUCE DICKINSON

acertos para passar era de 80%, e a avaliação seria conduzida por computador, que criava um teste personalizado para cada candidato. A verdade inconveniente é que era possível meter a cara e passar raspando. Não era minha intenção, mas era uma possibilidade.

Para simular o teste, meu rigoroso porém tranquilo instrutor começou a me arguir à medida que nossas sessões de voo progrediam. Para minha surpresa, o tempo em Los Angeles no inverno pode atrapalhar bastante. Neblina costeira, dilúvios de três dias e a influência do vento das montanhas podem conspirar para dar cabo do cronograma mais ferrenho. Se chovia, eu estudava a teoria; quando havia neblina, admito que ficava tomado por uma fascinação de infância: que devaneios e aparições a névoa poderia conter? Eu tomava café da manhã no Spitfire Grill, ao lado da pista, e observava a bruma do oceano envolver a torre de controle, com o aeroporto mergulhado no mais perturbador silêncio. Era nessa atmosfera que fantasmas apareciam. O fantasma da Douglas Aircraft Company, que construiu o DC-3 ali mesmo em Santa Mônica.

O aeródromo era originalmente conhecido como Clover Field, e a aviação ali teve início em 1923. Logo adiante, ao largo da costa, ficava a ilha de Catalina, cujo aeroporto se empoleirava acima da neblina quando esta se instalava. Sobrevoando as montanhas rumo ao norte estava o deserto de Mojave, cenário de *Os eleitos* e palco de mistérios, entre elas a base Plant 42, da Força Aérea americana, no aeroporto de Palmdale, onde a Lockheed Martin abriga seu infame projeto de desenvolvimento Skunk Works.

Eu amava o deserto. Depois de obter minha licença, por várias vezes aluguei um avião e voei até Joshua Tree ou Apple Valley, nas proximidades. Se o dia mal tivesse nascido, eu desligava o motor, e o silêncio era ensurdecedor. Minha respiração era o som mais alto na cabine. O efeito sobre a mente era como o de arrastar um ancinho por um trecho irregular de areia ou brita. O deserto parecia confortar e acalmar a mente tempestuosa que dava pinotes dentro do meu crânio. Não se tratava de inspiração; era exalação e não existência.

Fiz minhas três primeiras aterrissagens solo no aeroporto de Mojave. Meu instrutor disse que eu já estava pronto dez dias antes, mas o problema era o tráfego aéreo em Santa Mônica, absurdamente intenso, às vezes com vinte aeronaves no circuito ao mesmo tempo. Por isso, adiamos o cheque até nosso primeiro voo de longa distância, que foi até Mojave.

Lembro que ele passou toda a viagem bem quieto. Pousamos, e o motor ainda estava ligado quando ele abriu a porta do Cessna 172.

LOUCO POR ASAS

—Vou ficar observando você da torre de controle — avisou. — Três aterrissagens, e depois você desliga o motor em frente à torre.

Enfim, eu estava sozinho. Sinceramente, foi um tremendo anticlímax. Eu teria me emocionado bem mais se tivesse voado solo depois de seis ou sete horas em Kissimmee, onde eles cortam a barra da sua camisa e a penduram na parede quando você voa solo.

As condições estavam ideais — nenhum vento, pista enorme —, então cortei o motor em frente à torre e fiz minhas *checklists*. Após o primeiro voo solo, bastaria eu fazer mais algumas viagens até diferentes campos de pouso com meu instrutor para receber permissão para fazer voos de longa distância sozinho. Isso, aliás, era uma exigência, que incluía um voo solo de 240 milhas náuticas em um dia, com pousos em três aeroportos diferentes.

Meu exame de voo se aproximava. Agendamos um examinador e eu estava confiante. Já havia passado na prova teórica. Só precisava completar mais sete horas de voo solo de longa distância. Em um sábado à tarde, sob um céu sem nuvens, fiz uma viagem magnífica de ida e volta a Palm Springs — um calor dos infernos no solo, mas frio de congelar a 9.500 pés de altitude na ida. Mais uma viagem e estaria tudo certo. Planejei, então, fazer um voo de ida e volta para Las Vegas no domingo bem cedo, com tempo de sobra para retornar antes do anoitecer.

A primeira vez que você sente medo de verdade dentro de um avião é um acontecimento memorável, e eu jamais me esqueci daquele domingo. Desde então, já estive em outras situações nas quais poderia ter ficado tão assustado quanto daquela vez, ou talvez devesse, mas essa experiência agiu como uma vacina na alma. Tenha medo, assuste-se, mas é o pânico que vai matá-lo, e não o medo.

O céu azul e limpo, o vento leve e a pista 03 do aeroporto de Santa Mônica acenavam para mim, me incentivando. Fui a primeira pessoa a dar partida no motor naquela manhã de domingo.

O tempo em Las Vegas estava favorável, e decidi voar ao largo das montanhas de mais de oito mil pés de altitude antes de virar a norte através do Passo de Cajon, subindo até o deserto elevado, cerca de três mil metros acima do nível do mar.

A decolagem foi suave, o céu estava deserto e rapidamente captei o código radar de um prestativo controlador que me avisaria se houvesse tráfego na rota. O Tio Sam estava de olho em mim.

BRUCE DICKINSON

Subi a 7.500 pés e começou a esfriar enquanto eu margeava os picos cobertos de neve que se projetavam sobre o aeroporto da cidade de Ontário, na direção de San Bernardino. Pouco antes de virar para o norte e atravessar o rasgão denteado que era o Passo de Cajon, senti a cauda do avião balançar. Em seguida, alguns solavancos na parte debaixo da aeronave fizeram o nariz apontar para o alto. Usei o manche para nivelar as asas e pressionei os pedais de leme para aprumar a cauda.

— Alguma informação sobre turbulência? — perguntei ao Tio Sam.

— Nada.

Ele soava entediado. Oito e meia da manhã de domingo não tem muita coisa acontecendo. Os solavancos continuaram. Já estava ficando entediante. Dei uma rápida olhada na carta. Eu desceria dois mil pés, até a marca dos 5.500, para escapar do sobe e desce que me perturbava um dia que, fora isso, estava perfeito.

Achei melhor contar ao controlador — não que ele estivesse me controlando — e notei uma ponta de incerteza em minha voz ao anunciar que desceria a 5.500 pés para escapar da turbulência.

— Ok.

Agora ele soava entediado *mesmo*. Iniciei a descida gradual, e o sobe e desce parou. Ao me aproximar da altitude escolhida, apliquei potência e iniciei uma leve curva para a esquerda no Passo de Cajon. Espraiavam-se abaixo de mim morros acinzentados e as rodovias e ferrovias californianas, cujas pistas e trilhos escalavam os aclives íngremes que separavam o nível do mar do planalto três mil pés acima.

Foi nesse exato momento que o gigante adormecido acordou. Invisível, mas palpável, agarrou a parte de trás da aeronave e a torceu como uma toalha molhada, golpeando minha cabeça contra as laterais do cockpit. Em seguida, um gigantesco punho invisível socou a parte superior da asa, pressionando-a para baixo e me forçando contra o assento. Percebi que o altímetro estava rodando rápido e eu estava caindo.

Elevei o nariz do avião e apliquei potência máxima. Olhei para o indicador de velocidade vertical: marcava queda de mais de 1.000 pés por minuto, enquanto o brutamontes perverso batia na cauda do avião de baixo para cima, de cima para baixo, de um lado para o outro. As asas sacudiam, e eu brigava com o manche para mantê-las niveladas. O nariz apontava para o alto e eu ouvia o bipe incessante do sistema de alerta de estol me avisando de que, caso

204

LOUCO POR ASAS

aquela manobra se repetisse, eu perderia a sustentação para encarar o monstro esmagador do pedacinho de lata que era minha célula de sobrevivência.

Um cálculo momentâneo enquanto eu observava o terreno: eu já estava a três mil pés do solo. Tinha começado a manobra a 5.500 pés e estava caindo a pelo menos 1.000 pés por minuto — e à toda velocidade. Minhas mãos estavam escorregadias, e eu sentia o suor pingar das axilas e escorrer pelo peito. Já conseguia visualizar a manchete: "O tolo que achou que sabia voar." Naquele ritmo, eu não levaria mais de dois minutos para me espatifar...

Eu me forcei a agarrar o pânico e apertá-lo com toda a força. Com uma das mãos, pegava o medo pela garganta; com a outra, lutava para fazer o avião bater em algum lugar ao qual pudesse sobreviver, e já era hora de começar a procurar lá embaixo. Toda a área era coberta de cabos de energia. Ótimo. Eletrocussão ou decapitação — melhor evitar as duas. E foi então que... o gigante malvado me soltou e foi substituído por anjinhos maliciosos.

Meus ouvidos estavam entupidos, e engoli em seco para desobstruí-los enquanto minha minúscula máquina era transportada para o céu por asas invisíveis. O altímetro voltou a registrar ganho de altitude, e o indicador de velocidade vertical marcava mais de 1.000 pés por minuto para cima. Puxei o manete de volta para idle — e nada. Estava sendo arrastado para cima como uma pena e me inclinando para o outro lado do passo. Tinha perdido cerca de quinhentos pés naquele ciclo e, ao me aproximar novamente do topo da linha da cordilheira, toda a montanha-russa recomeçou. Eu caía a toda e subia com a aceleração quase a zero, perdendo uns quinhentos pés cada vez que o solo se aproximava para me cumprimentar.

Atravessei o passo aos trancos e barrancos e saí dele rumo ao planalto desértico com cerca de 1.500 pés de sobra para o solo. Ainda teria duas horas e meia de voo até o aeroporto de North Las Vegas. Sei lá como, mas consegui chegar.

Pousei em Vegas e comprei uma omelete com batatas fritas. Fiquei tão abalado que cheguei a pensar em desistir. Meu estômago estava completamente revirado, mas felizmente não tenho o hábito de decorar a privada com boa comida.

Fora da frigideira

"Tears of the Dragon" era a música de peso em *Balls to Picasso*, e a maior parte dela foi gravada no Goodnight L.A. Studios. A maioria das outras faixas parecia "castrada", responsabilidade meramente das pessoas envolvidas no trabalho. Eu não me sentia nada próximo de um recomeço a não ser quando estava trabalhando com Roy Z, que me permitia ser eu mesmo, em vez de quebrar a cabeça pensando em quem ou o que deveria ser. Aos poucos, o pêndulo se voltou para o rock'n'roll mais convencional, mas com nuances rítmicas que eu adorava, trazidas por Roy e pela Tribe of Gypsies, um groove puro e eficaz.

Uma coisa estava clara para mim: a palavra "catártico" começava a se aplicar a todo o processo, e voar estava ampliando minha realidade. Eu havia composto uma canção, "Original Sin", sobre meu relacionamento com meu pai. Não chegou a entrar no álbum, mas é uma das canções mais sombrias das sessões com Keith Olsen. Eu sentia uma imensa culpa quanto ao refrão. Talvez fosse pura autocomiseração; talvez fosse excessivamente cruel.

> Diga, pai, onde você esteve
> Todos estes anos, no pecado original
> Eu via você todos os dias, nada tínhamos a dizer
> E agora é tarde demais para começar

FORA DA FRIGIDEIRA

Não importa como tenha ficado a canção — boa, ruim ou indiferente —, foram esses versos que me levaram a refletir sobre o que eu estava fazendo no Iron Maiden, dada a forma como os álbuns vinham saindo.

Eu passava os dias em uma estranha mistura de euforia e incerteza. Certa manhã, o *LA Times* estava espalhado pelo chão. A maior parte era de suplementos descartáveis com propaganda, mas encontrei os cadernos com notícias e editoriais. Raramente prestava atenção à seção "Pensamento do dia", mas naquele dia eu a li. Era uma citação do escritor Henry Miller: "Todo crescimento é um salto no escuro, um ato espontâneo não premeditado que damos sem o benefício da experiência."

E assim, naquele momento, decidi sair do Iron Maiden. Pode culpar Henry Miller.

É de se imaginar que eu tivesse planejado uma decisão com o potencial de modificar tanto minha vida, mas, fosse por ingenuidade ou puro entusiasmo, o fato é que não planejei.

Rod Smallwood apareceu no estúdio em L.A. e toquei um pouco do meu material para ele.

— Tenho boas e más notícias — revelei.

Rod se contorceu na cadeira e começou a parecer meio desconfortável.

— Qual é a má notícia?

— Bem, a má notícia é que sinto que preciso sair da banda, por isso quis contar a você primeiro.

— Qual é a boa notícia?

— Bem — comecei, animado —, agora você tem um novo artista solo para empresariar. Vocês vão achar um novo vocalista para o Maiden. Não vai ser tão difícil. Tem um monte por aí.

Ele não pareceu convencido.

— Conto ao Steve? — perguntei.

— Não, não. Não fale com ninguém. Eu lido com isso.

E, claro, foi o que ele fez, exatamente da forma que se espera de um dos melhores empresários do planeta. Até hoje não sei o que ele contou ao restante da banda, mas tenho certeza de que sua mente já estava fervilhando com técnicas de controle de danos e fazendo planos para evitar um Chernobyl rock'n'roll na mídia.

Os dois álbuns ao vivo lançados na esteira do meu pedido de demissão não foram os melhores de nosso repertório. Olhando para trás, o nome do

BRUCE DICKINSON

segundo, *A Real Dead One*, soa quase profético. Ainda assim, minha saída foi cuidadosamente planejada de maneira a não perturbar o delicado equilíbrio entre percepção e realidade.

Eu faria uma última turnê, seguida por um especial de TV com a participação de um ilusionista chamado Simon Drake. Não fiz objeções a ser sacrificado dentro de uma donzela de ferro no clímax do programa, com estacas perfurando meu corpo e sangue jorrando da boca.

Só para deixar clara a mensagem, a capa do single "Hallowed Be Thy Name" trazia este que vos fala com o peito perfurado e sendo assado no fogo do inferno, como um marshmallow de cabelo comprido.

Não era bem um início apoteótico para uma carreira solo, mas, até aí, tradicionalmente quem saía do Iron Maiden caía em silêncio no ostracismo ou era reduzido ao circuito nostálgico estilo karaokê. Já o que iria acontecer comigo só dependia de mim.

Balls to Picasso não fez muito sucesso. Olhando para trás, eu deveria ter feito um álbum bem mais pesado. Daria para ter obtido esse resultado se Roy Z o tivesse produzido, mas, por cautela, essa tarefa coube a Shay Baby. Era meio cedo para jogar o sr. Z de cabeça na mistura. Além disso, minha saída do Maiden fez os fãs da banda se dividirem entre furiosos, confusos e um outro tanto de emoções.

Como diz o velho adágio militar: "Nenhum plano de combate sobrevive ao primeiro contato com o inimigo." A guerra mais próxima estava acontecendo na Bósnia, e eu estava prestes a ter o primeiro contato.

Sob fogo cruzado

O telefone tocou em casa.

— Está a fim de fazer um show em Sarajevo?

— Não tem uma guerra acontecendo por lá?

— Sim, sim, mas a ONU está em cima. Você vai ter proteção total. Está tudo arranjado.

Não tivemos proteção, não havia plano e as balas eram de verdade, mas que se foda, fomos para lá do mesmo jeito.

Supostamente, o Metallica e o Motörhead haviam recusado a oferta. Não me surpreende. Se eu fosse empresário deles, teria feito o mesmo. Não cheguei exatamente a contar isso ao meu empresário. O que aconteceu não foi nada parecido com o previsto. O que aconteceu foi um daqueles eventos que mudam sua forma de enxergar a vida, a morte, outros seres humanos — e os sinais de trânsito.

Juntei uma banda, enchemos um 737 com mais de duzentos quilos de equipamento e embarcamos em um voo militar fretado para Split, na Croácia. Metade do avião era de soldados, que nos olhavam com um certo desdém. Eram pagos para correr riscos; nós não estávamos ganhando nada. Era inverno nos Bálcãs, e comprei uma mochila de alpinista. Subi no palco com minhas botas militares, além do velho sobretudo do exército suíço que havia usado no vídeo de "Tears of the Dragon". Por baixo, usava minha bata dos tempos do exército territorial. Tinha um monte de bolsos e era quente e acolhedora. Além de tudo, levei um gorro de lã. De quebra, guardei uma garrafa de uísque

BRUCE DICKINSON

Jameson na mochila. Achei que poderia ser bem recebida pelo organizador dos shows. Era o major Martin, que tinha seu próprio programa de rock na Rádio Z1D, estação local que ainda transmitia para Sarajevo.

O plano era chegar a Split, vestir coletes à prova de bala e capacetes azuis das Nações Unidas, se jogar em um helicóptero Sea King, voar até Sarajevo, fazer o show e voltar para casa. Missão cumprida.

Chegamos até Split. Vi os capacetes e coletes amontoados em um canto do saguão de desembarque. Um certo coronel Green veio ao nosso encontro; não, não era uma partida de Detetive.

—Vocês são a banda de rock inglesa? — perguntou.

Era uma das perguntas mais óbvias que já me fizeram na vida. Assenti.

— Bem, desculpem, mas vão ter que voltar para casa. Aqui estão seus cartões de embarque — disse ele, brandindo nossos documentos de retorno. Voltaríamos no mesmo avião que havia nos levado.

— E se a gente não for? — perguntei.

— O próximo voo é daqui a uma semana. De qualquer forma, não temos helicópteros sobrando e o tempo está péssimo. Além disso, a ONU ficou sabendo e o Akashi não quer provocar os sérvios.

Akashi era o enviado da ONU, cuja reputação era de apaziguador.

O coronel Green foi embora, obviamente ocupado com coisas mais importantes do que um bando de cabeludos malucos querendo virar mártires.

Do lado de fora, havia fileiras e mais fileiras de caminhões brancos da ONU e veículos blindados. Aquela era uma base militar de grande porte tanto quanto um aeroporto civil. Estava na cara que logo começaríamos a atrapalhar alguém.

Um câmera da Reuters se aproximou. Sua equipe havia escutado a conversa de um canto da pequena área de desembarque.

— Eu sou bósnio. Isso é conversa fiada. A gente leva vocês até a cidade — ofereceu ele.

Correndo o risco de invalidar o seguro de vida limitado ou nulo que tínhamos, quis saber detalhes.

— Continue.

— Tem um túnel. Uma entrada secreta. A gente põe vocês para dentro. É por onde abastecemos a cidade de suprimentos.

— Ok... — disse eu, enquanto as engrenagens da minha mente começavam a girar bem devagar. — E como podemos fazer isso?

— Sou amigo do presidente Izetbegović. Eu ligo e consigo permissão — declarou, cheio de orgulho.

Ele juntou uns trocados e se espremeu em uma minúscula cabine telefônica, onde conversou animadamente por alguns minutos. Por fim, abaixou o fone.

— E aí? O que ele disse? — perguntei.

— Ele não pode falar agora. Está ocupado.

Olhei para nossa pequena pilha de equipamentos e para os pobres-diabos atrás dela, entre os quais o apavorado Roland Hyams, assessor de imprensa que havia achado que tudo aquilo seria Glastonbury sem tendas nem vinho Chablis gelado.

— Dá para a gente entrar em Sarajevo... acho — eu disse. — Tem um túnel. Se a gente voltar, nunca vai chegar lá. Se a gente ficar, talvez chegue. Na pior das hipóteses, ficamos e bebemos cerveja barata por uma semana e achamos um lugar aqui perto para fazer um show.

Na verdade, a pior das hipóteses seria explodir em pedaços, vítimas de uma granada sérvia ou um campo minado ou tomar uma bala de um atirador de elite. Coloquei a questão em votação, com a promessa de que, se um único de nós se negasse, não iríamos e ninguém se chatearia com quem não aceitasse ir. Não era da boca para fora.

Todos toparam seguir em frente, inclusive os que estavam só um pouquinho apavorados. Admitiram o medo e escolheram seguir em frente. Recolhi os cartões de embarque e os devolvi ao coronel Green.

— Desculpe, mas vamos ficar. Vamos tentar entrar na cidade pelo túnel.

Ele pegou os cartões e refletiu por um minuto.

— Não saia daqui — ordenou e saiu correndo, parecendo ainda mais ocupado do que antes.

Demoraria vinte minutos para retornar.

— Pois bem — começou, e algo em sua voz me dizia que era ele quem dava as cartas. — Vocês não têm mais nada a ver com a ONU. A partir de agora, são convidados do exército britânico. O equipamento de vocês vai ficar no arsenal por ora, e sugiro que me sigam até o refeitório dos oficiais para tomar um chá.

A imagem da bateria e dos amplificadores de guitarra apoiados em morteiros, armas de pequeno porte e munição teriam dado uma foto e tanto, mas esquecemos de tirá-la.

BRUCE DICKINSON

À meia-noite, ainda estávamos acordados. Tínhamos bebido chá e assistido a preleções sobre a guerra. Um oficial de inteligência da RAF se postou em frente a um quadro com um grande mapa e explicou exatamente o que estava acontecendo. A situação não era fácil. Até hoje tenho o jogo de mapas táticos que me deram de lembrança.

Ainda estávamos na primeira lata de cerveja quando a porta se abriu de supetão.

— Para o caminhão, rapazes. Vocês estão indo.

Em Split, durante o dia dava para usar camiseta, mas à noite era frio, e para onde iríamos o tempo estaria congelante. A propósito, para onde estávamos indo? A bordo de quê? Conduzidos por quem?

A Serious Road Trip era uma ONG que operava comboios de ajuda humanitária em áreas que a ONU julgava perigosas demais para cobrir. Ficara famosa por ter adentrado a terra de ninguém durante o conflito nos Bálcãs a bordo de um ônibus de dois andares londrino. Também administrava cursos de formação de palhaços para crianças dos dois lados do front.

A ONG nos levaria para dentro da zona de guerra, e seguiríamos de carro madrugada afora por Mostar e pelas montanhas até subirmos o imponente monte Igman. Quando chegássemos ao topo, estaríamos nas mãos do exército. Veículos blindados para transporte de pessoal nos aguardariam no posto de controle Bravo Um do exército bósnio e dali nos levariam a Sarajevo. Ao menos esse era o plano.

Nosso transporte era um caminhão com caçamba aberta, tração nas quatro rodas e cobertura de lona. Enquanto colocávamos o equipamento na caçamba, reparamos em uma pilha de sacos de dormir no chão de tábuas revestidas com metal. Seria ali que passaríamos as dez horas seguintes; no breu. O jovem e alegre voluntário sul-africano deixara dois engradados de cerveja jogados por ali. Ele iria conosco, pois já havia traçado a rota. O motorista era um jovem estudante de arquitetura de Edimburgo. Não tínhamos escolta, proteção, capacetes ou coletes à prova de balas, mas tínhamos uma arma secreta: pela cabeça de quem passaria atirar em um veículo como o nosso?

O caminhão era amarelo brilhante com ilustrações muito bem-feitas de Asterix, do Gato Félix e do Papa-Léguas, pintadas nas duas laterais e na porta traseira. Era a camuflagem dos idiotas, e quem iria querer atirar em um idiota?

Subimos na traseira e nos aconchegamos. Esta palavra, claro, é relativa, pois conforto é tanto um estado mental quanto uma realidade objetiva. Espremi

SOB FOGO CRUZADO

o traseiro contra um *case* baú, imaginando que se me abrigasse entre os eixos ficaria com as costas menos moídas do que se ficasse em cima deles. Lembrei--me da garrafa de Jameson e a tirei da mochila. Ela estava sendo guardada para o major Martin. Ah, mas agora foda-se, pensei, e a abri no momento em que Roland Hyams começou a enrolar seu primeiro baseado com um pedacinho de resina de *cannabis*.

— Onde você conseguiu isso?

— Estava escondido na minha boca desde a Inglaterra.

Tive vários pensamentos indelicados, mas me limitei a soltar um suspiro pesado. Ele poderia muito bem acabar morto e, se havíamos chegado até ali, que ele fumasse, porque, na manhã seguinte, tudo já estaria terminado. Minha época de baseados já havia ficado em um passado remoto, então preferi compartilhar o uísque.

A noite demorou a passar, nosso sono foi agitado e o frio penetrou fundo em nossos pés e mãos. Só víamos o mundo pela abertura da lona, ficando para trás, recoberto pelo tênue brilho vermelho dos faróis traseiros, que coloria a névoa densa que nos envolvia. Reduzimos a velocidade até quase zero e paramos. Coloquei a cabeça para fora da lona: posto de gasolina. As pessoas enchiam mesmo o tanque no meio da guerra? Pelo jeito, sim. Fui me sentar na frente. Logo chegaríamos à base do monte Igman, o monstro de dois mil metros de altitude que delimitava o front de Sarajevo.

O caminhão então avançava para dentro da mais absoluta escuridão; antes, ainda havia um ou outro feixe fraco de luz branca no acostamento. À distância, percebia-se o contorno da rocha gigantesca que era o Igman. Era mais fácil vê-lo porque uma guerra estava acontecendo em seu topo.

Morteiros e sinalizadores cortavam o céu, alguns flutuando sustentados por paraquedas, um show de fogos de artifício que pressagiava morte e destruição para aquelas pobres almas no alto da montanha, que era, claro, para onde estávamos indo. Enquanto eu fazia esta exata reflexão, paramos abruptamente, do jeito que se para quando um homem aparece no meio da estrada apontando um fuzil AK-47 na sua direção. Existem maneiras mais amigáveis de pedir carona, mas acho que em zona de guerra balas e canos de armas são mais eficientes do que polegares.

No fim das contas, nosso caroneiro era um soldado bósnio precisando chegar à base da montanha e de saco cheio de caminhar. Matraqueava em bósnio, e, quando nos despedimos, já estávamos quase nos entendendo em lin-

213

BRUCE DICKINSON

guagem de sinais. Ele se fundiu à escuridão e, por volta das cinco e meia da manhã, iniciamos a longa subida pela trilha íngreme até o topo.

—Você já fez isso antes? — perguntei ao motorista.

— Não. Primeira vez.

Não quis distraí-lo. As curvas da trilha de cascalho e terra eram inclementes e os faróis dianteiros espreitavam a escuridão além da beirada. Em alguns pontos, era quase queda livre.

— Tem uns caras que fazem essa trilha sem faróis — comentou ele, como quem não queria nada.

Fiquei calado. Ele desligou os faróis.

— Deixa eu falar — disse eu. — Que tal a gente ligar os faróis de novo?

E que história nos contaram aqueles faróis. Na penumbra pré-amanhecer, avançamos em meio aos remanescentes do exército bósnio a caminho de casa. Os faróis rastreavam fileiras de pinheiros, e me lembro de ter pensado como aquele lugar seria lindo, e talvez viesse a ser novamente, se a paz um dia voltasse a reinar. A cada duzentos ou trezentos metros algum drama de guerra se descortinava: duas ambulâncias brancas com cruzes vermelhas, janelas arrebentadas, buracos de bala em portas, sangue escorrendo pelos cantos; um caminhão cheio de combatentes carregando sacos plásticos e usando apenas parte dos uniformes retornando exaustos ao que havia restado de sua cidade.

Estávamos no alto da montanha. A troca de tiros terminara e, como em tudo mais naquela guerra louca, quem podia dizer o que tinha acontecido e quem havia vencido? Para as duas perguntas, a mesma resposta: ninguém.

Por fim, paramos no meio da floresta coberta de neve. A trilha fazia uma curva para a esquerda e iniciava a descida íngreme rumo a Sarajevo e ao front. Adiante, uma cabaninha suspensa em pilhas de madeira, com fumaça saindo de um forno à lenha. Um único fio de telefone projetava-se sobre a estrada e conectava a cabana a algum lugar. Havíamos chegado ao posto de controle Bravo Um do exército bósnio.

Em frente à cabana havia um varal. Os lençóis e cobertores de lã estavam congelados. Desci do caminhão. Não via nenhum veículo blindado. E, é claro, deveriam estar lá.

Bati na porta. Dois soldados, um homem e uma mulher, se aqueciam próximos ao forno. Mostrei a eles a foto de divulgação da banda e tentei explicar a situação. Uma dose de uísque ajudou — logo todos estávamos sorrindo —, mas eu continuava sem a menor ideia de qual seria o plano seguinte.

214

SOB FOGO CRUZADO

Lá embaixo, no vale, Sarajevo estava totalmente encoberta por espessas nuvens brancas. A cidade espalhava-se pelos cantos do vale como um mar interior. Os sérvios controlavam todos os postos de observação, à exceção do ponto onde eu estava. A depressão era rodeada por artilharia antiaérea modificada para disparar na horizontal, de forma a poder atirar na direção da cidade ou, vale dizer, do cume no qual me encontrava.

A roupa não estava pendurada no varal para secar. Ela funcionava como uma tela para nos proteger de atiradores de elite. Sarajevo era cheia de roupas imundas agitando-se ao vento para ocultar atividades cotidianas e reduzir o risco de um atirador sérvio implicar com os filhos de alguém.

O silêncio foi quebrado pelo som de um motor. Um Volkswagen Golf caindo aos pedaços fazia a curva balançando ruidosamente. Encostou em um canto, os ocupantes saíram, se cumprimentaram e foram embora.

Pouco depois, a situação se repetiria com a van do pão, que apareceu para entregar uma fornada na cabana. O motorista arranhava alemão e, com a ajuda de um pouco de linguagem de sinais, nos mostrou com orgulho o buraco de bala em seu para-brisa dianteiro, exatamente no ponto onde deveria estar sua cabeça.

— Tentou ferrar eu! *Nicht tod!* — gritava o padeiro.

O açougueiro e o fabricante de castiçais não pareciam estar por perto, mas os raios de sol aqueceram e iluminaram o atirador de elite da vizinhança, que aparecia e sumia rápido entre as árvores com um saco de dormir nas costas e carregando algo que parecia um rifle de caça com mira telescópica.

Era a única arma que eu tinha visto desde a AK-47 no sopé da montanha. A questão é que não havia armas suficientes por ali, e as pessoas esperavam alguém morrer ou se ferir para redistribuir a dos outros. Aliás, isso não é totalmente verdadeiro: nosso grupo na cabana tinha um machado, usado para cortar madeira, e o rapaz tinha uma granada de mão muito bem polida pendurada no cinto.

O sol nasceu às oito e meia. A névoa havia se transformado em bruma, e Sarajevo começava a se tornar visível como uma longa fatia de bacon no vale abaixo. Já estávamos ali havia duas horas. Também ficaríamos à vista de quem apontasse uma arma para a trilha que descia até a cidade.

Essa era a boa notícia. A má era que nossos carros blindados haviam sido detidos no sopé do monte. O comandante bósnio local tinha encontrado uma equipe de câmera da NBC em um deles e jogado seus brinquedos fora.

215

BRUCE DICKINSON

Teríamos que descer por conta própria pela estrada, inteiramente vulneráveis às armas sérvias. Bem, ninguém atiraria em um idiota, certo? Este idiota aqui não tinha tanta certeza.

Fizemos a primeira curva e começamos a descer o caminho de mão única. Para baixo, à minha direita, eu avistava os destroços de veículos explodidos. Um arrepio começou a percorrer minha nuca.

De repente, paramos diante da situação mais bizarra possível. Subindo a trilha, vinha em nossa direção um caminhão de entrega da Coca-Cola.

Há um cartum de Gary Larson em que dois cervos conversam em uma floresta. Um deles tem um alvo desenhado no peito. Na legenda está escrito: "Que sinal de nascença ruim, Hal." Totalmente desprotegido enquanto nosso caminhão dava marcha a ré, eu me sentia exatamente como a criatura azarada da tirinha.

O caminhão passou e seguimos viagem até a base do monte, onde éramos esperados por veículos brancos blindados. Conheci o ultraentusiasmado major Martin e nos despedimos do nosso cartum amarelo com tração nas quatro rodas. O show seria naquela mesma noite, portanto a ordem do dia era dormir, comer, dar uma entrevista coletiva e fazer uma passagem de som. Mas antes ainda precisávamos entrar na cidade arrasada.

A via do perímetro do aeroporto delimitava o front. Havia trincheiras de ambos os lados, a poucos metros umas das outras, e os veículos da ONU cruzavam o caminho em meio à bruma cinzenta. Recebi um capacete azul e fui orientado a manter a cabeça baixa.

Após alguns minutos, eu a coloquei para fora apenas o suficiente para ver a devastação. Estávamos passando ao lado de casas praticamente demolidas, e crianças se esgueiravam entre elas como ratos. A guerra reduzira famílias inteiras a uma existência animalesca, e toda a cidade, inclusive os militares, só tinha alimento e combustível para mais três dias, isso consumindo o mínimo possível.

A cidade organizadora dos Jogos Olímpicos de Inverno de 1984 havia sido destruída a ponto de ficar irreconhecível. As fachadas dos prédios eram meras cascas; a parte de trás tinha voado pelos ares. Ou então toda a estrutura estava perfurada por buracos de balas e morteiros.

Nas ruas cobertas de destroços, os carros pareciam peneiras, ventilados por centenas de buracos de tiro. Eu não conseguia nem sequer imaginar por que um pobre Renault teria acabado com uns duzentos buracos. A cena era tão extraordinária que tirei uma foto.

SOB FOGO CRUZADO

Um rio divide as partes alta e baixa de Sarajevo à medida que a cidade desce o vale. A parte alta era controlada pelos sérvios, e seus atiradores de elite disparavam contra civis a caminho do trabalho.

A autoestrada que ligava o aeroporto à cidade em linha reta recebera o apelido de "Alameda dos Atiradores". Cada vez que alguém passava por ela, para qualquer lado que fosse, estava girando a roleta. Nós a giramos várias vezes, os locais a giravam pelo menos duas vezes por dia.

Chegamos ao quartel-general da ONU, na antiga Vila Olímpica. A equipe de palco foi alojada em um canto onde sacos de areia cheios de concreto substituíam janelas. A banda, claro, ficou com a suíte de luxo, com beliches de ferro recobertos por velhos colchões e a onipresente fita adesiva nas janelas, para impedir que atiradores de elite alvejassem alguém ali dentro. O café da manhã foi um rolinho de queijo e uma cerveja, e dei o resto do uísque ao major Martin. Ele pôs a garrafa em uma gaveta de sua mesa e depois apontou, todo orgulhoso, para um buraco do tamanho de um prato na parede de trás, logo acima de sua cabeça.

— Granada calibre 50. — Sorriu. — Os filhos da puta ainda não me pegaram.

Melhor beber esse uísque de uma vez, pensei.

O espírito da Blitz continuava firme e forte em Sarajevo. Quando acordamos, a noite já começava a cair, e o frio a penetrar nossos ossos. Seguimos para a entrevista coletiva. Os ingleses haviam providenciado algo semelhante a canapés — biscoitos salgados Ritz com ketchup — e eu me sentei junto às bandas locais que abririam o show. Não havia eletricidade, e os geradores que proveriam a energia para a apresentação só seriam ligados momentos antes para poupar combustível.

O guitarrista ao meu lado arranhava inglês.

— Como vocês ensaiam sem luz? — perguntei.

Ele me lançou um olhar como quem diz "que pergunta ridícula é essa?".

— Ensaiamos — começou ele, orgulhoso — com a nossa alma.

Posto no meu devido lugar, assenti.

— Imagino — murmurei.

É provável que o Centro Cultural Bósnio já esteja remodelado no momento em que você lê isto, mas quando o visitei, em 2015, era idêntico ao lugar onde havíamos tocado em 1994. Na época, a esquina do edifício havia sido reduzida a pó por um foguete antiaéreo da forma mais impressionante possível, mas a maior parte das instalações era subterrânea.

BRUCE DICKINSON

A notícia do show havia se espalhado. Como os sérvios tinham o hábito de lançar morteiros contra aglomerações públicas, as escolas haviam sido fechadas e as crianças, ido para casa às escondidas para não virar alvo. Em Sarajevo, uma fila dobrando o quarteirão não era só cansativa; era risco de vida.

Havia rumores de que "nacionalistas" ricos pagavam por passeios para matar pessoas na zona de guerra. O chefe da brigada de incêndio da ONU dizia ter um pistoleiro sérvio a serviço de sua equipe em Connecticut. Como a maioria das coisas naquela zona de loucura, era melhor não levar tão a sério. Nosso alegre bombeiro, afinal, era o representante local da CIA.

Mas minha ficha quanto à perversão da normalidade e a corrupção da inocência só caiu quando visitamos um orfanato, que tristemente assumia proporções de projeto em andamento, já que a morte dos pais era recorrente.

Primeiro vimos as crianças, todas embrulhadas como pequenas múmias, em um quarto incrivelmente quente. Um enfermeiro de jaleco fazia malabarismos metafóricos para tentar mantê-las em silêncio; as expressões delas eram como máscaras, desprovidas de emoção, de calor humano. Cometi o erro fatal de segurar uma e sentir o pulso quente da humanidade em meus braços. Primeiro seus olhos negros se fixaram no meu rosto, e então as mãos começaram a se abrir: um balbucio, um sorriso, um dedo segurado com a força que só um recém-nascido consegue reunir. Minhas lágrimas eram de confusão, alegria, raiva e tristeza. Que tipo de mundo aquele inocente iria herdar? Logo em seguida o caos se instalou. Um balbucio foi o bastante para tirar os demais de seu estado de suspensão, como se eu estivesse em um quarto cheio de relógios badalando a meia-noite, cada um em seu ritmo.

Em pânico, nosso carcereiro malabarista de jaleco corria de berço em berço, tentando desesperadamente devolver seus tutelados à zona morta. Foi quando a anarquia se instalou na enfermaria: bebês se levantando, gargalhando, sorrindo, literalmente jogando coisas para fora do berço. Eu nunca havia me imaginado como um anarquista bebê, mas saí do quarto com um sorriso de orelha a orelha. Nas palavras de Dr. McCoy, de *Star Trek*: "É a vida, Jim."

As crianças maiores brincavam do lado de fora, nos porões sem cobertura, nas escadarias quebradas. Sem adultos por perto, os "meninos maiores" tomavam conta da tribo, em uma cena que, incomodado, me fez lembrar de *O senhor das moscas*, de William Golding.

Havíamos levado um par de baquetas, um violão e minhas cordas vocais, e assim começamos a tocar, com Alex Elena, nosso baterista italiano, batucando na parede escurecida pela fuligem. Foi um momento meio constrangedor, pois percebemos que muitas daquelas crianças nunca haviam visto um violão, muito menos encostado em um. Estavam fascinadas.

— Ei! — gritou Alex. — Todo mundo batendo palmas, vamos lá.

Em seguida, começou a bater por conta própria, com entusiasmo.

Em um momento que nunca mais saiu da minha mente, uma das crianças mais velhas deu um salto e bateu palmas — ratatá — na direção do grupo mais próximo. As crianças caíram no chão, se fazendo de mortas. As palmas eram o som da morte — de metralhadoras e atiradores. Então o grupo seguinte também caiu, e logo todas as crianças pequenas jaziam no chão de braços abertos, congeladas como na morte. Paramos de tocar, estupefatos. As crianças se levantaram e riram com gosto. Aquilo me fez perceber o quanto uma coisa boba como uma batida de palmas pode ser pervertida e subvertida pela realidade dura de uma zona de guerra.

Na chegada ao local do show, fiquei surpreso ao ver montado um moderno sistema de PA. Nosso técnico de som, o irlandês Jed, estava coçando a cabeça, encantado.

— Onde eles conseguiram essa porra eu não sei, mas é um bom equipamento. Tudo funciona.

Logo descobriríamos onde haviam conseguido o sistema de PA. O salão estava abarrotado e o calor que emanava dos corpos esquentava o ambiente. Aquilo não era uma zona de guerra; aquilo era liberdade, aquilo era rock'n'roll — e chegara a hora de lembrar a sensação da alegria. Tudo correu bem na passagem de som, e faltavam dez minutos para tomarmos o palco quando fui convocado pelo major Martin.

— Temos um problema — declarou ele.

Fui apresentado ao problema no andar de cima — um grupo de bandidos que havia roubado/providenciado/sequestrado o PA. Queriam dinheiro ou o levariam embora. Eram seis, todos bósnios, além de um intérprete e o major Martin, cuja mão já começava a coçar o coldre da arma.

— Eu paguei 500 dólares a vocês — disse o major.

Corta para os bandidos resmungando.

— Eles querem mais 500 — disse o intérprete. — Dizem que são profissionais.

— Eu pago com o dinheiro da venda de camisas — ofereceu o major Martin, irritado.

BRUCE DICKINSON

Os bandidos voltaram a resmungar. Nada feito.

— Vamos tomar mais um café — sugeri, sorrindo para eles. — Por que eles não querem ajudar sua própria gente? Eu não estou ganhando nada por esse show.

O intérprete traduziu. Mais resmungos e um início de discussão. Chegaram os cafés, bem fortes, tipo lama preta.

— Eles dizem que são profissionais.

— Ok. Diga a eles que eu também sou e prometo que serão pagos.

Eles gostaram do que ouviram. O líder da gangue me deu um abraço de urso, e achei que a questão estava resolvida. Não era bem assim. Eis que chegou um pulôver azul com um homem chamado Trevor dentro dele.

Trevor, eu viria a saber, era o encarregado da nossa segurança pessoal. Não havia ficado nada satisfeito quando o major Martin nos levou em um passeio desprotegido pela zona de guerra a bordo de um Land Rover, e certamente não estava nada satisfeito no momento. Ele alegava ser um bombeiro de Glasgow de licença. Para quem quiser ver como ele é, existe uma fotografia apavorante e antológica de uma jovem mãe e seu filho de cinco anos baleados, tirada por um fotógrafo de jornal. A criança está caída na rua em uma poça de sangue, e Trevor é um dos dois soldados que saltam de um veículo da ONU para tentar salvar a vida do menino e proteger os outros inocentes no local.

Trevor tinha coração, alma, duas submetralhadoras Heckler & Koch e uma pistola no coldre, e estava bem ao meu lado, apontando furiosamente para o líder dos bandidos.

— Você — vociferou ele. — Você vai se ver comigo se acontecer algo a qualquer uma destas bandas.

Trevor devia ser um péssimo bombeiro, mas suspeito que fosse muito bom de tiro.

Os bandidos começaram a fazer uma série de gestos de "coitadinhos de nós" e a resmungar em voz alta. O intérprete ia começar a traduzir.

— NÃO TRADUZA o que ele falou! — pedi. — Diga a eles... diga a eles que o Trevor está preocupado com os danos ao prédio caso a gente não entre logo no palco, e que desse jeito alguém pode acabar se machucando.

Cuidados com as instalações em uma zona de guerra era um blefe irônico, mas nos fez ganhar um tempo.

— Que diabo está acontecendo? — sussurrei.

SOB FOGO CRUZADO

— Esses merdas ameaçaram quebrar as pernas dos músicos das bandas de abertura se elas não pagarem pedágio pelo uso do PA — disse Trevor.

— Trev, depois desse show, eu não estou nem aí para o que vai acontecer com esses manés.

A apresentação seria imensa, intensa e, naquele momento, provavelmente o maior show do mundo para a plateia e para nós. Não interessava que o mundo não soubesse disso.

De volta à caserna envolta em fita adesiva camuflada, tomamos cervejas com o pequeno contingente da ONU, que era basicamente inglês, além de uns noruegueses que falavam inglês com sotaque da Escócia. Vá entender.

Perguntei a um jovem oficial do regimento de paraquedistas como era estar sitiado.

— Chato para caralho — respondeu ele. — Francamente, queria subir o morro e matar esses babacas. São uns covardes.

Semanas depois o ex-presidente dos Estados Unidos Jimmy Carter iria à cidade negociar o acordo de paz. Portanto, nosso amigo não chegou a realizar seu desejo.

Quanto a nós, ainda precisávamos sair dali. Dois helicópteros Sea King estiveram disponíveis além da fronteira da Croácia, mas um fora derrubado na véspera. Corria a notícia de que o general *Sir* Michael Rose estava a bordo quando cinco tiros de fuzil calibre 7.62 haviam sido disparados contra os tanques de combustível e as hélices do rotor principal por alguém descrito como "provavelmente um traficante de drogas que surtou".

A história verdadeira, porém, era bem mais séria. Vinte anos depois, durante uma exibição beneficente em um simulador de 747 para a Help for Heroes, conheci o engenheiro que havia consertado o helicóptero abatido. Ele deu uma risada e disse:

— Não. Foram os sérvios que mandaram fogo antiaéreo calibre 50 para tentar matá-lo e acabar com as conversas sobre o acordo de paz.

O único helicóptero remanescente nos transportaria com metralhadoras apontadas dos dois lados, alimentadas por cintos de munição, ao melhor estilo *Apocalypse Now*. Mais uma vez cruzamos a bordo de Land Rovers a terra de ninguém que era a via do perímetro do aeroporto. Ainda teríamos de passar por um posto de controle sérvio administrado por uma adepta da escola de etiqueta de Rosa Klebb, vilã de *Moscou contra 007*, conhecida na área como "a megera do inferno".

BRUCE DICKINSON

No caminho, caído em uma vala, havia um tanque de guerra soviético queimado. Em um de meus mais estúpidos atos de fanfarronice, pedi que parassem o Land Rover, saltei no meio da terra de ninguém e tirei o que hoje seria chamado de uma selfie.

— Que beleza — comentou o motorista do exército. — O último que fez isso tomou um tiro.

Havíamos recebido instruções de não encarar de perto a megera do inferno. À distância, ela parecia linda, mas de perto percebia-se que a maquiagem pesada escondia o tipo de cicatrizes ao se beijar granadas de mão.

De acordo com Trevor, ela já não está mais entre nós, foi morta em um ataque aéreo aliado. Foi acusada de participar do assassinato e tortura de várias famílias. Estacionamos a seu lado no posto de controle.

Não olhe para o rosto da Górgona, pensei. E imediatamente espiei de perto o estrago.

Ela pareceu surpresa.

— De onde vocês estão vindo? — perguntou.

— Sarajevo.

— Foram fazer o que lá?

— Um show. Somos uma banda de rock.

— Sarajevo é um lugar perigoso. Não voltem nunca mais.

Ela nos devolveu os passaportes, e cruzamos a curta distância até a base, onde embarcamos no helicóptero. As hélices do rotor do outro estavam sendo trocadas na porta ao lado.

Mandaram que eu me sentasse na frente e me deram um headset.

—Você sabe pilotar, não é? — perguntou um dos pilotos.

Era o instrutor principal do esquadrão que estava de saída, voando em parceria com o instrutor principal do esquadrão que estava chegando. Dois instrutores voando juntos. Isso podia ficar interessante.

Decolamos, e depois de dois minutos ouvi:

— Quer ver o que acontece quando entramos em ação?

Eu tinha certeza de que minha opinião não faria a menor diferença.

— Mmm. Muito interessante — respondi.

Um instrutor virou-se para o outro.

— Na marinha não tem veadinho.

O outro mandou na lata.

— Na marinha NÃO tem veadinho! Entendido, senhor. Descendo.

SOB FOGO CRUZADO

Durante os quinze minutos seguintes, permaneci em silêncio total enquanto o Sea King se aventurava sobre vales e montanhas, cabos de força e árvores. A sombra dos rotores parecia quase cortar a grama das encostas.

Finalmente, avistei o aeroporto de Split, sob um lindo pôr do sol. Naquela noite houve uma festa na marinha para comemorar um voo incrível que havia salvado a vida do general e, junto com ele, provavelmente todo o processo de pacificação.

No dia seguinte, com aquela que deve ter sido a pior ressaca da história, embarquei junto com os demais em um Hercules C-130 da RAF para exaustivas quatro horas e meia de voo até Lyneham, na Inglaterra.

A viagem de trem de volta a Londres foi surreal. O que entendemos como a normalidade parecia um sonho, um verniz de certeza sobre o poço do inferno que borbulhava a metros de nós. O Natal se aproximava, e estava difícil dissipar a lembrança pungente de que algumas pessoas passariam as festas de fim de ano sem os luxos que outdoors de propaganda fazem parecer essenciais.

Ao saltar na estação de Paddington, tarde da noite, decidi caminhar sob o ar gelado de Londres. Tentei ordenar os pensamentos dos últimos cinco dias. Não consegui. A primeira imagem que me impactou na rua foi a quantidade absurda de sinais de trânsito. Sentei-me em um banco e fiquei a observá-los mudando do vermelho para o verde e o amarelo, e durante todo esse tempo as pessoas os obedeciam, jamais furando o sinal vermelho ou cruzando a esquina no amarelo. Os pedestres esperavam o sinal abrir para eles mesmo que o carro mais próximo estivesse a quilômetros dali. Fiquei uns quinze minutos sentado, observando um espetáculo que naquele momento me parecia absurdo, então peguei a mochila e entrei no metrô para a zona oeste de Londres. Achei um cantinho em um pub enfumaçado, peguei papel e caneta e comecei a escrever enquanto tomava uma cerveja.

"Inertia" seria a canção sobre a Bósnia no meu álbum seguinte — um álbum muito diferente, com uma atitude muito diferente e um corte de cabelo muito diferente.

Pirata na rádio

Os deuses da mídia haviam decidido me fazer um agrado e me ofereceram um emprego na Radio 1 — um programa ao vivo na maior estação puramente "musical" do Reino Unido.

A BBC tinha, e provavelmente ainda tem, um monte de grupos de discussão e politicagem maquiavélica no nível dos Bórgia. Nunca descobri que par de bifocais defeituosos teve a visão de me chamar para a festa, mas o convite deve ter tido a ver com o Silver Sony Radio Award de 1994 que está pendurado na minha parede.

Escrevi e apresentei dois documentários para a Radio 1, que — escândalo! — foram bem recebidos tanto pela crítica quanto pelo público. Só me resta supor que, após sair do Maiden, passei a ser enxergado como um personagem mais neutro. De qualquer forma, apresentei uma série de programas ao vivo na Radio 1, transmitidos de Londres e depois de Manchester.

Era o início de uma carreira de quinze anos no rádio, que passou pelas Radio 1 e 2, além de algumas pequenas estações digitais independentes, e incluiria uma passagem de oito anos pela BBC 6 Music, com seis horas por semana no ar.

Trabalhei com meu próprio produtor independente, Ian Callaghan, na montagem de uma série de semidocumentários para a Radio 2 chamada *Masters of Rock*. Digo semidocumentários porque na verdade eram programas de rock semanais. Basicamente produzíamos um cavalo de troia para

PIRATA NA RÁDIO

instigar a BBC a finalmente admitir que a Radio 2 precisava de um programa de rock.

Foi uma época fascinante, durante a qual tive uma série de entrevistados interessantes e passei por algumas situações muito bizarras. Desenvolvi um programa para a 6 Music chamado *Freak Zone*. No começo, haviam me pedido que adicionasse um programa de rock de três horas de duração, mas reclamei quanto ao fato de não haver música nova e boa suficiente para sustentar seis horas semanais. Melhor condensar em três e preservar a força do programa.

Estabeleci uma playlist forte, e *Freak Zone* logo viraria um oásis para jornalistas, excêntricos, fornecedores de *beatnik horror "music"* brasileira e convidados incomuns que você jamais imaginaria terem gosto, ahn, suspeito para música. Por exemplo, o jogador de sinuca Steve Davis é um tremendo fã da banda francesa de jazz-rock Magma.

Na 6 Music, a luta era sempre em função do orçamento minúsculo, que, como de hábito na BBC, era mal administrado, com alguns DJs ganhando fortunas, apesar de aquela ser uma estação digital, com um público muito reduzido, embora fiel. Na verdade, a 6 Music não era muito maior do que uma rádio FM universitária, mas os chefões tinham delírios de grandeza com o dinheiro do contribuinte e construíam estúdios suntuosos que custavam milhões. Uma estação comercial teria obtido os mesmos resultados com dois armários de material de limpeza e uma parcela ínfima do orçamento da rádio.

Estar do outro lado do microfone foi educativo e divertido. Certa vez realizei uma longa entrevista com Peter Green, lendário guitarrista do Fleetwood Mac, no *Freak Zone*. Todos sabiam que ele havia tido um grave problema de saúde mental que o impedira de tocar por muitos anos, mas estava de volta.

Passamos horas falando de canivetes e de sua extensa coleção. Nem falei em música até ele próprio tocar no assunto, quando então se sucedeu uma avalanche de histórias, incluindo o fato de que ele nunca quisera tocar guitarra e só começou porque o irmão ganhara uma de Natal e não era muito bom.

Estive com Peter Grant já bem fragilizado, pouco antes de sua morte. Ele estava em um clima reflexivo, e não tinha nada do monstro retratado pelas pessoas em seu auge, nos anos 1970. Sempre lamentei entrevistas com horários rígidos. Odiava a pressão por causa de tempo. As pessoas precisam de espaço para respirar e relaxar. Só assim a verdade vem à tona, e você percebe que ela não é a caricatura que se esperava.

225

Mas nem tudo acontecia em estúdios londrinos. Cheguei a viajar, e, como se fosse um guarda de caça transformado em caçador ilegal, fui parar em Los Angeles para fazer uma reportagem sobre o lançamento de um novo álbum do filho de Satã, devorador de freiras, cardeal da sensualidade, o grande e poderoso Blackie Lawless (não deem bola para o homem atrás da cortina).

Blackie e sua ex-banda, o W.A.S.P. haviam sido empresariados por Rod Smallwood. No Maiden, enxergávamos isso com certa perplexidade. Blackie e sua gangue, porém, provaram que é impossível fazer um bom empresário ir mal, e alcançaram um razoável sucesso.

"Animal (Fuck Like a Beast)" foi o auge da banda, quando Blackie brandia uma serra elétrica ensanguentada pendurada das partes íntimas, além de fogos de artifício, que podem ou não ter dado defeito e criado uma nova receita: "pinto carbonizado na coquilha."

Os bons tempos haviam ficado para trás. Rod estava em outra, Blackie retomava sua carreira, e eu estava ali para testemunhar o momento em nome da BBC. Blackie criara um álbum intitulado *Kill.Fuck.Die.*, um monumento ao existencialismo como nunca vi igual, abreviado para KFD, que soa muito parecido com uma cadeia de fast-food especializada em frango frito.

Estar na coxia, e não no palco, era estranho, mas me rendeu algumas risadas. Era divertido observar as pessoas, especialmente quando se sabia tudo o que elas deveriam estar fazendo. Mas algo estava perturbando a força, e Blackie não estava feliz. Nas profundezas do camarim de um teatro ao lado do prédio da Capitol Records, alguém havia emporcalhado seu dia.

Estava faltando um membro de sua banda — um porco, para ser mais exato. O rumor era de que ele iria sacrificar o animal ao vivo, em pleno palco, mas um ajudante de cenografia havia dedurado para a polícia, que apareceu com a turma dos direitos dos animais e confiscou-lhe o bacon.

— Então... — Liguei o gravador. — Os porcos roubaram seu porco?

Blackie se arrepiou de indignação.

— Aquele porco morava comigo — disse ele. — Ensaiava com a gente todos os dias. Dormia na minha casa.

Nunca se soube o paradeiro do animal, mas o provável, tristemente, é que aquela tenha sido apenas uma protelação do veredito que o transformaria em costeletas.

Após a performance de Blackie, eu me sentei do lado de fora do teatro para observar o desenrolar delirante da vida em Los Angeles. Estava cansado do circo daquela cidade.

A energia deste lugar chamado Hollywood se perdeu, pensei. Eu estava exaurido, vazio, perdido. Felizmente, havia cortado o cabelo.

Quando voltei de Sarajevo, dei uma espiada nas fotos de divulgação e percebi que toda a banda parecia muito bem, a não ser pelo sujeito esquisito de cabelo lambido que não se parecia mais com Jesus. Era eu. Meu cabelo estava com os dias contados.

Inspirado no gênio da aeronáutica Clarence "Kelly" Johnson, decidi batizar o álbum seguinte de *Skunkworks* e montar uma banda de mesmo nome. A gravadora ficou horrorizada. Esperavam trabalhar o nome Bruce Dickinson com suas conotações de heavy metal tradicional herdadas do Iron Maiden. Queriam idolatrar a estátua. Eu queria explodi-la.

Graças à nossa experiência em Sarajevo, achei que a banda estaria "iniciada" a ponto de levar a cabo um plano. Peguei meus discos favoritos do Soundgarden e do Alice in Chains e fiz contato com Jack Endino, o lendário produtor de Seattle. Também voltei a procurar Storm Thorgerson.

— Storm, quero fazer uma capa de disco baseada em um Lockheed SR-71 Blackbird e na filosofia de design da Skunk Works, de Kelly Johnson.

Como ele poderia recusar? Era exatamente o tipo de projeto que Storm adorava.

Great Linford Manor é um estúdio instalado em uma velha fazenda em Milton Keynes. Nós nos mudamos para lá, improvisamos e voltamos aos anos 1970. Jack Endino é um sujeito fantástico com uma postura extraordinária. Com o caminhar de uma aranha preguiçosa e um ar de imprevisibilidade típico de cientista maluco, suas sobrancelhas por si sós prendem a atenção de uma sala inteira. Sua voz era baixa, pausada e ressonante, de forma que uma palavra como "alguém" podia se estender por minutos antes de desaparecer no horizonte.

A banda era coerente, ainda que a quantidade de maconha consumida talvez desafiasse a credibilidade dessa definição. Todos os músicos eram bem mais jovens do que eu, por isso deixei para lá. Tinham mais neurônios a queimar do que eu.

Quando *Skunkworks* foi lançado, causou escândalo e horror. Não só eu havia cortado o cabelo (escândalo!), mas havia cometido a temeridade de variar o som da minha obra ainda mais do que no álbum anterior.

BRUCE DICKINSON

Recebi cartas e mais cartas furiosas. Fiquei contente. Nunca poderia fazer um disco que satisfizesse os intolerantes, por isso era melhor que seguíssemos caminhos diferentes e que eles me esquecessem. De certa forma, *Skunkworks* foi uma versão do que Bowie tentou fazer com o Tin Machine. Não funcionou para ele e, no fim das contas, também não iria funcionar para mim, mas serviu para esclarecer certas coisas e, em um ano, me ensinou o que eu havia esquecido em dez anos de Iron Maiden.

Skunkworks é um disco interessante, e gosto dele. Seu único grande calcanhar de Aquiles é o que os médicos chineses chamariam de "falta de alegria". É um disco sombrio, raivoso, por vezes magnífico, mas tristonho. É um gigantesco dedo médio apontado para o mundo.

Fizemos uma excursão caótica mas tremendamente inspiradora pela América do Sul, e também pela Europa, abrindo para a tradicional banda de metal Helloween, o que foi tremendamente deprimente. Era o som errado na turnê errada. Eu precisava de um público de rock com mentalidade aberta, e não de um gueto de metal conservador.

Edison e o momento eureca

A aviação e a música já haviam começado a convergir de forma meio desordenada, sobretudo porque eu gostava das duas atividades, mas também porque uma — a música — dava à outra sua razão de ser. Por exemplo, a primeira encarnação do *Ed Force One*, do Iron Maiden, se deu durante a curta turnê de *Skunkworks* por clubes nos Estados Unidos.

Alugamos um Piper Navajo de oito lugares. Era uma aeronave castigada e, se não tinha buracos no assoalho, talvez tivesse havido. Mesmo assim, nós a alugamos e nos enfiamos nela junto com algumas peças dos nossos instrumentos. Tudo o mais de que precisávamos nós contratávamos ao chegar ao destino. Foi o modelo exato para a turnê que viria do Iron Maiden.

Não sei quanto custava a tarifa de pouso para um 747 no aeroporto JFK em 2017, mas na época, para um humilde Navajo, era 16 dólares. O pequeno terminal de aviação geral nos estendeu o tapete vermelho, mas o recolheu ao nos avistar.

—Vocês têm uma limusine?

Balancei a cabeça.

—Vocês têm carrinhos de bagagem? — retruquei.

Ele balançou a cabeça.

Achamos alguns carrinhos de supermercado em um terreno nas proximidades. Colocamos nosso equipamento neles e os empurramos por conta própria até o terminal da British Airways, que, às quatro e meia da manhã, estava trancado e deserto.

Antes do 11 de Setembro, não havia policiais, avisos pré-gravados ou paranoia quanto a bombas, terroristas, esse tipo de coisa. Nós, claro, retornaríamos nos assentos baratos. Não tinha problema. Vi o sol nascer sentado no meio-fio ao lado do meu carrinho de supermercado. O Concorde estava estacionado, silencioso e reluzente, o orvalho cintilando sobre suas asas--deltas brancas.

Abri uma garrafa de Fuller's ESB e saboreei o momento. Ali estava o Concorde; cá estava eu. Piloto e músico, com uma garrafa da minha cerveja favorita de uma terra muito distante.

Melhor que isso impossível, pensei.

Infelizmente, o projeto *Skunkworks* não deu em nada. Tornou-se claro o abismo entre expectativa e realidade. Uma fenda artística havia começado a se abrir à medida que o material novo ficava disponível. A produtividade de Al Dickson, o guitarrista, era absurda. Ele era, e ainda é, um dos músicos mais talentosos com quem já toquei, não deve nada a ninguém. Mas a verdade é que eu estava de saco cheio de ficar pulando entre gêneros e visitando subgêneros. Para fazer uma analogia com um restaurante, em algum momento é preciso criar um estilo ou um prato-assinatura. Até então, eu só havia me saído com um monte de entradinhas, em uma série de estilos diferentes, mas nada que fizesse as pessoas voltarem. A banda iria seguir seu rumo, e eu não iria acompanhá-la. Decidi dar fim ao projeto. Na verdade, quase decidi jogar a toalha e ir estocar prateleiras, virar piloto, tentar virar ator — qualquer coisa menos música, que era um pé no saco.

Não sou de ficar me lamentando, mas certa noite me sentei e fiquei contemplando as paredes de casa enquanto refletia sobre a vida de um condutor do metrô. A linha Metropolitana parecia bem interessante: viagens longas, vista bonita, campo aberto. O telefone tocou. Eram onze e meia da noite.

Era Roy Z do outro lado da linha.

— E aí, cara? Está fazendo o quê? Como vai?

— Ah, nada de mais. Acabei com essa história de *Skunkworks*.

É um clichê chocante, mas as pessoas realmente tocam músicas ao telefone para pedir uma opinião.

— Aí, cara, escute isso — disse Roy, que então fez exatamente o que descrevi.

Era o riff de abertura do que viria a se tornar "Accident of Birth", faixa--título de meu quarto álbum solo. Foi uma epifania. Um minuto depois eu já havia rascunhado alguns versos.

Journey back to the dark side, back into the womb, back to where the spirits move like vapour from the tomb...

— Roy, toque de novo.

Welcome home, it's been too long, we've missed you. Welcome home, we've opened up the gates. Welcome home to an accident of birth.

Soltei um longo suspiro de alívio. Roy estava tocando outra faixa para mim, e era igualmente boa.

— Roy, pode parar por aí. Vejo você amanhã.

Passei uma semana em Los Angeles, mais exatamente no Vale de San Fernando, no estúdio minúsculo instalado nos fundos da cozinha de Roy, onde ele gravava suas demos. Voltei de lá com meio álbum quase completo, mixagens provisórias, vocais e guitarras registrados sobre bateria eletrônica — genérica, mas muito habilmente programada por Roy.

A gravadora ficou eufórica. Acharam que era o produto final. Expliquei, com toda a paciência, que o álbum pronto teria bateria de verdade, não da Legoland.

— O quê? Não é bateria de verdade?

— Não, e o resto está organizado qualquer jeito. Tenho que ir lá finalizar.

Finalizamos em um estúdio minúsculo em Burbank, Califórnia, que, olhando da porta, mais parecia uma vitrine vazia. Era um pouco como a alfaiataria Del Floria, entrada secreta do quartel-general da U.N.C.L.E., ou a cabine telefônica de Maxwell Smart.

No beco dos fundos, ficavam o pequeno escritório, pilhas de livros sobre alienígenas e Nikola Tesla, e um aquário. A porta dos fundos do estúdio estava sempre encostada. Aparecia gente do nada oferecendo cerveja e comida mexicana, e todos ficavam por ali para escutar o que se passava. Era um lugar que estava sempre de portas abertas.

Depois disso houve o retorno de Adrian Smith. Eu havia telefonado e perguntado se ele queria participar do álbum. Podia fazer o que quisesse — solos, composição, o que se sentisse à vontade.

Accident of Birth, em vários aspectos, foi o álbum que o Iron Maiden nunca fez. A primeira música que fizemos, "Wicker Man", foi gravada como lado B antes de vir à tona com o Iron Maiden, totalmente diferente, mas com o mesmo título.

Durante esse tempo, o Maiden havia recrutado Blaze Bayley, um sujeito bem respeitável cuja carreira até então se baseara em seu sucesso com uma banda chamada Wolfsbane.

BRUCE DICKINSON

Enquanto eu confraternizava nos fundos de uma loja adaptada como estúdio, as máquinas promocionais da EMI e do Maiden começavam a bombardear a mídia internacional. Blaze deu uma entrevista que me pareceu irônica, e senti uma tremenda empatia por ele quando disse que se sentia como "Dorothy em *O mágico de Oz*, tentando encontrar um caminho para casa".

Eu conhecia aquela exata sensação. Quando voltei a Londres, pintei de amarelo dois tijolos de casa, embrulhei-os para presente e os enviei para Blaze, desejando boa sorte. Não sei se alguém entendeu a conexão.

Fiz questão de não escutar os álbuns do Maiden com Blaze. Por um lado, não era mais minha banda; por outro, seria um convite à pergunta "O que você acha do Blaze?", um exercício sem sentido.

Accident of Birth vinha bem encaminhado. Fãs de metal entravam pela porta do estúdio em quantidade suficiente para sabermos que estávamos no caminho certo.

Com Adrian a bordo, decidi apostar tudo e ver se Derek Riggs, o capista original do Maiden, estava disponível. Sempre tive boa relação com Derek, embora sua personalidade volátil tenha causado o rompimento com Rod.

Com a lembrança de ter sido fincado em um espeto e assado no último disco com o Iron Maiden, resolvi me divertir um pouco e criar um personagem. Eu havia conhecido alguns dos marionetistas do programa de TV *Spitting Image* e criaria o personagem, encomendaria a capa a Derek, e depois o *Spitting Image* poderia fabricar um boneco a ser usado no palco ou em vídeos. Assim nasceu a prole de Mr. Punch, "Edison".

Em consonância com o título do álbum, Edison irrompe — no estilo *Alien, o oitavo passageiro* — do estômago de um cidadão devidamente incomodado. Era Mr. Punch repaginado para o século do new metal. Dentes de metal, olhos injetados e, no lugar de sinos em seu barrete, lâmpadas quebradas, pois a lâmpada havia sido inventada por quem mesmo? O tradicional pauzinho agora parecia mais um bastão de beisebol cheio de pregos.

Eu sempre quis fazer um programa temático de metal de Punch & Judy — como se tivesse tempo para isso.

O álbum foi bem-recebido. Os críticos o adoraram — eles, que ficaram impressionados com a integridade de *Skunkworks*, mas não com o conteúdo. Era como se eu tivesse cumprido penitência no deserto e minha estrela estivesse novamente em ascensão.

Rod Smallwood ficou furioso.

EDISON E O MOMENTO EURECA

— Parece a porra do filho do Eddie — espumou. — Isso é sacanagem.

— Não, não é! — protestei. — Edison inventou a lâmpada. É uma ideia brilhante.

Levei a ideia brilhante para a estrada, desta vez com a banda Tribe of Gypsies, além de Adrian Smith na guitarra, e sem o estilo de percussão latina.

Excursionamos por Estados Unidos, Europa e América do Sul. Este último continente foi agitado como sempre, e gravamos um álbum ao vivo, apesar de algumas confusões espetaculares. Nosso técnico de som, o incrivelmente impassível Stan Katayama, havia tomado o cuidado de adiantar a configuração do equipamento e, sendo um sujeito detalhista, estava satisfeito.

Quando chegamos ao Brasil, descobrimos que nada estava como deveria.

— Ei, essa não é a mesa combinada — comentou ele.

— Sim, essa é melhor. Uma Yamaha Digital novinha — disse o brasileiro, sorridente.

— Mas eu queria a analógica.

— Sim, mas a gente mudou. Essa é nova!

— Ah...

O manual de programação da mesa era extenso e Stan tinha quatro horas para descobrir como tudo funcionava. Conseguiu. Fizemos a passagem de som e o show. Foi fantástico. Stan foi ao camarim; parecia abatido.

— Aconteceu um problema... — começou ele.

— Ah, é?

— Com as entradas dos microfones...

— Putz, de qual?

— De todos.

— De todos?

— Exceto do bumbo. Temos o bumbo das primeiras cinco músicas.

— Só isso?

Stan fez que sim, com ar solene. Tive a nítida impressão de que cometeria haraquiri com um pedestal de microfone.

— Tudo estava certo antes do jantar — explicou ele. — Foi aí que a coisa aconteceu. Sem som. Não consigo explicar.

— O que você fez?

— Eu estava com muita raiva. Mas sabia que não podia gritar com os brasileiros. Me falaram que, se eu fizer isso, eles vão embora. Então pedi com jeitinho.

BRUCE DICKINSON

Autocontrole admirável, pensei.

Felizmente, tínhamos outra noite para salvar a gravação.

Nos Estados Unidos, fui a Addison, Texas, e aluguei um pequeno Piper Seminole para manter minhas habilidades de voo afiadas. Voei até Minneapolis, depois cruzei Ohio e terminei em Raleigh, Carolina do Norte, fazendo shows nesse meio-tempo. Na maior parte, voei por instrumentos, e a aproximação noturna ao aeroporto de Raleigh-Durham foi minha primeira vez sozinho sob tempo fechado de verdade, com forte nevoeiro.

Eu havia decolado após um show. Tinha me secado com uma toalha, tomado uma xícara de café e embrulhado em papel-alumínio as costeletas que haviam sobrado do backstage, para ter o que beliscar quando chegasse a Raleigh, três horas depois.

A noite estava linda, tranquila. Eu ouvia o zumbido das duas hélices mesmo usando os fones de ouvido, e a aeronave, que não tinha piloto automático, se mantinha estável, me permitindo contemplar as estrelas e a lua crescente. A previsão do tempo indicava céu claro, mas, ao me aproximar da costa leste, percebi trechos esbranquiçados de névoa e bruma perto do solo. Em voo, antecipar-se aos acontecimentos é crucial. Pedi atualização do aeroporto. O tempo piorava a cada minuto, a visibilidade caía e as nuvens baixavam. Peguei o mapa e uma lanterna, fiz algumas contas, calculando para onde iria se não desse para chegar a Raleigh, e uma checagem para ver se o tempo estava favorável em algum dos locais alternativos. A neblina não estava prevista, o que, segundo o pessoal de lá, é comum em certas épocas do ano.

Na verdade, parecia haver um sistema meteorológico pairando sobre o aeroporto de Raleigh. Todo o céu estava claro, e tomei nota de dois pequenos aeroportos que serviriam de opção se a pista não estivesse visível a duzentos pés do solo.

Desci e entrei na sopa esbranquiçada. O ar estava quente e úmido, as hélices soavam abafadas, os sinais luminosos vermelhos que piscavam na minha cauda difratavam e pulsavam em meio à neblina, projetando luz vermelha para dentro do cockpit em um sedutor show de luzes. Eu me sentia de volta ao útero, e até a harmonia vibrante das hélices soava como um coração pulsando.

É assim que as pessoas morrem, pensei.

Eram muitas distrações ao meu redor, e eu precisava me concentrar nos seis instrumentos no painel à minha frente. Eles eram a realidade e as únicas coisas que me mantinham vivo. Eu ficava de olho no sistema de pouso por

EDISON E O MOMENTO EURECA

instrumentos, pilotando a aeronave no manual, cada vez mais atento à medida que o solo se aproximava, invisível. Altitude, velocidade, velocidade vertical, barrinha à direita e à esquerda, altitude... velocidade, altitude... potência... *checklist...*

De repente, percebi que estava esgotado. Continuei tentando vencer essa barreira; não podia me dar ao luxo de sentir cansaço. Olhei pela janela lateral e de novo para os instrumentos: estava chegando aos duzentos pés... de repente, uma luz branca fraca, e em seguida a brutalidade cegante das luzes de aproximação. A pista cinza, a borracha molhada — e pousei.

Saí da pista e fiquei sentado por alguns minutos tentando entender em que parte do aeroporto estava. Taxiei até uma pequena rampa, vi que o local ainda estava tranquilo. Eram duas e meia da manhã. O sinalizador chamou um táxi para mim e levei minhas costeletas para um hotel. Ao trancar a aeronave, ouvi o ruído de um grande jato se aproximando. Como ainda estava próximo à pista, esperei. O ruído virou um rugido e ouvi o monstro dar a volta e desaparecer em meio ao nevoeiro. Concluí que talvez estivesse virando um piloto de verdade.

Troca de cérebros

Ser piloto era uma coisa, mas compor e produzir um filme era outra, bem mais complicada. Julian Doyle e eu vínhamos passando bastante tempo bebendo juntos. Depois de quase dez anos de frustração, decidimos tentar arrecadar dinheiro e fazer por contra própria o filme sobre Crowley, o que significaria baixo orçamento e nada de frescuras. Os primeiros filmes do Python haviam sido feitos exatamente desta forma, e Julian fora o responsável por grande parte da proeza cinematográfica que conferia às películas a aparência de algo bem acima de sua realidade financeira.

O problema de uma biografia de Crowley era a ausência de um eixo claramente definido. Embora ele fosse um visionário fascinante, excêntrico e narcisista, sua vida era um apanhado de episódios. Uma das grandes questões era sua morte, em 1947.

— Nosso orçamento não comporta filmagem de época — declarou Julian.

— Bem, ele morreu em 1947. É meio difícil fugir disso.

— Bem, não temos orçamento.

Àquela altura, minhas habilidades datilográficas com dois dedos já haviam produzido mais de oitocentas páginas de roteiro revisado. Suspirei.

Ficamos sentados em silêncio, e de repente uma lâmpada se acendeu sobre minha cabeça.

— A não ser... que a gente o traga para agora.

— Interessante.

TROCA DE CÉREBROS

— É isso aí. Vamos trazer Crowley para os dias de hoje e ver como ele se sai.

— Como?

Lembrei-me de um clássico filme B sci-fi chamado *Experiência diabólica*, no original, *Donovan's Brain* — o cérebro de Donovan.

— Uma máquina de troca de cérebros — proferi.

— Hein?

— Um dispositivo, um mecanismo. Talvez uma cerimônia. Alguém, sabe-se lá como, acha que se tornou Aleister Crowley.

— Tipo alquimia?

— Um casamento químico, como o de Christian Rosenkreuz.

Então ficamos entusiasmados. Julian recomendou que eu assistisse a um filme de Jacques Tourneur estrelado por Dana Andrews, *A noite do demônio*. O personagem do mago sinistro era um Aleister Crowley muito mal disfarçado.

Minhas oitocentas páginas foram para a lata de lixo metafórica e comecei tudo de novo. Só mantive as primeiras cinco páginas, que se passavam perto do cume do monte K2. Um bom número de investidores em potencial havia sido seduzido pela cena de abertura.

— A cena da montanha é maravilhosa, mas o orçamento não permite rodar em locação — disse Julian, animado.

Lamentei por dentro, mas no fundo eu sempre soubera que aquela cena iria dançar.

— Por que não viramos o filme do avesso? Vamos começar com a morte de Crowley — sugeri.

E assim, lentamente, começou a nascer a nova cara do filme. Antes de chegarmos sequer perto de rodá-lo, roubei seu excelente título para meu novo álbum, que se chamaria *The Chemical Wedding*.

Merck Mercuriadis, meu secretário pessoal, me deu sua opinião sobre o novo álbum: *Accident of Birth* me pusera de volta nos trilhos; com *The Chemical Wedding*, havia chegado a hora de eles me levarem a algum lugar.

Accident, porém, permanecia firmemente enraizado no metal tradicional. O gênero em si havia evoluído, e eu queria abraçar a evolução, mas me manter fiel à minha própria direção e integridade. Eu achava que *The Chemical Wedding* necessitava de um tema tão épico quanto alguns riffs que fluíam dos trastes das guitarras de Roy Z e Adrian Smith. É aí que entram a capa e o universo poético de William Blake.

237

BRUCE DICKINSON

Comecei a ler a excelente biografia de Blake escrita por Peter Ackroyd. Acho que é um de seus melhores livros — o outro é *Londres: uma biografia*. Eu tinha a sensação de que Ackroyd chegava perto de incorporar o espírito de Blake, fazendo o poeta se erguer das páginas e falar diretamente com o leitor. Ao dormir, eu tinha uns sonhos muito esquisitos, o que me fez começar a questionar se, de alguma forma, havia sido enfeitiçado pelo teimoso, mal-humorado mas transcendental Blake. Chegara a hora de me jogar no caldeirão criativo que era *The Chemical Wedding*.

A maior parte do álbum foi fortemente influenciada por Blake — não apenas no sentido literal, mas no espiritual. É quase certo que Blake tenha sido alquimista ou membro de um grupo relacionado ao ocultismo ou à filosofia mágica. Ao mesmo tempo, eu estava fascinado por seus personagens "Los" e "Urizen". Los (Sol ao contrário) era criativo e estava eternamente condenado a ter a cabeça mergulhada em um balde de fogo, simbolizando a tortura da alma incessantemente criativa. Acorrentado a uma pedra, Urizen era lúgubre e meditativo, o frio repositório da lógica.

Los e Urizen me pareciam personagens do subconsciente de Blake a encenar o drama de sua alma, expresso como arte e poesia. Eu tinha uma vaga ideia da sensação de amar a criatividade mas se sentir tolhido pela cruel realidade do lado comercial e pelo medo da mudança. Eu entendia Blake.

Aluguei um pequeno apartamento em Santa Mônica e enchi as paredes com impressões dos quadros de Blake. Achei que ficaria louco concebendo as letras do álbum. Eu entrava e saía de um estado onírico sem usar drogas.

Enquanto isso, no estúdio, Roy estava ocupado se desenferrujando no bandolim. Eu havia decidido reescrever o poema "Jerusalém", de Blake, menos como hino e mais como a composição poética pagã-alquímica que, a meu ver, representava seu real sentido. Imagino que Blake teria ficado horrorizado com minha interpretação jingoísta para sua mensagem antimaterialista.

Eu já havia usado referências de cartas de tarô em músicas do Maiden — sobretudo em "Revelations", com o Enforcado — mas trabalhar com Blake significava que o Louco, a Torre e os Amantes também poderiam fazer aparições em *The Chemical Wedding*.

Na capa, usamos uma pintura de Blake, *O fantasma de uma pulga*. A Sociedade Blake nos concedeu a permissão para usá-la, e, na época do lançamento do disco, o Departamento de Literatura Inglesa da Universidade de East Anglia me convidou para ministrar um seminário sobre William Blake. Vá entender. Aceitei com a maior satisfação, apesar de o professor encarregado ter me considerado maluco.

Quando chegou a hora de excursionar com *The Chemical Wedding*, houve um problema: Roy Z não estava disponível. Às vezes sua saúde ficava fragilizada durante as turnês; além disso, o sucesso do disco e sua fantástica recepção por parte da crítica o haviam colocado em ascensão como produtor.

Havia poucos músicos disponíveis capazes de substituí-lo. Concebemos um plano: Roy encontraria um amigo e o ensinaria a tocar as faixas. Foi então que adentramos o levemente bizarro mundo do "Guru".

A contribuição de Adrian na guitarra era o seu estilo único, mas eu precisava de alguém para se contrapor a seus solos circulares e imprevisíveis. Em resumo, precisava do irmão gêmeo idêntico guitarrista de Roy Z, mas esse tipo de cara andava em falta.

A sugestão de Roy foi treinar alguém, e esse alguém viria a ser um músico de Los Angeles chamado Richard Carrete.

A princípio, achei que não funcionaria. Os primeiros ensaios não deram muita liga, e tive a terrível sensação fatalista de que meu bote salva-vidas não tinha remo. O pânico quase nunca é solução para qualquer problema, portanto precisei relaxar em silêncio e ter paciência. Richard devia estar tão nervoso que foi um milagre ele sequer ter funcionado. Como muitos americanos, nunca havia saído do país; agora estava recebendo a chance de excursionar pela Europa com um de seus ídolos de infância.

Não sei bem de onde saiu o apelido de "Guru" para Richard, mas provavelmente de alguma brincadeira de fim de noite bebendo garrafas e mais garrafas de cerveja Negra Modelo e comprometendo nossos fígados. Então ele virou o Guru, ainda com a adição de um casaco de couro e óculos escuros no estilo *Easy Rider*.

Guru tivera lá seus infortúnios. Pouco tempos antes um cachorro comera seu carro, e sua namorada japonesa o largara usando as palavras: "Sua existência me incomoda."

No caso do carro, o cachorro em questão era um cão de guarda gigantesco e perigoso do qual Guru concordara em tomar conta enquanto um amigo viajava. O cachorro gostou do carro dele — especificamente do interior, que foi destruído e devorado.

No caso da namorada, Guru explicou que a enrolara em um carpete. Eu me sentei para ouvi-lo relembrar a história, os dois olhando fixo para nossas cervejas.

— Mas por que isso? Era um negócio meio Gengis Khan, tipo fetiche?

BRUCE DICKINSON

Nunca descobri, mas Guru sossegou, reinvadimos a Escandinávia e nos divertimos à beça.

O álbum e a turnê do *The Chemical Wedding* pavimentaram o caminho aberto por *Accident of Birth*, e de repente eu tinha um propósito, um significado e uma carreira de verdade como artista solo. E sabia que no Maidenworld a coisa não estava tão boa.

A banda teve dificuldade de se adaptar à diminuição do público, sobretudo nos Estados Unidos. Eu não estava me beneficiando do desconforto deles, mas a verdade é que meu destino passou a estar seguro nas minhas mãos.

Bob Dylan sabia para que lado o vento soprava. O Maiden tinha poucas opções, e uma delas era me pedir para voltar.

Parte de mim relutava em desistir da carreira solo. Eu tinha chegado longe, e na companhia de bons músicos e seres humanos. Havia aprendido muito sobre música, sobre composição, sobre canto e sobre minha própria voz. Não teria aprendido nada daquilo se tivesse continuado no curral do Maiden, arando sempre a mesma terra com o mesmo velho e confiável trator.

Quando veio o telefonema, observei, com um olhar entretido e irônico, o pisar em ovos diplomático nos bastidores antes do grande encontro entre mim e Steve Harris. Tudo foi feito com a habitual paranoia em relação à mídia. Não podíamos ser vistos conversando sem que houvesse um comunicado de imprensa.

Antes do encontro — na verdade, logo depois do primeiro telefonema —, convoquei Roy e a banda.

— Eles me chamaram de volta para o Maiden. O que acham? — perguntei.

— Cara, que maneiro! Você tem que ir.

Fiquei admirado. Na prática, eles estavam de saída da banda e de volta a seus empregos fixos — a não ser, talvez, por Roy.

— Sendo realista, não consigo manter uma carreira solo efetiva e estar no Maiden ao mesmo tempo. Sei que a banda vai demandar muito do meu tempo. Vamos ter que nos separar — disse.

Quem não entende o Iron Maiden nunca vai compreender o impacto da banda sobre a vida de muita gente. A banda representou um atestado pessoal de valor para milhões de pessoas ao longo dos anos. Bem além da música pop, da moda e do refugo e da decadência inútil das celebridades "instantâneas", o Maiden representava trabalho duro e tangível, substantivo e complexo, mas também visceral e agressivo.

240

TROCA DE CÉREBROS

Observei os rostos de meus colegas de banda. Acho que foi Eddie Casillas quem falou. Eddie era o carpinteiro que jamais formara uma gangue. Eddie tinha a casa segura perto da qual marginal algum brigava. Eddie era uma rocha e tocava baixo como uma rocha.

— Cara, você tem que voltar. O mundo precisa do Iron Maiden.

Eu jamais teria me intitulado um "flautista de Hamelin de bolso", mas pelo visto era esperado que eu liderasse uma nova tribo do Iron Maiden rumo ao terceiro milênio. Tinha umas ideias guardadas para jogar na mistura. Não eram planos concretos, mas algo melhor: visões despertadas pelos anos anteriores passados na natureza selvagem.

Nada como uma adversidade para revelar o que um indivíduo tem de melhor, e eu havia passado por meu próprio renascimento. Retornar ao Maiden significaria reiniciar a música das esferas. Se o universo havia sido congelado por alguns anos, naquele momento eu tinha a sensação de que podíamos atravessar muros de gelo e adentrar um mundo de fogo e paixão.

Eu me encontrei com Steve em um bar em Brighton, um local escondido próximo a uma marina, do tipo em que normalmente não pisaríamos nem mortos. Rod ficou à espreita, esperando pelos fogos de artifício, e achei todo o processo bastante divertido. Por trás da imagem de dois quarentões conversando em um bar deserto estavam as esperanças de milhões de fãs.

Steve me perguntou por que eu queria voltar. Respondi que era por achar que podíamos voltar a fazer coisas muito boas juntos.

— Justo — respondeu ele.

Também precisávamos lidar com o retorno de Adrian.

— Sempre quis ter três guitarristas — comentou Steve sem hesitar.

Eu sabia que, a partir dali, poderíamos ser muito melhores do que jamais tínhamos sido. Havíamos encarado o limbo e, de uma forma ou de outra, determinamos que era melhor arder em chamas e desistir do que desaparecer aos poucos.

O retorno ao Maiden acenderia o fogo para um futuro incendiário, e eu sentia prazer no desafio.

Primeiros passos no Goose

Com minha volta ao Iron Maiden, qualquer chance de trabalhar em uma companhia aérea se esvairia rapidamente. Por outro lado, meu retorno implicou um lucro inesperado, por isso decidi comprar um avião. Qual é o sentido de ter uma carteira recheada de brevês de dois continentes se eu estava preso ao chão?

Ao lado da escola de voo da Justice Aviation, em Santa Mônica, um cara chamado Ken Krueger vendia aviões. Eu pensava em uma aeronave com dois motores e seis assentos, muito semelhante à que havia feito o treinamento de voo na Europa.

Em exposição na rampa, havia uma amostra dos aviões que Ken disponibilizava para vender. Um deles chamou minha atenção. Era bem grande e enchia os olhos — um Cessna 421 Golden Eagle. Tinha ouvido dizer que era difícil operar seus motores e que ele não era muito confiável. Duke Morton, ex-piloto da Air America, que o havia pilotado, estava escutando minha conversa com Ken.

— Não tem nada de errado com esse avião — disse ele. — Eu o pilotei por anos. Nunca caiu. É uma boa aeronave.

— E os motores?

— Esses rumores são conversa fiada. Você só precisa operá-los direito.

O avião pertencera ao advogado de Arnold Schwarzenegger. Ele estava vendendo porque tinha comprado um King Air turboélice. Fui espiar o 421. Esse

PRIMEIROS PASSOS NO GOOSE

foi meu erro. Era pressurizado e subia a mais de 30 mil pés, caso você tivesse coragem e não se importasse com o sangramento no nariz. Contava com assentos confortáveis e privada (ok, um balde), e levava seis pessoas atrás e duas na frente.

Como em tudo na aviação, havia uma curva de aprendizado. O primeiro passo seria descobrir como operar o 421 e seus sistemas relativamente complexos. Ainda bem que contei com Joe Justice, diretor da escola de voo, para ser minha babá nas primeiras vezes. Depois alcei voo Estados Unidos afora em uma turnê do Iron Maiden.

Musicalmente, sem querer soar blasé, voltar para o Maiden foi como pôr meu par de botas favorito. Com o passar dos anos, havia cedido e continuava calçando perfeitamente. A diferença estava na intensidade e na sinergia renovadas. A confiança que eu havia adquirido com o trabalho solo e a evolução do alcance emocional da minha voz só adicionavam poder de fogo.

Comecei a preparar a aeronave, apelidada de "Bruce Goose" — ganso — para voar. O plano era ir direto da Califórnia até Bangor, no Maine, para pegar trajes de sobrevivência e botes salva-vidas, então seguir até Goose Bay, no Canadá, antes de reabastecer em Narsarsuaq, na Groenlândia, seguindo dali até a Islândia, onde tiraríamos um cochilo. O segurança do Iron Maiden, Jim Silvia, seria meu companheiro de voo. Jim era uma figura: tinha sido detetive em Nova York e trabalhado para o DEA e o FBI. Também era piloto particular e adorava uma aventura.

No dia seguinte, voaríamos até Wick, na ponta da Escócia, depois Luton e finalmente até o Paris-Le Bourget, antes de continuar a turnê do Iron Maiden. Como já era esperado a manutenção demorou uma semana a mais do que o previsto.

— O avião precisa de uma prova de voo — afirmou o engenheiro.

— Bem, vamos até Bangor. Se eu precisar voltar é porque não passou.

Ele deu de ombros.

— Ah, e o piloto automático não está funcionando.

— O quê?

— Desculpe. Os novos rádios não funcionam com ele, e a impressão é de que toda a unidade não está funcionando.

— Ai, ai...Vou levá-lo assim mesmo e consertá-lo na Europa.

Bangor estava sob neblina, e a visibilidade era de seiscentos metros. O tempo estava horrível. Fiz a aproximação, pousei manualmente, peguei os botes salva-vidas e decolamos para Goose Bay.

243

BRUCE DICKINSON

— É, pelo jeito o novo kit de navegação funciona bem — comentei enquanto ganhávamos altura e atravessávamos a camada de nuvens rumo a uma gloriosa aurora no norte do Canadá.

Por volta de dez e meia da manhã, pousamos, reabastecemos, tomamos um café e decolamos rumo à Groenlândia.

Cruzar o Atlântico pilotando manualmente soa intimidante, mas a aeronave era bem estável e seu manejo, tão bom que eu podia passar longos períodos sem o piloto automático e não ficava cansado.

Narsarsuaq é um conhecido e histórico campo de pouso. De um lado, há uma geleira cercada por uma cadeia de montanhas. Durante a Segunda Guerra Mundial e a Guerra Fria, foi uma importante base americana, conhecida como Bluie West 1, e muitos pilotos morreram se chocando contra o terreno ou tendo uma pane seca enquanto procuravam a pista em meio à neblina e ao nevoeiro.

Dei sorte, pois o céu estava claro. Subi a 21 mil pés para fazer a travessia, configurei a aeronave para que voasse praticamente sem que eu usasse as mãos e fiquei maravilhado com o milagre do GPS. Ao alcance dos dedos eu tinha minha posição precisa, um mapa móvel, a velocidade exata de solo e o tempo estimado de chegada.

Uma aeronave da Segunda Guerra Mundial teria sido despressurizada e estaria congelante. Havia um navegador debruçado sobre mapas, tentando adivinhar onde estariam e, por consequência, onde poderiam estar dali a algumas horas.

A arte da navegação inspirou "Ghost of the Navigator", do *Brave New World*.

Estávamos a pouco mais de meio caminho da Groenlândia quando Jim voltou ao cockpit.

— O que é essa luz vermelha? — perguntou.

Na maioria dos aviões, a luz de alerta de incêndio fica à vista, e uma ruidosa campainha chama a atenção de quem não reparar que seus olhos estão sendo atacados por carvões em brasa. Como o design do Cessna seguia padrões menos rigorosos, não havia qualquer sinal de alerta audível para acompanhar a luz de incêndio do motor, e além de tudo o dono anterior a mudara de lugar — estava abaixo do painel de instrumentos, próxima ao pé direito do piloto.

— Merda, há quanto tempo isso está piscando? — conjecturei em voz alta.

Olhei para o motor esquerdo pela janela. Não havia sinal de fogo, mas isso não significava que não houvesse algo acontecendo embaixo da capota. O

244

PRIMEIROS PASSOS NO GOOSE

Cessna 421 tinha um histórico de incêndios no exaustor do turbocompressor e era possível que um incêndio derretesse as linhas de transmissão de combustível. Isso faria o combustível em chamas ser canalizado para a longarina, que sustenta as asas. Na minha mente passou o filme nada agradável de uma asa despencando de um avião em chamas.

Chequei o medidor, o fluxo de combustível e a temperatura do gás do exaustor: tudo normal.

— Jim, vá aos fundos e me diga o que está saindo de trás do motor.

Jim olhou pela janela do passageiro.

— Tem um monte de coisa preta saindo.

Desliguei o motor.

Assim que a hélice parou de girar, a luz de alerta de incêndio ficou vermelha como um pimentão. As hélices eram embandeiráveis — podiam ficar em um ângulo no qual evitariam a corrente de ar, reduzindo o arrasto. Eu tinha uma pontinha de esperança de que fosse um alarme falso, ainda mais sabendo que a aeronave havia acabado de sair das mãos dos mecânicos.

Mas a luz continuava lá, e eu tinha apenas um extintor de incêndio.

— Não tem melhor hora para usar essa garrafa, Jim.

Reduzi a velocidade para aumentar a efetividade do extintor e apertei o botão que liberava o material.

A luz se apagou.

Fiquei perplexo. Será que tinha havido mesmo um incêndio? Esperei a asa cair. Não caiu.

Com apenas um motor, perdemos altitude lentamente ao longo das duas horas seguintes, até nos estabilizarmos em sete mil pés. Enviei um pedido de socorro, captado por um gentil piloto da Aer Lingus que estava muito acima de nós, e ele retransmitiu a mensagem às autoridades. Nunca tive a chance de agradecer a ele pessoalmente, então o jeito é oferecer esta pequena dedicatória.

De repente, a vastidão do oceano ficou vasta de verdade. Jim e eu fitamos o horizonte.

— Uma frota de navios — comentou Jim. — Podemos pousar perto de um.

Meia hora depois, percebemos que os navios eram icebergs.

O GPS nos guiou até a pista e, com pouco combustível, pousamos na Groenlândia. A segundos de tocar o solo, percebi a luz de alerta de incêndio piscar por um instante. Como eu suspeitava, provavelmente era alarme falso.

245

BRUCE DICKINSON

Desliguei tudo em meio ao frio ensolarado e calmo de um início de noite na Groenlândia, e então retiramos o motor esquerdo da proteção. Claramente não havia sofrido incêndio.

Na manhã seguinte, o céu estava claro e o tempo, gelado, quando saí para dar uma volta e fui recebido por montanhas em tons de azul e púrpura. A tristeza do lugar desfigurava sua beleza. No alto dos contrafortes, havia as ruínas de um hospital psiquiátrico do exército americano — só restavam os alicerces das cabanas que formavam um imponente complexo durante a Guerra Fria. Tratava-se um local de espera para soldados que estavam sofrendo trauma de guerra. Eram escondidos dos demais, de uma forma que hoje consideraríamos vergonhosa. Eles eram vistos como uma ameaça à moral da nação e, portanto, colocados na Groenlândia. Ali também ficava oculto um paiol cavado na montanha que margeava a pista. O pequeno museu particular que havia ali, infelizmente, estava fechado.

Meus problemas foram parcialmente solucionados por um sorridente engenheiro da Greenland Air.

— Ha ha ha... FOGO. Ha ha ha... FOGO.

Ele futucou por baixo da proteção do motor, e a luz de alerta de incêndio se acendeu.

— Muito engraçado — resmunguei. — O que foi isso?

— Fio solto. — Ele sorriu. — Não está mais solto.

A história da minha vida, pensei enquanto decolava e direcionava o avião para Paris.

Todo esse vai e vem, claro, era devido à turnê da minha volta ao Maiden, uma rápida reapresentação do cara aqui a um fã-clube entusiasmado. O principal acontecimento a seguir seria o lançamento do novo álbum, cujo título sugeri se chamar *Brave New World*, inspirado no romance *Admirável mundo novo*, de Aldous Huxley. Steve tinha uma casa em Faro, Portugal, e debandamos para as *villas* e os apartamentos de férias em uma colônia turística onde iríamos morar juntos e compor.

Faro é um lugar adorável no verão, mas no inverno é úmido e desolador. À noite, Janick e eu tremíamos sob pilhas de sobretudos.

Jogávamos golfe o tempo todo, primeiro por ser quase de graça, segundo porque, além de beber no pub local deserto, a vida fora do processo de composição das músicas era extremamente entediante.

Nicko é muito bom no golfe. Nick Faldo, ex-jogador profissional britânico, fez aulas de bateria com ele na esperança de ganhar a Ryder Cup

PRIMEIROS PASSOS NO GOOSE

(perdeu). Eu tentei — nos campos de treino de tacadas curtas e também no *green*. Tentei com a mão esquerda, a direita, este taco, aquele taco, mas golfe não é para mim. Nisso concordo com Mark Twain: golfe é o desperdício de uma boa caminhada. De qualquer forma, eu tentei, e admito se tratar de um esporte bastante desafiador e técnico. Eu costumava carregar os tacos para meu pai quando ele jogava em Sheffield. Encostas quase verticais, vendavais e nada daquela estúpida frescura elétrica para carregar inválidos — aquele trabalho, pelo menos, significava dor e sofrimento de verdade. Eu só aceitava carregar os tacos porque morria de tesão pela garota dentuça do bar do clube, isso até chegar perto e perceber que ela devia passar um cortador de grama nos antebraços.

Nicko era bom o bastante para jogar em um gramado difícil com gente difícil. Também considero Martin Birch um bom golfista, mas é graças a essa dupla que o campo de Wentworth esconde um segredo terrível. Nicko vivia tendo problemas com as calças em determinados campos, pois suas escolhas chamativas não eram aprovadas pelo comitê. Normalmente havia calças disponíveis para empréstimo. Não tenho certeza se na ocasião Nicko estava usando calças próprias ou as de outra pessoa, mas a cueca certamente era dele.

Em determinado momento, Martin estava com a atenção fixa na bola, se posicionando para a tacada. Atenção fixa na bola é outro modo de dizer: "Estou olhando para essa maldita bola e pensando em como acertar essa porcaria sem passar vergonha."

Martin ergueu o taco, e, nesse exato momento, Nicko soltou um peido tão violento, com direito a ar estufando o tecido da calça, que fez o sr. Birch mandar a bola para o lado errado.

Nicko McBrain havia cagado nas calças no gramado sagrado de Wentworth.

— Porra, Mart. Acho que peidei tão forte que caguei.

— Enterra — sugeriu Martin.

"Que isso sirva de lição para você, Goldfinger", talvez tivesse dito Sean Connery. "Agora entendo por que seu criado se chama Oddjob."

Voar, desviar

Estávamos energizados como banda. Soltei o verbo sobre o Metallica na frente da imprensa. Houve muita polêmica. Precisávamos voltar a ser *outsiders*. O Maiden não podia ser apenas a banda que está voltando, mas a que não tem papas na língua. Um toque de arrogância? Para falar a verdade, é isso mesmo. Mas mil vezes um quê de Muhammad Ali do que ficar sentado no canto feito um pastel. O problema é que, quando alguém se levanta e diz "Eu sou o melhor", é melhor cumprir a promessa.

A volta ao Rock in Rio nos proporcionou esse momento, e desta vez éramos a atração principal.

Acho que não dá para dizer que tocar para 250 mil pessoas foi algo mais íntimo do que para as mais de 300 mil que compareceram ao Rock in Rio de 1985, porém em 2001 certamente foi mais organizado.

À medida que o show se aproximava, cresciam a pressão e a expectativa. Uma audiência gigantesca assistiria à apresentação pela TV e só teríamos aquela oportunidade de fazer a gravação ao vivo. Passei dois dias trancado no meu quarto de hotel, no escuro, descansando e ensaiando mentalmente.

Quando subimos ao palco, eu me senti como um cachorro solto da coleira. Embora o calor e a umidade fossem sufocantes, a carga de adrenalina não baixava — a ponto de eu achar que meu coração iria explodir ou minhas pernas fraquejariam. Eu corria, pulava, cantava e voltava a pular, até que a sensação de náusea foi se esconder no fundo do estômago — e de repente tudo acabou. A cerveja gelada não surtiu efeito algum, de tão elétrico que eu estava. Levei quatro horas até começar a me acalmar.

O Maiden havia conseguido o que queria. *Brave New World* não era só o nome de um álbum; era nossa própria existência. O primeiro single, claro, havia sido "The Wicker Man", mas não a "The Wicker Man" do meu álbum solo. O cenário de palco exibia uma réplica da escultura queimada no filme homônimo, *O homem de palha*.

No clímax do show, eu seria arrastado para dentro do Homem de Palha por virgens trajando panos diáfanos. Na prática, usamos quem estivesse disponível, das meninas do bufê às namoradas, em geral cobertas apenas por lençóis velhos.

Na Noruega, dei sorte de escapar vivo. As ajudantes de palco eram robustas e levaram meu sacrifício a sério demais. Acabei com marcas de mordidas e arranhões. Parecia que eu havia me metido em uma cerca de arame farpado.

De volta para casa, aproveitei o tempo para me inscrever no curso de voo com tripulação acima de duas pessoas — na prática, uma ponte para o mundo das companhias aéreas. Passei duas semanas em uma sala de aula em Heathrow e vinte horas em um simulador, aprendendo o básico sobre voo com tripulação. Voar no Cessna havia sido uma experiência incrível, mas, na maior parte do tempo, pilotei sozinho. Companhias aéreas e a mentalidade de piloto solitário não se encaixam bem. Aprendi muito; gostei de me sentir parte de uma equipe.

Agora, Santa Mônica era a morada do Cessna. Após o fim da etapa europeia da turnê de *Brave New World*, retornamos aos Estados Unidos. Eu pilotara a aeronave na travessia do Atlântico, dessa vez por uma rota mais ao norte, para retomar a turnê em Toronto. Voltando à Califórnia, um médico de Santa Mônica comprou 50% do avião. Imaginei que seria mais barato mantê-lo por lá, até porque estava mais do que ocupado.

Eu ainda tinha um último álbum solo a fazer, por isso uni uma viagem a Los Angeles para compor com Roy à missão de vender a outra metade do Cessna. O médico queria fazer uma vistoria geral nos motores e projetar um novo interior — basicamente, transformá-lo em um novo avião —, além de instalar piloto automático. Concordei em bancar este último se ele comprasse de vez a aeronave.

Na volta ao Reino Unido, um amigo me pediu para acompanhá-lo em uma tarefa no simulador. Eu seria o "saco de areia" — o peso morto que atuaria como copiloto e o ajudaria a operar os sistemas no simulador de 737.

BRUCE DICKINSON

O sujeito nos fundos do simulador era o piloto-chefe da companhia aérea, por isso me comportei da melhor forma possível. Comandei o perfil de voo teste para dar um descanso ao meu amigo.

— Onde você aprendeu a pilotar assim? — perguntou o instrutor.

Expliquei que já voava pelos Estados Unidos e pela Europa, e cruzava o Atlântico sem piloto automático havia alguns anos.

— Me passe agora seu currículo — brincou ele.

— Engraçado você perguntar... — disse eu e puxei o envelope.

Conversamos um pouco, e ele me colocou na lista de "possíveis copilotos".

Consegui um emprego de meio expediente como piloto de voos panorâmicos partindo de High Wycombe e me apresentei como voluntário para alguns dias de trabalho comunitário. Certa noite, no início de junho de 2000, o telefone de casa tocou. Era o piloto-chefe do simulador.

— O que você vai fazer segunda-feira? — perguntou. Pelo tom de voz, tive a impressão de que ele mesmo responderia. — Curso de Boeing 757. Oito da manhã. Começa segunda. Tempo integral. Pode ser?

— Sim, com certeza.

Desliguei o telefone. Não tinha a menor ideia de como faria, mas na segunda-feira eu pensaria a respeito.

Apresentei-me em um centro de treinamento de voo da British Airways em Cranebank, lugar que tem o apelido nada carinhoso de Braincrank — jogo de palavras para dizer que ali o cérebro vai para o espaço. Eu estava fora da minha zona de conforto, era um peixe fora d'água. Minha vida tem sido uma sucessão de momentos do tipo "sair do espeto para cair na brasa". No fundo, acho que gosto disso. Ao aprender algo novo e superar adversidades, você se sente mais vivo do que nunca.

Até ali eu pertencia ao mundo privilegiado dos pilotos voluntários, mas a partir de então adentrei o universo implacável da aviação comercial. Como outro piloto comentou em seu próprio livro, obter o brevê para aviões comerciais é como tentar beber água direto de uma mangueira.

Acabei sendo contratado pela British World Airlines — uma das companhias aéreas independentes que se sustentaram por mais tempo no Reino Unido. A empresa trabalhava com terceirização. Quando outras companhias aéreas precisavam de capacidade extra no verão, a BWA fornecia. Os verões, portanto, eram movimentados, e os invernos um desespero, pois os aviões permaneciam ociosos em solo, mas os custos continuavam lá em cima.

VOAR, DESVIAR

Ao adquirir um 757 de médio curso, a ideia da companhia era quebrar este ciclo e passar a ter demanda o ano inteiro, com uma aeronave capaz tanto de cruzar o Atlântico quanto de operar um voo fretado de uma hora de duração.

A BWA pagava à British Airways o treino de pilotos para comandar a nova máquina, e eu fora designado para voar como copiloto da British Airways por vinte "setores", no intuito de acelerar meu treinamento prático.

O treinamento consiste em voos supervisionados com passageiros de verdade. Para fazê-los, você precisa passar nas provas teóricas sobre o sistema e a performance da aeronave, que levam três semanas e são pedreira. Depois, quinze sessões em simulador e uma checagem final.

Ainda por fazer: uma semana de treinamento de segurança, treinamento de uso de equipamento de emergência, treinamento contra incêndios, pular da rampa inflável de evacuação, abrir portas e, por fim, boiar em uma piscina dentro de um bote salva-vidas.

O Boeing 757 é um belo brutamontes. Belo porque tem um bico elegante, que lembra o de um cisne. Ele se projeta sobre o trem de pouso, parecendo uma ave de rapina ao se aproximar do solo. Brutamontes porque o louco benevolente que o projetou o dotou de dois motores, cada um com dezoito toneladas de empuxo.

Imagine o 757 como uma aeronave com metade da potência de um Jumbo atrelada a um quarto de seu peso. Um 757 de menor porte decola da pista com velocidade vertical de sessenta nós — uma razão de subida de cerca de seis mil pés por minuto.

Minha primeira decolagem vazia do aeroporto de Shannon foi opressiva. O mundo lá fora é muito mais real do que o simulador. O avião estava tão leve que a velocidade de decolagem era baixa, e eu parecia estar mais em um elevador do que em um avião comercial.

Com o treinamento básico completo, de uniforme, cabelo curto e equipado com o mais ridículo dos itens, um chapéu de piloto, apareci para meu primeiro dia de trabalho com passageiros.

Em 28 de julho de 2001, fiz a rota Heathrow-Frankfurt ida e volta, e depois Heathrow-Munique, e pernoitei na cidade alemã. Houve apenas uma vítima. Na minha segunda aterrissagem, a duzentos pés para o pouso em Londres, uma enorme gaivota branca surgiu de repente diante do para-brisa e veio direto para cima de mim. No último minuto desviou, passando por cima

251

BRUCE DICKINSON

do para-brisa, mas logo em seguida ouvi um baque ruidoso: ela se espatifou no alto do cockpit.

— Aquilo foi um ataque de pássaro? — murmurei enquanto nos aproximávamos do ponto de toque no solo.

— Mmm — foi a resposta.

Em Munique, fui de uniforme até o ponto e fiquei esperando o ônibus da tripulação que me levaria ao hotel. De canto de olho, avistei um fã do Iron Maiden, e ele também me viu. Coberto da cabeça aos pés com broches, usando camisa da banda e calça jeans cortada na altura do joelho, se aproximou, me encarou e perguntou:

— Com licença... o ônibus para Munique para nesse ponto?

— Humm, não. É o ponto a seguir.

Ele se virou e foi embora. Não sabia — ninguém sabia, além de mim — que eu era piloto de companhia aérea. Inacreditável.

Setembro negro

O Maiden passava por um momento de hiato. A poeira do meu retorno já havia assentado, e minhas bravatas à la Muhammad Ali diante da imprensa, no estilo "somos os melhores", não haviam sido bem digeridas. A verdade é que ninguém gosta de um metido, e ser assim é parte das atribuições de um vocalista.

A colocação crucial a meu respeito havia sido aquela que eu mesmo tinha feito sobre o *Brave New World*. Anunciei nossa intenção de apresentar um álbum que nos pusesse de volta na trilha de um futuro corajoso, e não um disco nostálgico ou um pastiche aguado de glórias passadas. Muitos céticos não acreditaram em mim, mas provamos que eles estavam errados.

Entre o verão e o outono de 2001, fiquei entre as casas de Janick e Adrian, rascunhando letras e melodias para faixas do novo álbum, *Dance of Death*. Meu interesse por ocultismo havia acarretado uma viagem à fortaleza arruinada de Montségur, na França. Só a subida até aquele castelo nas nuvens era de cair o queixo, mas caminhar pelo pouco que restara de seus muros deixou minha imaginação a mil. *Game of Thrones* não é nada comparado à carnificina ocorrida em Montségur, que levou à extinção do catarismo.

Nesse passeio pelo campo, resolvi fazer uma visita a Rennes-le-Château e à floresta arturiana de Brocéliande. A experiência do *The Chemical Wedding* e meu caso de amor com William Blake também influenciaram minhas aventuras incomuns.

Tudo isso ocorreu em meio à minha agenda de voo. Fiquei espantado com o que pode ser definido como um emprego "de verdade". Ao contrário

BRUCE DICKINSON

da música, na companhia aérea havia regras rígidas que ditavam o ritmo de trabalho, como nas ferrovias. Após o fim do voo, bastava cumprir com a burocracia e ir para casa relaxar. Que conceito genial. Comecei a gostar da recém-descoberta ociosidade. "Desculpe, não posso fazer isso, estou em *standby*" virou minha desculpa oficial para recusar vários convites.

Após realizar dezesseis voos, fui liberado da British Airways e entrei para a British World Airlines. O quartel-general ficava em Southend, mas a base das aeronaves era em Stansted.

Comecei a pilotar o único 757 da empresa e, durante uma curta folga, o Iron Maiden me pediu para ir a Nova York dar entrevistas. Seriam só alguns dias, além de uma entrevista à MTV na manhã do dia em que retornaria a Londres. A entrevista jamais ocorreu, nem o voo, porque aquele fatídico dia era 11 de setembro de 2001 — o dia em que os céus pararam.

Bom aluno que era, eu havia levado meu manual técnico do 757 para ajudar a passar os longos tempos de espera. Sentei-me com ele no terraço do hotel, onde havia um pequeno deque e uma piscina coberta.

De repente, uma senhorinha saltou do elevador e perguntou ao limpador da piscina:

— Ouviu falar alguma coisa sobre um avião que bateu no World Trade Center?

Levantei os olhos. Pensei em perguntar algo, mas me contive. Provavelmente um avião de pequeno porte, imaginei. Vários cruzavam a cidade diariamente, todos monomotores. Em Londres não era permitido, a não ser que fossem Spitfires sobre o Palácio de Buckingham em honra à rainha. Não era a primeira vez que um avião colidia com um edifício na cidade. Nos anos 1940, um bombardeiro da RAF se enfiara nos andares superiores do Empire State. Voltei a atenção ao manual do 757.

Mais gente saiu do elevador, e agora havia uma multidão no deque, todos olhando na direção do Greenwich Village — o hotel ficava perto da margem sul do Central Park.

— Que tipo de avião foi? — perguntei a alguém.

— Um avião comercial.

Baixei o manual. Aviões comerciais não se espatifam contra edifícios altos em manhãs claras de setembro assim. Fui para o deque. Não vi nada. Então ouvi o som dos jatos militares cortando o ar: dois, voando baixo.

Isto não é nada bom, pensei, *e talvez não seja muito inteligente permanecer no terraço*.

254

SETEMBRO NEGRO

Voltei para o quarto e liguei a TV. Uma torre havia caído, a outra estava em chamas. Meu celular tocou. Era Merck Mercuriadis.

— Viu o que está acontecendo? — perguntou.

Telefonei para a recepção.

— Quero prolongar minha estada.

Ninguém sairia de Nova York tão cedo.

O pós-atentado foi como um sonho lento e surreal. A carnificina horrenda do Marco Zero em contraste com o calmo e pacífico centro da cidade; milhares de pessoas simplesmente caminhando ao sol em contraste com as sirenes. Vi caminhões de bombeiros atravessarem a Oitava Avenida em disparada na direção da cena do atentado. Os bombeiros estavam completamente marrons e cinza, cobertos da cabeça aos pés com a sujeira tóxica do prédio. Na sarjeta jazia o ursinho de pelúcia de uma criança, também sujo de poeira, largado em uma poça de água que vazara das mangueiras do caminhão de bombeiros. Seus olhos costurados pareciam dizer: "Toda minha inocência se foi."

Os bares de Nova York estavam lotados. O noticiário não parava de reprisar as imagens, e a cada minuto um novo "pacote suspeito" era descoberto.

No dia seguinte, perambulei pelas ruas e tentei doar sangue, mas foi em vão. A fila para doação dobrava o quarteirão, mas infelizmente nem todo o sangue do mundo traria as vítimas de volta. Fomos mandados para casa com pedacinhos de papel que diziam que seríamos contatados caso necessário.

Nova York parecia uma cidade fantasma. Uma estranha cortina de fumaça branca e vapor emanava do Marco Zero. O vento mudara de direção; com isso, a poeira suspensa, com tudo o mais que pudesse conter, queimou meus pulmões.

— Mais saudável ficar com as portas fechadas — foi minha reação.

Nova York estava sitiada, e o aeroporto, mergulhado no caos enquanto as atividades normais lentamente se restabeleciam; milhares de pessoas acampavam dentro e ao redor dos terminais do JFK. Era como assistir a cinejornais da evacuação de Saigon, mas nos Estados Unidos no século XXI. Após cinco dias ilhado, finalmente consegui voltar.

Os ataques de 11 de setembro mudaram tudo. O mundo tornou-se paranoico, o bom senso foi jogado pela janela e políticos, loucos para aparecer, entraram em confronto com pilotos que consideravam muitas das medidas de segurança mera perfumaria. O caso mais emblemático foi o embate quanto à política sobre líquidos, logo após o atentado. Durante um voo, o comandante

255

BRUCE DICKINSON

com quem eu trabalhava ficou furioso quando confiscaram sua garrafa de água.

— Se eu quiser fazer um estrago, tenho 34 toneladas de querosene a seiscentos nós — esbravejou.

Mas não adiantou. Eu mesmo quase me dei mal por causa de duas latas de feijão cozido. A segurança as tirou de mim.

— O que é isso?

A resposta estava no rótulo.

— Tem líquido aqui — afirmou ela, em tom desafiador.

— Sim, molho de tomate — confirmei.

— Bem, tem mais de cem mililitros?

Felizmente um supervisor interviu. Inspecionou as latas com um sorriso diabólico.

— Ah — disse ele. — Veja, são feijões cozidos da Marks & Spencer. — E virou-se para minha acusadora. — Não tem muito líquido nas latas de feijão da Marks & Spencer. É praticamente só feijão.

O melhor de todos foi o comandante Clusterfuck. Seu nome verdadeiro não é esse, mas é parecido. Ele cogitara passar pela segurança do aeroporto de Gatwick com um gigantesco bolo de frutas de marzipã. Quando o bolo passou pelo raio X, as sirenes tocaram, luzes vermelhas piscaram e o operador da máquina ficou pálido. O bolo de frutas aparecia na máquina como uma substância altamente explosiva, e o problema era o marzipã. Gelatina explosiva tem o mesmo cheiro de amêndoas.

O mundo mudou para sempre, e uma das vítimas foi minha primeira companhia aérea. A British World pediu falência pouco antes do Natal de 2001. Eu era um piloto de Boeing 757 plenamente qualificado e treinado, nada muito útil em um mundo no qual a indústria da aviação ia de mal a pior. O consolo era que agora eu não precisaria dar desculpas à empresa para trabalhar em um novo álbum do Iron Maiden.

POR POUCO

Foi decidido que 2002 seria um ano de descanso e restabelecimento para a banda. O Maiden havia apanhado, mas saíra mais intacto do que nunca. Como de hábito, minha ideia de descanso e restabelecimento era mordiscar alguns novos projetos.

O tempo apagou a lembrança de quem sugeriu uma versão metal dos Três Tenores. A ideia era interessante. Empresários e agentes, estes em particular, salivavam com a perspectiva de lotarem casas de shows comigo e mais duas lendas soltando nossos trinados. Ideia bacana, mas como sempre o problema estava nos detalhes.

Eu queria Ronnie Dio, do Black Sabbath e do Rainbow, e Rob Halford, do Judas Priest, e creio que eles também teriam sido as escolhas de qualquer outra pessoa no planeta, só que Rod Smallwood era veementemente contra Ronnie, suspeito eu que por não se dar muito bem com sua empresária, Wendy Dio. De qualquer forma, sugeriu Geoff Tate, do Queensrÿche, para completar o triunvirato.

Fui a L.A. para tentar compor um álbum com Roy Z para o projeto. Mesmo com Geoff Tate a bordo, foi difícil criar o álbum. Eu queria que a gravação usasse os pontos fortes das três vozes, mas também as combinasse de formas inesperadas — pedido ambicioso demais para tão pouco tempo de produção.

A música que Roy e eu criamos chamava-se "Tyranny of Souls" e era calcada nas três bruxas de *Macbeth*. Cada bruxa corresponde a uma voz, e eu

BRUCE DICKINSON

compus melodia, fraseado e letra de modo a refletir o que me parecia a essência de meus colegas tenores. Na demo, cheguei a imitar um pouco os estilos deles, para que tivessem uma ideia da intenção do projeto. Mas "Tyranny of Souls" era apenas uma música. Eu precisaria de muitas mais para um álbum com material que fizesse jus aos três. Havia imaginado uma configuração e apresentação de palco ajustadas à demo, mas seria preciso pensar e projetar muito mais para entreter uma plateia por duas horas. Não bastava afixar as vigas mestras vocais para formar a Capela Sistina.

A pressão dos empresários me levou a refletir longa e minuciosamente sobre a ideia. Minha atitude foi: se não havia tempo para fazer tudo direito, melhor não fazer.

Um encontro com Geoff Tate selou o destino do projeto. Não nos entendemos quanto a praticamente nada. Para começo de conversa, eu nunca o quisera no trio. Se dependesse de mim, teria sido Ronnie Dio.

Com isso, "Tyranny of Souls" foi reciclada e transformada na faixa-título de meu novo, e último, álbum solo de estúdio, que, de resto, ainda não existia. Aliás, eu não teria como compô-lo por um tempo: acabara de ser sondado para uma companhia aérea iniciante, surgida das cinzas da British World Airlines.

Em meados de fevereiro, lá estava eu levando móveis para o velho edifício comercial de Richard Branson, de onde ele coordenava suas aventuras de balão. As escrivaninhas e cadeiras tinham saído de uma caçamba de lixo, inclusive uma mesa de sala de reuniões muito bonita que a British Airways havia considerado de qualidade inferior.

A companhia se chamava Astraeus e emergiu como uma fênix das cinzas da British World Airlines e dos destroços da Go, subsidiária da B.A. Era o início da melhor experiência que já vivi com uma companhia aérea.

Mesmo quando o universo Maiden parecia adormecido aos olhos externos, sempre havia muita coisa acontecendo. Mesmo em ponto morto, administrar a banda é uma grande responsabilidade, e havíamos abraçado o desafio de Clive Burr e sua luta contra a esclerose múltipla. Em março de 2002, fizemos o primeiro de uma série de shows beneficentes na Brixton Academy. A irreverência vibrante de Clive continuava intacta, mesmo que sua condição lhe dificultasse ter qualquer equilíbrio. Em um dia ele poderia estar andando, no outro confinado à cadeira de rodas. A doença não tinha um caminho definido, a não ser o fato de atualmente não ter cura.

POR POUCO

Clive era um grande aficionado pela história da Segunda Guerra Mundial, e conversamos sobre aviões e sobre o fato de que eu estava prestes a iniciar um curso para aprender a pilotar um 737.

Em maio, eu estava em Gatwick, debruçado sobre um programa de treinamento computadorizado que suspeitei ser uma cópia pirata do software da Lufthansa. A pista estava nas piadas horríveis que apareciam a cada quarenta minutos: "Então agorra você saberr tudo sobre o sistema de ar-condicionada da 737 — você é um carra cuca frresca."

As etapas a cumprir eram as mesmas da British Airways; portanto, depois do curso teórico, do simulador e do treinamento de base, iniciei o treinamento do dia a dia da labuta, que foi reduzido em função da minha experiência como copiloto de um 757. Vivi uma situação muito curiosa em meu primeiro dia de trabalho.

Iríamos de Gatwick a Faro, um voo lotado com 148 passageiros a bordo de um velho e castigado 737-300. Após a falência da British World, a Astraeus havia herdado seus dois 737, ambos com bastante tempo de voo. Estava um dia lindo e, a partir de 150 milhas para o aeródromo, Faro realizou uma vetoração radar para uma final vizual de doze milhas. Basicamente, o céu era nosso. Iniciei a descida, fiz uma curva à direita na direção da pista e comecei a diminuir a velocidade. Já enxergava a cabeceira.

—Visual, desconectando piloto automático.

O alarme sonoro da desconexão do piloto automático foi silenciado por um segundo aperto do botão. Meus olhos se fixavam no panorama da janela, calculando visualmente a aproximação final.

— Flaps, um — comandei.

A mão do comandante posicionou a alavanca de flaps na posição 1.

—Velocidade, 190.

O comandante de treinamento girou o botão da velocidade para 190. Reduzi o empuxo.

— Flaps, cinco. Velocidade, 180.

Dei uma espiada na velocidade aerodinâmica. Não estávamos desacelerando quase nada. Merda.

— Baixar trem de pouso. Flaps, quinze. Velocidade, 150.

O estrondo do trem de pouso no fluxo de ar soou reconfortante, mas estávamos a cerca de 1.200 pés do solo e a velocidade não diminuía.

— Eu ajudo você — disse o comandante de treinamento e puxou o freio aerodinâmico. O freio aerodinâmico consiste em duas placas em cada asa, que

259

BRUCE DICKINSON

se erguem para dentro da corrente de ar, dando fim à sustentação e aumentando o arrasto da aeronave. A velocidade diminuiu um pouco, mas nem de perto o suficiente.

A oitocentos pés do solo, o avião estremeceu, e a roda de controle sacudiu violentamente enquanto o vibrador de manche era ativado. Estávamos quase em estol, e o sr. Boeing gosta que você esteja ciente disso, por isso instalou um sistema que deixa seus nervos à flor da pele sempre que você se aproxima de um estol. É o sistema do vibrador de manche, e o que ele faz é exatamente isto: vibrar.

Olhei para baixo. A alavanca de flaps estava em quinze, mas o medidor dizia outra coisa. Os flaps não haviam saído. Não à toa a velocidade continuava a mesma. Eu estava olhando pela janela; o comandante de treinamento provavelmente estava monitorando minha pilotagem. Mas o fato era que continuávamos a ponto de um estol a oitocentos pés do solo com 148 passageiros a bordo.

— Arremetendo — informei, mas aquela era uma situação bem diferente. Eu confundi, sob estresse, com o 757 e avancei as manetes além do batente.

— Merda. Não faça isso, os motores vão derreter! — exclamou o comandante de treinamento.

O 737 não tinha proteções automáticas, como o 757. De qualquer forma, iniciei uma curva rasante para a esquerda, na direção do oceano, enquanto a velocidade aumentava. Com a velocidade aerodinâmica a razoáveis 210 nós, entramos em espera ao largo da costa a dois mil pés do solo. Teríamos apenas vinte minutos para resolver a situação antes que o combustível atingisse o nível crítico. No fim das contas, todos os esforços para fazer com que os flaps ou aerofólios auxiliares se abrissem não deram em nada. Após dez minutos, a única opção era pousar sem flaps ou aerofólios em Faro.

— Acho melhor você assumir aqui — disse eu ao comandante, então fui checar as tabelas de performance para descobrir se conseguiríamos parar até o fim da pista ou não.

Estávamos com dois ou três nós acima da velocidade máxima quando pousamos acima de duzentos nós. Com nossos eternos agradecimentos à Boeing, o 737 parou a 45 metros do fim da pista, e ejetamos os passageiros. Nunca descobrimos como começou o problema. Os engenheiros portugueses queriam desmontar a asa ali mesmo. Decidimos telefonar para casa, no melhor estilo *E.T.*, e falar com nossos engenheiros. O conselho foi curto e grosso:

POR POUCO

— Desliguem o avião. Esperem quinze minutos e religuem.

Obedecemos, e funcionou. Os engenheiros portugueses foram embora resmungando.

Naquele verão, voei para todo canto: Funchal, Innsbruck e Sharm El Sheikh, além de todos os destinos procurados nas férias — ilhas gregas, Alicante, Málaga e Palma de Mallorca.

Eu havia me esforçado tanto no curso teórico para 737 que me ofereci para escrever um guia de estudos para pilotos iniciantes. Quando o terminei, fui contratado pelo departamento de treinamento e despachado rumo a Amsterdã para ministrar cursos teóricos e testes após as aulas práticas. Eu deveria ser um astro do rock doidão e drogado, mas lá estava eu, em um simulador, ensinando procedimentos-padrão da empresa. Vá entender.

Adorei a experiência. Lembrei-me de como achara tudo difícil ao iniciar o treinamento e estava determinado a encorajar outros a não desistirem diante das dificuldades que certamente apareceriam.

Eu continuava na esgrima, mas sem qualquer expectativa de sucesso como o que tivera dez anos antes. Estava com 43 anos, ainda em ótima forma, mas já começava a sofrer lesões — e elas demoravam mais a curar. O florete é uma arma instável e força as pernas. Para minha sorte, correr pelo palco com o Maiden deixava as minhas em forma. No calor da disputa, porém, minha elasticidade pedia arrego um pouquinho antes que os adversários, para minha enorme irritação e benefício deles.

Ao longo do verão e do outono de 2002, fiz trezentas horas de voo no 737. Àquela altura, a Astraeus havia acrescentado dois 737 de última geração à frota, e, no espaço de um ano, tínhamos quatro aeronaves.

Alguns daqueles aviões eram velhos, por isso, quando havia falhas de equipamento, éramos obrigados a comandá-los na mão mesmo. Certo dia, apareci para trabalhar. A missão era Gatwick-Atenas, ida e volta, só que o avião estava quebrado e nenhum dos pilotos automáticos estava funcionando. Minha expectativa era estar de volta em casa, assistindo à programação noturna da TV na cama, por volta de uma da manhã. Pois esta foi a hora em que decolamos. Pilotamos a aeronave no braço até Atenas e voltamos de madrugada, pousando às nove da manhã. Eu estava tão cansado que mal conseguia enxergar as faixas brancas na rua ao dirigir para casa. Parei o carro no acostamento e dormi por três horas. O tipo da experiência que forma caráter.

BRUCE DICKINSON

Em comparação, sair em turnê com o Iron Maiden era como entrar de férias. A iminente turnê Give Me Ed Till I'm Dead seria uma ótima válvula de escape para aquecer as cordas vocais antes da turnê oficial do álbum *Dance of Death*, que se estenderia até 2004.

O álbum, é claro, já estava pronto. Tínhamos feito a gravação em Notting Hill, região boêmia na zona oeste de Londres. O estúdio, na época chamado SARM West, tinha muita história. Jimi Hendrix morara em um apartamento acima dele, e uma enorme banheira embutida havia sido instalada ali a pedido de Bob Marley, que adorava ficar de molho para fumar. Para mim, o álbum como um todo não era tão bom quanto *Brave New World*. Era como se tivéssemos sofrido uma pequena ressaca criativa e estivéssemos forçando de leve a barra para superar o trabalho anterior. A única exceção, a meu ver, era "Paschendale", composição solo de Adrian.

Essa música era de cair o queixo, em termos de letra, música e emoção. Nos fornecia uma narrativa a reproduzir no palco. Eu me dediquei a isso, lançando mão de arame farpado, bonecos fazendo as vezes de cadáveres e holofotes portáteis para esquadrinhar o público.

A capa também foi polêmica. Uma versão parcialmente finalizada foi apresentada, mas Steve a adorou e não permitiu mais mudanças. Pessoalmente, ainda a considero vergonhosa. Tínhamos uma forte tradição de fazer capas extraordinárias e antológicas, por isso achei que talvez o ilustrador devesse ter tido mais voz ativa, já que a parte gráfica era seu meio por excelência. Ele ficou tão constrangido que retirou o nome dos créditos. Não o culpo.

Eu continuava pilotando o 737 para cima e para baixo pela Astraeus, e assim foi até o início da turnê Give Me Ed Till I'm Dead. Refletindo hoje sobre o cronograma, percebo como ele era exaustivo e a pressão, forte, pois havíamos passado a ser a atração principal em arenas ou locais ainda maiores, e quase um quarto dos shows era ao ar livre. A ideia era estabelecer a marca do álbum *Dance of Death* com uma turnê essencialmente composta de grandes sucessos.

A turnê Give Me Ed Till I'm Dead, com seu duplo sentido não muito sutil, teve mais de cinquenta shows e passou por dois continentes em três meses, desaguando na turnê de *Dance of Death*. No intervalo entre os quarenta shows na Europa, eu retomava a rotina com o 737, e com isso acumulei mais cem horas de voo. Nenhuma reclamação quanto aos voos "casca grossa", mas eu ansiava por algo mais interessante e romântico. Comprei parte de um biplano alemão, um Bücker Jungmann.

POR POUCO

Remontando a antes da Segunda Guerra Mundial, o Bücker Jungmann era uma das principais aeronaves usadas pela Luftwaffe em treinamentos. Tinha cockpit aberto, com lona e madeira, e decolava de pistas de grama. E o melhor: fazia lindos parafusos e, nas mãos certas (não as minhas), era uma graciosa aeronave acrobática. Acho que ele me ajudou a aprimorar o pouso com jatos. Foi uma reconexão com os elementos básicos.

Em janeiro de 2004, a *Dance of Death* voltou a bombardear o mundo, passando por América Latina, América do Norte e Japão. Tocamos por duas noites no Universal Amphitheatre, em Los Angeles. O público era surpreendentemente barulhento para um local tão bem-comportado, e eu saí voando, mas não da forma que gostaria.

Tropeços, escorregões e tombos fazem parte dos riscos de pular no palco segurando microfones e guitarras. Ao longo dos anos, já caí em frente a milhares de pessoas e, na maioria das vezes, me levantei relativamente ileso. Janick não teve a mesma sorte em um show em Mannheim, na Alemanha. Caiu de cabeça numa viga de aço e despencou vários metros de cima do palco. Fiquei horrorizado — achei que ele tinha morrido. Seu corpo inconsciente jazia ao pé do palco, a cabeça ensanguentada e os membros em posições estranhas. Ele não se mexia e não dava para ver se estava respirando. Tudo aconteceu em um piscar de olhos — um escorregão, e lá se foi ele. Janick levou semanas — na verdade, meses — para se recuperar por completo. Meu destino também foi selado de forma repentina e indiretamente teve a ver com as comemorações do aniversário de Janick.

Nos nossos primeiros anos de banda, aniversários eram datas a serem comemoradas, em especial quando ainda não éramos velhos a ponto de calcular a idade por técnicas de radiocarbono ou contagem de anéis, como se fôssemos árvores. As celebrações costumavam terminar com pratos de papel cheios de creme de barbear sendo espalhados na cabeça do pobre aniversariante.

Com o tempo, descobriríamos que creme de barbear tem um gosto horrível e arde à beça, então passamos a usar chantilly. Alguns pratos haviam sido colocados nas passarelas ao fundo do palco, ao lado da extremidade frontal do praticável da bateria de Nicko. O piso de madeira da passarela era preto fosco. O chantilly impregnou as placas de madeira e ficou invisível, mas o piso ficou escorregadio feito uma poça de óleo. Eu tinha o hábito de correr até a beira da plataforma e fazer uma pausa dramática — só que não houve pausa. Em uma fração de segundo, minha cabeça foi de 3,5 metros acima do palco

BRUCE DICKINSON

direto para a pancada. Aconteceu tão rápido que a banda não reparou; tão rápido que, para minha decepção, a queda não foi sequer registrada em vídeo. Quando se precisa de uma gravação pirata, não dá para contar com ninguém.

Como na maioria dos acidentes, tudo se passa em câmera lenta até o instante do impacto. Depois disso, dói. Tentando controlar as pernas e parar, fui de cabeça na bateria. Na hora, pensei: preciso de um plano para proteger as costelas. Vou cair sobre o ombro e rolar. Mas antes de atingir o palco em si eu ainda precisava cair sobre o bumbo e alguns degraus de alumínio. Estiquei o braço esquerdo, que não estava segurando o microfone. Tentaria ricochetear no bumbo e rolar para a frente, na direção do palco.

Mas eu não havia considerado os pratos, e o espaço entre o mindinho e o anular ficou preso no ferrolho no alto de um prato de ataque. Meu braço esquerdo foi puxado para trás, e a torção nas costas e a sensação dos músculos do peito rasgando me fizeram cair de costas sobre a bateria. Rolei para a frente e me levantei ainda segurando o microfone. Continuei o show, mas a dor era intensa. Na noite seguinte, quando voamos para o Japão, ela continuava. Eu estava um caco.

No primeiro show no Japão, dei um jeito nas costas e passei as quatro semanas seguintes mancando — na primeira semana, usei bengala.

Eu era esperado em L.A. para finalizar os vocais do álbum *Tyranny of Souls*. Roy havia me enviado diversas backing tracks, e escrevi as letras manquitolando pela rua com fones de ouvido.

Voltei a L.A. e montei uma cama ao lado do microfone no estúdio na casa de Roy. Cantava por uns cinco minutos e me deitava. Não estava nada feliz, mas o incrível é que o álbum soava fantástico. Foi lançado com pouquíssimo alarde, mas nos anos seguintes ganharia um sólido fã-clube.

Bruce arrumadinho

Meu trabalho de aviador havia me proporcionado uma sondagem de uma produtora de TV com interesse em fazer um programa para o Discovery Channel. O título seria *Heavy metal no ar*.

Eu já havia feito videoclipes e continuava ocupado no roteiro de *Chemical Wedding*, mas documentários para a TV eram território não explorado. Como em todo o resto, foi um aprendizado abrupto, porém divertido.

A ideia inicial não era muito bem estruturada — basicamente era calcada em mim, enquanto eu zanzava e pilotava aviões. Não sou fã de programas centrados em celebridades. Queria uma estrutura definida e uma história. O estilo de filmagem poderia aludir à questão da celebridade, mas o conteúdo tinha de fornecer uma base sólida. A produtora, Ricochet, pretendia alocar três meses para rodar cinco episódios de meia hora cada; eu lhes disse que poderia fazer isso em um terço do tempo, incluindo duas semanas nos Estados Unidos.

Com isso, o cronograma foi bem apertado, com longos dias de filmagem, mas o resultado foi fantástico. Sempre havia uma tensão quanto ao roteiro, que foi simplificado demais e era frequentemente ignorado por mim, reescrevendo-o na hora.

Muitos dos melhores trechos de entrevistas nunca foram ao ar, do contrário teríamos feito dez programas de uma hora cada, e aí, sim, teríamos filmado por três meses.

BRUCE DICKINSON

A filmagem em que pilotei o protótipo do Airbus A320 foi típica. Como o avião estava cheio de equipamentos experimentais, eu só teria autorização legal para comandá-lo com um piloto de testes a bordo. Logo, poderia fazer coisas que muitos pilotos de Airbus só fizeram no simulador, uma delas um *tailslide* sobre os Pireneus com motores em marcha lenta. O Airbus tem todo tipo de proteção em seus controles de voo normais, como prevenção contra manobras ineptas — por exemplo, o sistema de controle não permite curvas inclinadas em ângulo superior a sessenta graus.

O diretor havia apontado a câmera para minhas costas, enquanto imagens do meu rosto eram capturadas por câmeras GoPro. Ele estava espremido fora do meu ângulo de visão, deitado no piso da cabine de comando, atrás do meu assento.

—Tem como você dizer "Sessenta graus, e o Airbus diz que não dá para ir além disso"? — gritou, enquanto eu inclinava a aeronave.

— Ok — respondi e repeti a fala.

—Ah, faz de novo? O sol estava meio esquisito no seu rosto.

O piloto de testes se inclinou e sussurrou gentilmente no meu ouvido:

— Não deixe muito tempo a sessenta graus, parceiro. As leis da física ainda estão valendo.

Depois, nos Estados Unidos, estava previsto que eu pilotasse o Boeing 727, um cargueiro vazio. O diretor deixou claro:

— Agora escute: não temos seguro de vida para você decolar e pousar.

— Ok.

O comandante foi para seu assento; havia um engenheiro de voo a bordo, uma novidade para mim. Demos partida nos motores e taxiamos até o avião estar em posição na pista deserta, no meio dos Everglades.

—Você pilota 757, certo? — perguntou o comandante.

—A-hã.

— É um avião foda. Eu costumava pilotar também. — Refletiu por um momento e prosseguiu: — Ordens e procedimentos padrão da Boeing: o controle é seu.

Para minha surpresa, uma mão peluda agarrou os três manetes de aceleração e os empurrou para a frente, aprontando-nos para a decolagem. Era o engenheiro de voo — e aquela era a sua função. O avião começou a se mexer; minhas mãos estavam no manche, meus pés, nos pedais do leme.

— O que você está fazendo? — guinchou o diretor.

266

BRUCE ARRUMADINHO

— Decolando.

— Mas você não tem seguro — disse ele, assustado.

— Mas eu tenho — disse o comandante, sorrindo enquanto eu puxava os controles para trás e a sublime criação da Boeing cortava elegantemente o ar quente da Flórida.

O programa foi ao ar no início de 2005. Foi um grande sucesso, com audiência surpreendentemente boa junto à plateia feminina, para felicidade total da emissora.

Eu ainda faria um segundo programa de TV, embora pudesse ter feito muitos mais, caso desejasse. A Sky estava produzindo uma série cujo título era *Inside...*, seguido do tema. Um se chamava *Inside Wayne Rooney*, por exemplo. O produtor era o mesmo que encomendara *Heavy metal no ar* — ele não trabalhava mais para o Discovery Channel. Almoçamos para discutir minha participação, o que me fez sentir tremendamente adulto.

— Estou sem tempo nenhum. Sei como essas coisas demoram. Olha, qual é o episódio mais bobo que você tem?

— *Por dentro da combustão espontânea humana.*

— Maravilha. Bizarrice total. Posso fazer só esse?

Documentários são divertidos, pois transformam conhecimento em entretenimento, mas de lá para cá já recusei mais de vinte séries. Simplesmente não tenho tempo.

267

O que poderia dar errado?

No verão de 2005, fizemos uma turnê pelos Estados Unidos, seguida de uma curta passagem por festivais na Europa. Ao todo foram sete semanas e, depois desse período, minha ânsia por compor estava mais forte do que nunca. Steve e eu estávamos entrando em sintonia e comecei a sentir arrepios como os que havia sentido antes do álbum *Seventh Son*. Se nos permitíssemos trabalhar com calma, sem pressa, o álbum seguinte prometia.

Reservamos bastante tempo, mas utilizamos pouco dele. Era difícil dar conta da quantidade de ideias que se atropelavam. O álbum estava a ponto de se tornar duplo, mas seguramos a onda, pois não queríamos despejar sobre a plateia mais do que ela era capaz de digerir.

Estava claro que um tema percorria o disco. Eu resgatara uma música de *Skunkworks*, "Strange Death in Paradise", e a redesenhara para o Maiden como "Brighter than a Thousand Suns". Era sobre a bomba atômica e sobre o fato de sermos crias da Guerra Fria. Os temas guerra e conflito dominavam o álbum. Sugeri o título *A Matter of Life and Death*, em homenagem ao clássico épico [no Brasil, *Neste mundo e no outro*] dirigido por Michael Powell e Emeric Pressburger, um dos meus filmes preferidos.

O título tinha a vantagem de não ser exclusivamente sobre guerra; na verdade, o filme é uma história de redenção através do amor. Assim, o título poderia dar conta de uma ampla gama de tópicos sem ser específico a nenhuma das músicas. Em uma palavra, era enigmático.

O QUE PODERIA DAR ERRADO?

Já a capa não era nem um pouco enigmática: esqueletos zumbis mercenários escoltando um tanque de guerra com um Eddie de uniforme militar. Fomos conversar com Rod.

— Queremos um tanque e um canhão grande para cacete no palco.

A coisa entrara no terreno das fantasias de meninos. A sutileza passou longe. Era o apocalipse, e ponto final. Gravamos novamente no SARM, em Notting Hill, e mandamos ver. Em vários momentos, o primeiro take acabou entrando no álbum. Quando o escutamos inteiro, decidimos que queríamos tocá-lo todo ao vivo.

Em vários sentidos, essa decisão consolidou um processo que havíamos iniciado com *Brave New World*. O mundo da mídia se tornara raso, imediatista, a ponto de nos renegar. Portanto, não fazia sentido perder tempo com história antiga, a não ser, claro, que quiséssemos escrever uma música sobre Alexandre, o Grande. Mas era o que havíamos feito.

Para o mundo lá fora, tocar ao vivo um álbum inédito inteiro parecia loucura. Para nós, porém, era essencial demarcar território junto a um fã-clube cada vez mais jovem. Havia uma garotada cujo primeiro disco do Iron Maiden havia sido *Brave New World*, e não *The Number of the Beast*. Eles eram o futuro, eles levariam nosso nome adiante. Foi para eles que tocamos aquele álbum. A aposta era arriscada, mas mesmo assim giramos a roleta.

O casamento entre a mídia convencional e o Maiden sempre fora estranho, e, naquele momento, o empurramos de vez para baixo do tapete. Dali em diante tudo se pautaria pelos nossos termos, à medida que a internet se tornava cada vez mais útil, tendência que, no geral, se manteve.

A companhia aérea agora contabilizava nove aviões e logo aumentaria a frota para onze, com cinco 757, cinco 737 e um Airbus 320. Mesmo se tratando de uma companhia pequena, tínhamos mais de quinhentos empregados e sempre havia demanda por capitães. Possuíamos vários ex-funcionários da British Airways com mais de 55 anos, porém a fonte secara, e logo os pilotos passariam a se aposentar com 65 anos, e não mais com 55. Pelo menos era o que a maioria deles desejava.

Ao contrário das companhias mastodônticas com centenas de empregados e regras inúteis de hierarquia, éramos pequenos e operávamos de acordo com um sistema pragmático de promoções baseado em demanda e mérito. Copi-

BRUCE DICKINSON

loto experiente, eu era considerado apto a fornecer treinamento de comando, primeiro de vários degraus a subir até me tornar comandante.

A maior parte do meu treinamento se deu após nossa curta turnê A Matter of the Beast. Que bom, pois tornar-se comandante exige atenção total.

Voei para Hurghada, no Egito; Uralsk, no Cazaquistão; Mykonos e vários outros pontos no caminho. O momento de minha prova final de voo se aproximava depressa. Com todas as etapas cumpridas e todas as perguntas respondidas, apresentei-me para voar até o pequeno e capcioso campo de pouso de Calvi, na Córsega.

O que poderia dar errado?

Bem, de início nada. Fazia sol e o vento estava fraco. Calvi é um aeródromo com apenas uma pista de pouso e decolagem, em função da montanha gigantesca ao final da pista. Ali, só comandantes pousam, portanto fiz o voo com base na ideia de que, ao final do dia, saberia se seria ou não um.

Tudo correu bem no pouso; despachamos os passageiros e comecei a preencher a papelada. Foi quando reparei em dois sujeitos com aparência de autoridades olhando para mim do lado de fora da janela do cockpit. Abri.

— Inspeção externa — gritou um deles.

A "checagem de segurança" é uma mini-inspeção das autoridades — neste caso a Direção Geral de Aviação Civil da França — para garantir a manutenção dos padrões operacionais de segurança. Eu os recebi a bordo, fiz café, e eles começaram a verificar nossa documentação: planos de voo, diários de bordo — tudo nos conformes. E, é claro, não havia qualquer problema.

— Só preciso dar uma olhada na sua licença e no exame médico.

Mostrei. Tudo em ordem.

— E o outro piloto, cadê?

Bem, o outro piloto, meu examinador, estava no banheiro da traseira. Fui chamá-lo. Ele abriu a porta.

— Eles querem checar sua licença — avisei.

— Não está comigo — sussurrou ele.

— Hein?

— Está no meu outro casaco, em Redhill.

— Não tem como alguém pegar?

— Não. Só eu tenho a chave.

— Merda.

Voltei ao cockpit. Fiz mais café. Talvez conseguisse persuadi-los a ir embora.

O QUE PODERIA DAR ERRADO?

—Vamos começar o embarque — disse eu. — Precisam de mais alguma coisa?

— Não. Só o outro piloto com a licença.

— Ah.

Tive que confessar o problema. Eles riram.

— Não é a primeira vez que isso acontece. É só mandar uma cópia para a gente por fax e vocês podem ir.

Antes de existirem registros digitais, nosso departamento operacional guardava cópias de licenças em um arquivo. Telefonei para Gatwick.

— Ah, que pena — disseram. — Não temos a chave do arquivo e este fim de semana ainda emenda com um feriado. A única pessoa com a chave não está aqui.

Aquilo estava virando uma piada.

— Olha só. Vou precisar que vocês arrombem o arquivo. Faça do jeito que der.

Meu examinador finalmente apareceu, pedindo mil desculpas, mas os oficiais não se comoveram. Sentamos e esperamos. O avião estava abastecido e pronto para voar. Dava para perceber o problema começando a se instalar entre os passageiros. Eu teria que lhes dar alguma explicação pelo comunicador.

Tocou o telefone; era o operacional.

— Ok, os bombeiros estão a caminho.

— Hein?

— É. Eles têm um machado e vão arrebentar o arquivo.

A imagem da Brigada de Incêndio de Crawley promovendo uma devastação na nossa saleta operacional só para obter uma fotocópia me fez rir por dentro.

Uma hora depois, chegou o documento e finalmente decolamos para Gatwick. Quando chegamos a 41 mil pés de altura, a luz de alerta de superaquecimento do motor esquerdo se acendeu. Levamos a aeronave com cuidado até Gatwick, em baixa potência, até o motor parecer capaz de operar normalmente em altitudes menores.

De volta a Gatwick, aprovado no exame, refleti sobre a experiência do dia.

"O que poderia dar errado?" Qualquer coisa. E, se pode dar errado, dará.

Bruce Air

Era 10 de julho de 2007. Eu era capitão de um Boeing 757. Nunca teria imaginado essa possibilidade ao me sentar naquele minúsculo Cessna 152 em Kissimmee, em 1992. Como o mundo dá voltas.

Estava dando voltas também no departamento de cinema. Finalmente o financiamento começara a pingar, e havíamos achado nosso astro — o ator de formação clássica Simon Callow, que havia anos sonhava interpretar Crowley. Uma empresa de efeitos especiais contribuiu com alguns benefícios (mas não financeiramente) e nos vimos com um orçamento de meio milhão de libras. Em meio a tudo isso, precisei apresentar o projeto para um bando de figurões na esperança de arrecadar mais dinheiro. Que experiência mais deprimente. Um deles era um banqueiro com uma contabilidade fiscal enrolada, gráficos de pizza, fluxogramas e a frase: "Mesmo que seja um fracasso, vocês vão ganhar dinheiro."

Que ótimo. Isso realmente me animou fazer a apresentação sobre o filme e os resultados artísticos que eles poderiam obter com o dinheiro que investissem. No geral, eles passaram o tempo todo mexendo no celular e nos laptops e depois foram embora. De péssimo humor, reparei em uma alma entusiasmada ainda tomando café e, que escândalo!, sorrindo.

— Oi. Você pretende colocar dinheiro no filme? — perguntei.

— Ah, não, sem chance — respondeu, sorrindo.

— Bom, sem querer ser grosseiro, por que ainda está aqui? Esse café está horrível.

BRUCE AIR

— Eu quero arrecadar dinheiro para o meu projeto e ouvi falar desse esquema de contabilidade fiscal. Então pensei em pegar uma carona e tentar copiá-lo.

Aquele era o sujeito mais interessante que eu havia conhecido no dia.

— Qual é o seu projeto? — perguntei.

— Ah, meu nome é Roger Munk e eu construo zepelins.

Eu já tinha visto aquele homem. Era um visionário que havia recriado e modernizado os zepelins e promovera, em um documentário do Discovery Channel, um revolucionário veículo híbrido — combinação de aerobarco, zepelim e avião — capaz de viajar de um ponto a outro com cargas pesadas utilizando muito menos combustível e sem a inconveniência de precisar de aeroportos, caminhões ou ferrovias. Fiquei empolgado.

—Vá me visitar um dia desses — sugeriu ele, me entregando um cartão.

O endereço era o hangar em Cardington onde fora construído o dirigível R101, cujo aeromodelo eu tinha quando morava em Worksop. Na infância, nada se perde. Eu iria visitá-lo, mas não naquele momento.

Antes, eu tinha outro plano maluco a pôr em prática — uma turnê mundial em um 757 com a banda, a equipe e o equipamento a bordo. Entrava em preparação o lendário *Ed Force One*.

A ideia básica para a empreitada já havia sido ensaiada na turnê de *Skunkworks*, mas, no caso de uma turnê que custaria milhões, a justificativa precisava ser mais forte do que um simples "Pode ser divertido". Apesar de que, para ser franco, e no espírito do rock'n'roll, que outra justificativa seria necessária?

Basicamente, o *Ed Force One* dependia de dois fios se entrelaçarem. Em primeiro lugar, a banda teria a obrigação de excursionar por todos os fins de mundo estranhos do planeta. Na internet, milhares de fãs nos perseguiam exigindo nos ver ao vivo. Em segundo lugar, o avião precisava ser grande e barato.

O *Ed Force One* deu certo em função de caprichos da indústria da aviação. O período de pico para turnês de rock nos maiores mercados do hemisfério sul era o final do verão — em outras palavras, fevereiro e março. Nesse exato período é inverno no hemisfério norte, e uma companhia como a Astraeus daria um braço e uma perna para obter um contrato de dois meses para uma aeronave. Havia uma pechincha a se negociar.

Foi unir o útil ao agradável: uma companhia aérea que precisava do contrato, uma banda que precisava de acesso a mercados para satisfazer seus fãs

273

BRUCE DICKINSON

e uma relação custo-benefício que tornava o preço justo. Feitos os cálculos, via-se que, inesperadamente, fazia sentido como plano de negócios. A ideia era dar a volta ao mundo uma só vez, mas o sucesso do conceito foi tão grande que acabamos dando três, em sequência. Como em quase tudo na vida, o problema está nos detalhes.

O 757 teve de ser bastante modificado, e a traseira, onde normalmente os passageiros se sentam, foi transformada em compartimento de carga. A companhia teve de resolver várias questões até definir a estrutura da nave. Um anteparo foi instalada entre os passageiros e a carga — na verdade, era a antiga porta da cabine de comando, obsoleta desde o 11 de Setembro. O piso do compartimento de carga foi reforçado com aço, e forros para carga extra foram instalados no alto e nas paredes laterais, o que exigiu a remoção dos banheiros e da cozinha da traseira.

Para ficar de acordo com as normas europeias, detectores de fumaça monitoravam a possibilidade de a bateria entrar em combustão espontânea e, mesmo que isso acontecesse, câmeras haviam sido instaladas, de forma que a cabine de comando poderia observar a situação.

Por último, mas de forma alguma menos importante, mandamos fabricar enormes sacos à prova de fogo, que foram usados para envolver o equipamento e afixados às placas de aço instaladas no piso.

Os testes contra fogo dos sacos foram ridículos. Coquetéis-molotovs foram jogados dentro deles e prontamente se extinguiram devido à falta de oxigênio. Após várias tentativas de provocar um desastre, as autoridades desistiram e emitiram um certificado de segurança. Passaram duas horas tentando atear fogo aos sacos, mas a superfície deles mal havia esquentado.

Mas as mudanças geraram um grande problema: faltava espaço para armazenar comida e água. A enorme cozinha dos fundos havia sido retirada e, durante o voo, o acesso à área era proibido. Como o espaço continuava lá, resolvemos perguntar ao Departamento de Aviação Civil se poderíamos usá-lo para armazenar itens.

— Não.

— Por quê?

— Risco de incêndio.

— E para armazenar água?

— Não.

— Por que não?

BRUCE AIR

— Risco de incêndio.

Certas coisas não vale a pena discutir.

A história do *Ed Force One* havia começado em Paris. Quando estava pilotando o 737, tive a ideia de levar alguns fãs do Maiden para um show, ida e volta. Óbvio, batizei o conceito de "Bruce Air".

Eu mesmo fretei a aeronave e montei uma equipe para administrar as passagens, uma esplêndida sacola de brindes feita para a ocasião e um guia para supervisionar o transporte em solo e reservar hotéis, caso necessário. A coisa envolveu viagens a Paris, Milão, Praga e Trondheim, só para citar alguns lugares.

A viagem a Paris vale menção especial, pelo menos, por ter reunido o maior número de sacos de vômito usados no mesmo voo.

Quando decolamos de Le Bourget, não havíamos percebido como o tempo em Gatwick estaria ruim. Uma sequência louca de tempestades de raios aproximava-se do aeroporto rapidamente. A turbulência era forte demais e mal conseguíamos ler os instrumentos de voo. O vento de proa normal em Gatwick fora cortado por um vento de cauda de cinquenta nós. Um pobre turbopropulsor Flybe encontrava-se em aproximação final quando o controlador lhe deu a má notícia. O piloto não pareceu nada feliz, mas nossos passageiros também não estavam transbordando de alegria. Mesmo na borda da tempestade, nosso avião sofria o impacto. Eu fazia zigue-zagues para escapar de caroços vermelhos medonhos que apareciam no radar.

Uma linha de instabilidade de tempestades extremamente violentas surgira do nada vinda do sudoeste. Quando a atravessamos, a cabine foi jogada de um lado para outro como se fosse um brinquedo de parque de diversões. Os passageiros não estavam achando a menor graça.

Gatwick foi fechado e todos os voos foram retidos em solo. Uma cortante de vento é uma repentina e, em geral, fortíssima mudança de direção do vento, um fenômeno meteorológico muito perigoso, capaz de derrubar aviões. Dependendo da potência do vento, as asas podem até perder a sustentação. Lá embaixo no solo, apenas uma aeronave da British Airways decolou. Em dado momento, o piloto enviou uma mensagem de rádio para a torre: "Para sua informação, a 1.000 pés de altitude, com força total nos motores, nossa razão de subida era zero."

Uma razão de subida normal seria de dois mil a três mil pés por minuto, com potência reduzida. Portanto, aquilo indicava uma situação extremamen-

275

BRUCE DICKINSON

te perigosa. Esperamos vinte minutos para que a tempestade passasse, então pousamos. Vários passageiros saíram cambaleando do avião, rostos pálidos ou esverdeados, e nossa contagem registrou pelo menos 25 sacos de vômito bem recheados.

O projeto "Bruce Air" continuaria por algum tempo nessa configuração de miniexcursão fretada até eu levar a Rod o assunto do *Ed Force One*. Para meu assombro, ele ficou muito entusiasmado com a ideia. Mataria vários coelhos com uma cajadada só. Tanto a companhia quanto o Iron Maiden só tinham a ganhar. E não era apenas uma forma de eu continuar pilotando; aquilo de fato parecia capturar a imaginação do mundo inteiro.

Havia sempre três pilotos a bordo do *Ed Force One*, incluindo eu. Não para a tripulação descansar, mas também para o caso de alguém passar mal. Como precaução extra, todos os pilotos eram comandantes.

A primeira parada era na Índia. Em Baku, no Azerbaijão, reabastecemos o avião a caminho de Bombaim. Até ali, a única crise foi a cerveja ter acabado.

Bombaim era encantadora, e ficamos em um hotel excelente — até então, tudo nos conformes. De lá voaríamos para Perth, com uma parada para reabastecimento a oeste de Cingapura. Eu não estava de serviço — havia acabado de fazer um show —, portanto embarquei com todos os outros. De short e camiseta, sentado na primeira fileira, recusei vinho branco e tomei café com leite, com um torrão de açúcar.

Alan Haile, o capitão, estava animado como sempre. Coloquei a cabeça para dentro da cabine de comando e conversei com eles por uns cinco minutos e depois os deixei trabalhar. Com duas horas de voo, nosso comissário de voo sênior me cutucou no ombro:

— Pode dar um pulo na cabine?

Não era um míssil antiaéreo ou uma falha no motor que poderia nos fazer pousar prematuramente — o capitão Haile não parecia nem um pouco saudável. Aos poucos, estava ficando pálido. Checamos o que ele havia comido de café da manhã, e a culpa era das salsichas de Bombaim. Decidi ficar na cabine.

— Não, não, eu estou bem — resmungou, a princípio.

Decidi esperar.

— Na verdade, não estou nada bem — disse ele de repente. Saltou da cadeira e saiu correndo para o banheiro e depois para os fundos da aeronave. Não o vi por três dias.

Por isso somos três pilotos, pensei enquanto afivelava o cinto.

BRUCE AIR

Foi uma longa noite. Reabastecemos em Banda Aceh, Indonésia, e nunca vi tantos navios quanto os que coalhavam a costa da Cingapura, na chegada. O reabastecimento demorou porque havia uma discussão quanto a quem pagaria a conta (em tese, estava pré-pago). Depois de um tempo, alguém encontrou o fax de confirmação de pagamento sob uma pilha de papéis numa sala caótica.

Pousamos em Perth ao nascer do sol de um dia magnífico. Os australianos nunca haviam visto um 757 e não tinham o garfo de reboque para ele. Acabamos parando no meio do nada.

Carregar e descarregar aquele avião era uma tarefa única. Tivemos que explicar a rotina para os sinalizadores de pátio, enfatizando a necessidade de tomarem cuidado para não destruir as portas principais da traseira. Cada peça do equipamento tinha de passar por aquelas portas, e alguém descuidado poderia danificar a vedação ou o trilho das portas — o que impediria o avião de voar.

O sol já estava alto quando terminamos de esvaziar a aeronave. O outro capitão e eu havíamos sido abandonados. O transporte já saíra e todos estavam dormindo. Ótimo. Por sorte, o agente alfandegário local era uma alma caridosa.

— Ei, caras — disse ele. —Vou pedir que eles abram a sala VIP para vocês. Pelo menos assim a gente tranca o avião.

Ahh. A hospitalidade australiana em seu ponto máximo — assim pensei.

A sala VIP tinha sofás confortáveis e um bar bem servido. Francamente, nós merecíamos uma cerveja. Obrigado, sr. Victoria Bitter. Quando nos sentamos, exaustos, para saborear a cerveja, veio um sujeito fazendo um estrondo pelo corredor. Ele soava mais como um personagem criado por Barry Humphries:

— Sem destilados! Só cerveja. E não quero saber de músicos aqui!

Foi então que surgiu à porta o anfitrião da sala VIP. Olhos semicerrados, expressão bem hostil ao nos encarar. O sujeito me examinou com toda a atenção — estava de tênis, short e jaqueta fluorescente.

—Você. Você não é uma dessas porras de músicos, né?

— Eu? Deus do céu, não diga uma coisa dessas. Somos pilotos.

— Não gosto desses merdas. Outro dia aquela porra do Sting esteve aqui para falar daquela frescura ecológica com o primeiro-ministro. Enfim... destilados estão proibidos.

Bem-vindos de volta à Austrália.

Mais do que pintar o sete pelo país, o que fizemos foi visitar seus muitos banheiros. O pernicioso bacilo indiano derrubou todos nós, em graus variados

277

BRUCE DICKINSON

de incapacitação. Steve, que sempre teve o estômago sensível, sofreu mais do que a maioria. Houve ocasiões em que o camarim mais parecia um posto de triagem de tratamento de disenteria.

O cronograma dessas turnês era exaustivo. E, para justificar os custos, tinha de ser assim mesmo, mas os resultados foram excepcionais. Basicamente, fazíamos shows com a mesma regularidade de uma turnê europeia, com a diferença que, em vez de passar a noite voando de Londres até Antuérpia, íamos de Tóquio a Los Angeles. O jet lag foi um problema sério e atingiu Adrian em particular. Como dávamos a volta ao planeta na direção "errada", estávamos sempre "voltando" no tempo.

Eu havia planejado dessa forma por duas razões. Primeiro, porque precisávamos estar acordados às nove da noite, hora local, todas as noites, com o corpo preparado para se apresentar pulando de um lado para outro. Dar a volta ao mundo na direção "certa" faria com que, às nove da noite, nossos corpos dissessem: "São duas da manhã, vá dormir!"

A desvantagem do meu plano era restringir oportunidades de passeios turísticos e vida social. Só íamos para a cama depois de amanhecer, portanto ninguém acordava antes das quatro da tarde. Eu pensava o seguinte: estávamos lá para trabalhar e nos apresentar dando nosso melhor. Se, para isso, tivéssemos que encontrar um pub às quatro da manhã para socializar, que fosse.

Além do mais, voávamos predominantemente a favor do vento, o que nos poupava bastante tempo e combustível.

Em 2008, o *Ed Force One* provavelmente foi o avião mais fotografado do mundo. Aonde quer que fôssemos, havia helicópteros de TV transmitindo ao vivo para os telejornais nacionais. Acho que, se o presidente dos Estados Unidos estivesse chegando, não teria a mesma reação.

Quando pousamos de volta em Stansted, os planos para a continuação da turnê em 2009 já estavam em andamento.

Alquimia

O filme *Chemical Wedding* voltou à tona. Tive reuniões com os representantes de vendas. Eram completamente incapazes de promover o filme como o que era de fato.

Eles estavam tentando pegar carona no Iron Maiden em todos os aspectos, o que, claro, não teria como dar certo. Mais do que isso, o que realmente fez meu Baphomet começar a espumar foi o tratamento dado a Lucy Cudden, nossa protagonista feminina. Lucy é uma atriz talentosa e deu o melhor de si no filme. Orgulhosos, os marqueteiros de Hollywood me mostraram o pôster que estavam usando para promover o filme. Trazia uma guerreira peituda photoshopada, com uma bela cabeleira cacheada, no melhor estilo *Game of Thrones*.

— Quem é essa? Ela não está no filme.

— Ééé... não.

— Bem, e por que ela está no pôster, em vez da atriz principal?

— Bem, é que os peitões... os *seios*... dela são muito mais evidentes. E é isso que vende.

Enquanto eu me segurava para não dar um soco naquele imbecil, o filme estava em processo de estruturação. A locação era em Bushey, ao norte de Londres, e a equipe se dedicou. O filme começava no dia da morte de Aleister Crowley, e o atormentado personagem era vivido com um admirável tom ameaçador por John Shrapnel, ator de teatro dono de uma voz rascante.

BRUCE DICKINSON

Trabalhávamos de cinto apertado. As tomadas externas eram caras e foram restritas ao mínimo. A maior parte da filmagem ocorreu em uma escola maçônica abandonada, que já havia servido de locação para diversas séries de TV. Eu a reconheci porque, certa noite, havíamos rodado ali o vídeo de "Abduction", do álbum *Tyranny of Souls*, nos aproveitando do set do necrotério. Também tinha sido dirigido por Julian Doyle.

Fiz duas ou três pontas no filme. Na verdade, grande parte da equipe aparece na tela em um momento ou outro. Interpretei o ardiloso senhorio do apartamento do Mr. Crowley, com direito a costas comicamente envergadas. Sou eu que descubro Mr. Crowley morto por overdose de heroína. Minhas únicas duas palavras no filme:

— Está morto.

No quinto take, eu entro no quarto, me ajoelho ao lado do corpo, sinto o pulso, checo a respiração... e neste momento o cadáver tem uma recuperação fantástica:

— Puta merda, anda logo com isso ou eu vou morrer de verdade.

A não ser por mim, a filmagem foi rápida. Simon Callow foi extraordinário. Havia se preparado para o papel, e todos os seus takes eram aproveitáveis. Quando ouço falar de profissionalismo entre atores, Simon é minha referência.

Terminada a produção, tínhamos de exibir e promover o filme.

— Por que a gente não vai para o Festival de Cannes?

Surgiu todo tipo de objeção, inclusive a falta de quartos de hotel, os voos extremamente caros e, é claro, o fato de não termos sido convidados. Tudo era verdade, mas e daí?

—Vamos só alugar um cinema em Cannes, ir até lá no avião do Iron Maiden com um bando de jornalistas e câmeras e fingir que fomos convidados.

Foi exatamente o que ocorreu. Fizemos um bate-volta até Cannes, assistimos a um filme, promovemos *Chemical Wedding*, demos entrevistas no passeio público como astros de cinema e voamos de volta para casa para dormir. Sem hotel, sem autorização, e tudo saiu mais barato que se tivéssemos pegado um voo comercial.

E era para os voos comerciais que eu voltava entre as turnês com o *Ed Force One*, intercalando a atividade com programas de rádio. Fiz viagens de Lourdes até Dublin, agendei voos para Tel-Aviv saindo do aeroporto de Heathrow e, só para ser imparcial, passei um tempo em Jeddah, na Arábia Saudita, para servir ao Hajj, a peregrinação anual até Meca.

ALQUIMIA

Para deixar as coisas mais interessantes, a Astraeus também se tornaria a companhia aérea oficial de Gana, por isso passei a pilotar o 757 em viagens diárias até a capital, Acra.

Gana é um lugar incrível: acolhedor, boa comida, mas, como em muitos países africanos, sempre tem um porém. O governo não era muito chegado a pagar em dia. Em resposta, o avião do Iron Maiden foi despachado para Acra, a capital. Ninguém entrava nele. O povo local morria de medo do Eddie na cauda, achando que o avião era agourento. Para piorar as coisas, os passageiros também se recusavam a embarcar no avião da Virgin ao lado, sob alegação de que o mau agouro poderia ser contagioso. O dinheiro acabou saindo mais rapidamente, e combinamos de, a partir dali, fornecer aviões com decoração mais discreta.

Esse era um problema que não existia na base da RAF em Brize Norton, onde mantínhamos um 757 em caráter permanente para o transporte das tropas. Fiz várias viagens a Akrotiri, Al Minhad e Thumrait. Uma em particular foi memorável. Voamos para pegar o regimento da RAF em Chipre. Fazia alguns dias que eles estavam lá em "descompressão" após uma missão excruciante no Afeganistão, onde haviam perdido vários companheiros em ação. O padre insistiu em visitar o cockpit e entregar a todos nós Bíblias da RAF. Dei uma folheada. Era exatamente igual à pequena bíblia que meu avô carregava na Segunda Guerra Mundial.

Como sempre ocorre com militares, os passageiros foram excepcionais: silenciosos e humildes, mas sempre prontos a tirar sarro a troco de nada. Estavam sendo levados de volta a um mundo que não tinha como compreender o que eles haviam passado.

Nosso destino não foi o de sempre — em vez de Brize Norton, a pequena pista de pouso da RAF em Wittering, perto de Peterborough. No meio de um gramado ao lado da pista, havia uma rampa de decolagem desenvolvida para a Marinha Real. A inscrição ao lado da estrutura de madeira da rampa fazia menção a um dos mais famosos jatos do Reino Unido: "A casa do Harrier".

Em fileira ao longo da pista estavam todos os filhos, esposas e parceiras dos soldados a bordo — e provavelmente também os entes queridos dos que não estávamos trazendo de volta. Crianças erguiam faixas feitas em casa onde se lia "Papai, você é sempre meu herói". Mal consegui taxiar a aeronave. Julie, minha copiloto, estava olhando para o outro lado pela janela lateral. Seus olhos estavam marejados, e os meus também. Ela estava tentando esconder, mas eu

BRUCE DICKINSON

tinha de evitar bater em alguma coisa e mal conseguia enxergar o caminho em meio às lágrimas que me enchiam os olhos e corriam pelas bochechas. Freei, me recompus e sequei os olhos.

— Tudo liberado à esquerda. À direita também? — perguntei.

Julie olhou para mim e fez que sim. Não dissemos nada, mas ambos sabíamos como o outro se sentia.

Experiência amarga

Um novo ano, 2010, se anunciava, e com ele um novo álbum e uma gigantesca turnê de sucessos intitulada Maiden England, que manteria a banda na estrada até 2014.

O Compass Point Studios, nas Bahamas, estava reservado para as gravações no início de 2010. Compusemos e ensaiamos em um estúdio em Paris. Parte do material já estava pronta e a outra foi composta nos ensaios. "Coming Home" era sobre o estado mental que os pilotos habitam em seu estranho mundo interior. Foi uma tentativa de levar ao mundo exterior o que normalmente não passa de um momento particular de reflexão.

The Final Frontier era, ao mesmo tempo, uma deliciosa brincadeira (como o álbum anterior havia sido) e uma referência para os trekkies. O tema da capa era o espaço sideral, e a ideia de que a arte do single imitasse uma capa de quadrinhos foi minha, porém muito mais bem executada do que eu poderia ter imaginado.

Nunca fiquei 100% convencido quanto ao Eddie versão monstro espacial, mas fizemos um vídeo espetacular em animação. Na época, sempre que possível evitávamos aparecer nos vídeos. A melhor coisa do Eddie monstro espacial eram os olhos malignos, de fato muito assustadores.

"El Dorado" era um ataque aos bancos e salafrários que haviam jogado por terra a economia mundial e, ao mesmo tempo, uma alfinetada em todos nós por termos sido ingênuos a ponto de acreditar nas lorotas deles. Já havíamos

BRUCE DICKINSON

sido indicados ao Grammy em anos anteriores, mas foi com essa faixa que finalmente levamos o prêmio.

Gravar nas Bahamas foi um pouco estranho. Já não era mais o mesmo lugar que em 1983. A maior parte do charme fora substituída por concreto à americana. Dentro do hotel, minha impressão era que aquilo podia ser a Flórida, Vegas ou qualquer outro lugar nos Estados Unidos. Meu cantinho favorito era um quiosque de daiquiris à beira da estrada. Suspeito que a atividade paralela de seus donos tivesse alguma relação com a fumaça empesteante de maconha que vinha do estacionamento, além das idas e vindas de jovens empreendedoras.

Os daiquiris, contudo, eram espetaculares, e bem ao lado havia uma barraquinha de esplêndida *soul food* bahamense. Foi durante a gravação do álbum que o terrível terremoto atingiu o Haiti, e eu inesperadamente acabei levando uma tripulação da Astraeus ao quiosque de daiquiris. O dono da empresa, um islandês, havia determinado que a Iceland Express (marca de sua propriedade) deveria enviar ajuda humanitária ao Haiti, portanto um 737 abarrotado de suprimentos fora despachado para lá.

Aluguei uma lambreta para ir e voltar todos os dias do Compass Point. O estúdio se encontrava em mau estado e era óbvio que se aproximava do fim de sua vida útil. O casal que o administrava também sabia, e nosso álbum foi, literalmente, o último que eles fizeram, literalmente a fronteira final — *The Final Frontier*.

Tivemos de levar uma grande quantidade de equipamentos para realizar a gravação, e não usamos praticamente nada do que existia no estúdio. O painel para conectores TRS na mesa, por exemplo, estava tão corroído que mal dava para usar. Foi uma forma triste mas simbólica de constatar que os anos 1980 já eram história antiga.

O álbum foi mixado em Malibu, na suíte do andar de cima da casa do produtor Kevin Shirley, e lá gravei a maior parte dos vocais. Simplesmente não valia a pena perder tempo fazendo isso nas Bahamas.

A passagem de 2010 para 2011 trouxe de volta o 757, agora com a pintura de *The Final Frontier*. Seria nossa mais longa turnê com o avião e, achávamos, a última vez em que daríamos a volta ao mundo nele. Jacarta, Seul e Belém, no Brasil, eram os destinos inéditos — úmidos e tórridos. A estreia da turnê, em Moscou, foi o exato oposto — e quase não chegamos a tempo.

No dia anterior, eu havia levado o avião da manutenção, em Southend, até Stansted, onde ele seria carregado. No caminho, fizemos uma sessão de fotos em pleno ar sobrevoando o Mar do Norte. O avião-câmera era um Jet Provost,

EXPERIÊNCIA AMARGA

antigo jato de treinamento militar que tinha enorme dificuldade em manter-se paralelo a nós, apesar de estarmos na velocidade mínima e com os flaps abertos.

No dia seguinte, o avião apresentou um problema na válvula de sangria de ar em um dos motores. Como já se espera, coisas como fios soltos em sistemas de detecção de fogo e outras urucubacas sempre surgiam logo após a manutenção. Tínhamos pouco tempo para resolver o problema. Atrasamos o voo em mais de quatro horas. Um pedaço de tubulação chegou a ser fabricado na hora, mas não solucionou a questão. Nosso diretor de turnê, Ian Day, me disse que, se aquilo continuasse, teríamos que alugar dois aviões e os custos iriam recair sobre a companhia aérea. Meio milhão de libras.

Como comandante designado, representando tanto o Maiden quanto a companhia aérea, a pressão sobre mim era zero. Uma boa razão para não se usar um chapéu oficial é o fato de que não há chance de acabar usando dois ao mesmo tempo.

Depois de arrastarmos a aeronave para o quarto teste de motor, chamei o técnico:

— Dá uma boa olhada nesse medidor.

— Bem, acho que houve melhora.

— Então assina essa porra de laudo técnico e vamos embora antes que o avião mude de ideia.

Moscou estava sob nevasca e a pista, coberta por uma camada grossa de gelo. Quando voamos da fúria do inverno e seus pingentes de gelo de meio metro para o calor tropical de Cingapura, sentimos um alívio.

Como pensamos em fazer uma parada para reabastecer e descansar em Bali arranjamos um show por lá. O local era cercado por despenhadeiros, um deles, mais baixo, no backstage. Decidi escalá-lo vinte minutos antes de entrar no palco. Quando tinha subido uns cinco metros a pedra começou a desmoronar. Idiota. A rocha era porosa e esfarelava entre os dedos.

Eu tinha duas alternativas: me jogar e tentar me agarrar ao paredão ou me jogar para trás, para longe dele. Uma distância de cinco metros parece pouco, mas acredite: despencar de um ralador de queijo usando short e camiseta não é uma opção. Joguei o corpo para trás e, para minha grande surpresa, caí imediatamente no chão.

Tinha certeza de que havia quebrado o pé. Manquei durante todo o show e, em Melbourne tirei um raio X. Tudo parecia bem. Até hoje meu pé direito dói depois dos shows. Fazer o quê? Procurou, agora aguenta.

A fronteira final foi atingida em 19 de abril de 2011, em Stansted. Havíamos passado quase onze semanas fora.

O jet lag não impediu o poderoso Maiden de começar uma turnê de caminhão e ônibus, com início em 28 de maio e fim em 5 e 6 de agosto, um dia antes do meu aniversário de 53 anos, na Arena O2, em Londres, onde fizemos os últimos shows do *Final Frontier*. Com 35 apresentações, aquela foi a quarta perna da turnê e, para ser sincero, estávamos exaustos ao final. Ao contrário do que ocorrera na turnê do *Powerslave*, não evitamos o assunto, e naquela noite fui especialmente firme com Rod Smallwood.

Disse a ele que não havia qualquer risco de alguém querer sair da banda, mas que estávamos envelhecendo e, se não passássemos a cuidar melhor do corpo, talvez nosso corpo acabasse pulando fora. Além do mais, estávamos — e deveríamos estar — nos divertindo à beça nas turnês. Eu só me aposentaria se precisasse. Sugeri que a estratégia do "devagar e sempre" seria melhor do que tentar reconquistar o mundo ano após ano. Duraríamos mais, funcionaríamos melhor e o mundo não se encheria de ter que olhar para a nossa cara a cada cinco minutos.

Claro que havia mais uma turnê de grandes sucessos planejada e que teríamos quase um ano inteiro para nos recuperarmos. Voltei a voar, mas não por muito tempo. A companhia aérea que me empregava e que carregara o Iron Maiden mundo afora com suas asas de prata estava prestes a falir.

Os sinais já vinham aparecendo fazia tempo. Desde o começo a Astraeus dava prejuízo. O dono islandês havia insistido que nossas tarifas deveriam ser a preço de banana — bom para a companhia de turismo islandesa dele, ruim para nossa margem de lucros. Para piorar, dois terços da frota eram despachados para a Islândia no verão — só que a temporada de verão na Islândia dura apenas quatro meses. Os aviões da concorrência, enquanto isso, fechavam contratos de seis meses a preço de mercado.

Foi uma sentença de morte para os mais de quinhentos empregados da Astraeus e o fim de uma das melhores experiências da minha vida, trabalhando com a companhia por mais de dez anos.

Havia muitas outras coisas a ocupar minha atenção em 2012. Logo se iniciaria a última de nossas três turnês de grandes sucessos, e esta cobria uma de minhas épocas favoritas, a do álbum *Seventh Son* com toda sua glória épica.

EXPERIÊNCIA AMARGA

Emergimos ao sol da Flórida para ensaiar a turnê Maiden England, com cem shows, a começar por alguns dos maiores que faríamos em muitos anos nos Estados Unidos e no Canadá.

Mesmo enquanto eu estava em turnê, a aviação continuava dando o ar de sua graça em lugares inesperados. Uma visita à Boeing, em Seattle, me levou a conhecer meu xará, Bruce Dickinson, coordenador dos projetos do 747 e do 767. Pilotei o simulador do 787 e, depois de me ver fazer algumas aterrissagens, o instrutor perguntou:

— Quer ver o que ele é capaz de fazer?

Após oito milhas fora, com o piloto automático acionado, flaps totalmente abertos e trem de pouso baixado, mais o vento cruzado de 46 nós, simulamos uma falha de motor. Recostei-me e observei o piloto automático se ajustar, fazer uma aterrissagem perfeita e parar no meio da pista. Ele tinha razão; era impressionante.

O piloto de testes sênior do 747 estava sentado atrás, impassível.

— Bem, agora vá pilotar o 747-800 — disse ele, acrescentando depois. — Mas tenha em mente que, para ele, o piloto precisa dar as caras.

Mal sabia eu que aquela experiência me seria muito útil poucos anos depois.

A turnê americana foi um sucesso espetacular. Já fazia muito tempo que não viajávamos mais de ônibus. Fretávamos aviões e começávamos até a adotar uma prática americana: a de se basear em um lugar e sair dali para todos os shows. A tática fazia sentido e além de tudo nos permitia usar os dias de folga. Nos Estados Unidos, era muito fácil conseguir isso. Na condição de passageiro, relaxei e descobri o prazer de ficar dando palpites do banco traseiro.

Entre o fim da etapa americana da turnê e o início da europeia teríamos uma pausa de vários meses. As turnês cada vez mais se tornavam circunscritas ao verão, pois inevitavelmente, em algum momento, tocávamos em festivais ao ar livre. Nenhum de nós fez objeções. Já havíamos feito muitas turnês de inverno nos Estados Unidos e na Europa — o verão, o fim da primavera e o início do outono nos pareciam infinitamente preferíveis à neve e ao gelo. O inverno era para hibernar ou fazer álbuns.

Embora o *Ed Force One* já tivesse virado história, a história tinha a banda na mira. Mal pude acreditar quando Rod me telefonou para dizer que havia conseguido um Spitfire para abrir o show em Donington — um Spitfire de verdade, da Esquadrilha Memorial da Batalha da Grã-Bretanha. A ideia era

BRUCE DICKINSON

que ele sobrevoasse o palco momentos antes de acionarmos a gravação que introduz "Aces High".

Tínhamos um helicóptero para registrar o evento. Nosso câmera não sabia nada sobre a linguagem das exibições aéreas, por isso me coube a mediação. Fui falar com o piloto do Spitfire antes.

— A que altitude você está autorizado a voar? — perguntei.

— Duzentos pés.

— E qual é sua proposta?

— Bem, pensei em sair de trás do palco e dar a volta voando baixo, passar uma vez sobre a plateia e então sair por cima do palco.

Eu visualizava a cena e um sorriso interno escancarado começava a se formar.

— Me parece que sempre há a possibilidade de que a ilusão de ótica faça o avião parecer estar muito mais baixo do que isto.

— Sim, é bem comum.

Não conto mais nada, a não ser que os roadies se jogaram no palco na passagem final. Foi um momento de parar o coração, e Donington inteiro ficou de queixo caído. Marmanjões tentavam conter as lágrimas. Era um Spitfire com motor Griffon, cujo rugido é muito particular, nada parecido com o som sibilante do supercompressor de um motor Merlin. Ninguém jamais vai se esquecer daquele momento. Ofuscou todo o resto.

A segunda parte da turnê Maiden England ocupou todo o verão de 2013, e ao final retornamos aos Estados Unidos para mais uma breve etapa. Depois disso, a América Latina e o início da etapa final da turnê. O ritmo de trabalho e dos projetos se intensificava de um jeito que lembra o dos ônibus vermelhos de Londres: você espera o dia inteiro até aparecer um, aí surgem dez ao mesmo tempo.

Por cerca de um ano, vinham me cortejando a fazer palestras corporativas. De início, fiquei bem desconfiado. Minha primeira experiência foi a de falar para duzentos agentes de viagens em um seminário em Malta. Eu não tinha a menor ideia do que fazer, por isso divaguei por 45 minutos depois me escondi em um canto. Houve mais algumas palestras até que um dia, na Suécia, o momento do "eureca!" aconteceu e o seminário global da IBM me aplaudiu de pé.

Como a música, as palestras são uma combinação de conteúdo com performance. Não é dar um sermão; também não é contar piadas. Na verdade, é

EXPERIÊNCIA AMARGA

mais um teatro da mente sem as guitarras e sem Eddie. Eu não sabia absolutamente nada sobre o circuito das conferências, mas é uma indústria mundial gigantesca. Acho que, à medida que o mundo assume tons politicamente corretos de bege, sempre haverá demanda para malucos que ganham a vida soltando gritos e pilotando aviões comerciais. A única coisa que não faço, porém, é dar palestras depois que as pessoas acabaram de jantar. Causar indigestão nos outros é falta de educação.

Como se sabe, pilotos são criaturas muito sociáveis. Certo dia, conheci Arnor, chefe da divisão de treinamento da Air Atlanta Icelandic, um operador de 747 que estava curioso quanto ao piloto de avião que gritava. Enquanto tomávamos um café, perguntei:

— Os 747... quantos vocês têm?

— Ah, acho que uns quinze.

— Não tem nenhum sobrando?

Arnor pensou por um instante.

— Acho que sim.

— Vocês não estariam a fim de fazer uma turnê mundial do Iron Maiden, estariam?

O ônibus vermelho seguinte teria propaganda na lateral: havia uma proposta de desenvolvimento de uma cerveja do Maiden. Os dois grandes bebedores de cerveja da banda éramos Nicko e eu — mas Nicko morava na Flórida.

A dura realidade era que algum pobre coitado teria de beber com bom senso e criatividade para criar a Trooper. Era uma tarefa ingrata, mas alguém tinha de cumpri-la.

O mundo da fabricação de cerveja tem suas armadilhas, e pelo jeito algumas cervejarias têm o mesmo alto nível de exigência que nós. Antes de tudo, o cervejeiro queria se certificar de que eu estava falando sério.

Eu achava que meus dias de passar por testes já faziam parte do passado, mas, ao ser apresentado aos potenciais cervejeiros, os Robinson de Stockport, tive minhas papilas gustativas postas à prova. Fui submetido a uma prova às cegas de dez diferentes tipos de cerveja — algumas eu havia mencionado como minhas favoritas e o resto havia sido escolhido por eles.

Para minha surpresa, identifiquei meia dúzia de cervejas. Sem mais delongas, Martyn Weeks, o mestre cervejeiro deles, atacou meu olfato com chás de lúpulo e meu paladar com grãos crocantes de malte, e ao final da tarde já havíamos chegado a um esboço do que seria nosso novo líquido. Em uma coisa concordamos: a experiência de beber da garrafa deveria se aproximar ao máximo da de beber do barril. Com isso, a cerveja ficaria muito saborosa mas de baixo teor de carbonatação e acidez. A ideia era uma cerveja para o homem comum, que bebesse a Trooper no dia a dia e sempre retornasse a ela, como uma velha amiga. Há várias cervejas exóticas no mercado, e a maioria tem vida curta. Os Robinson e eu queríamos criar algo clássico, e creio que conseguimos.

Martyn preparou dois testes, e chegou o grande dia na cervejaria. Dois copos de 280 ml, versões A e B, diretamente do tanque. De longe, a segunda versão foi a aprovada. Nascia a Trooper. Enquanto escrevo estas linhas, 18 milhões de *pints* já foram bebidos mundo afora.

Estávamos ansiosos pelo álbum seguinte. Para minha alegria, voltaríamos ao estúdio Guillaume Tell, em Paris, onde nascera *Brave New World*. A turnê de verão de 2014 deixaria a banda no estado de espírito adequado para o novo disco.

Em 1914, as pessoas diziam que a guerra já teria terminado por volta do Natal. Pois em 1917, a aviação, que nascera com os irmãos Wright, havia evoluído exponencialmente devido à demanda do conflito. Inicialmente na condição de aeronaves de reconhecimento, depois como bombardeiros e caças, foi criada a força aérea moderna. Entre todos os pilotos lendários daquela guerra, ninguém foi mais infame do que o Barão Vermelho, Manfred von Richthofen. Grande parte de suas vitórias não foi obtida com o Fokker Dr.I vermelho em que foi morto — provavelmente por uma bala proveniente do solo. Sua morte, no entanto, solidificou no folclore da aviação a lenda do temível triplano Fokker.

Ao final de 2013, eu comprei um. Vivia me convencendo de que não devia fazê-lo: não teria tempo, não tinha onde guardá-lo e uma série de outras desculpas. Aquele em particular estava à venda devido a uma tragédia pessoal. O construtor da réplica em tamanho natural era John Day. Era um mestre da mecânica e também havia construído um belíssimo Nieuport 17 e um espetacular Fokker E.III. Este último, ele chegou a pilotar em uma exibição dedicada a recriar a experiência dos primeiros combates aéreos, com o grupo Great War Display Team.

EXPERIÊNCIA AMARGA

Em 2013, durante um treino da equipe, o Fokker Eindecker caiu e John morreu. Sua viúva pôs o triplano à venda. Depois de enrolar por mais ou menos um mês, apareci no aeródromo de Popham, em Hampshire, em um dia chuvoso e gelado de inverno. O avião estava guardado, e seu motor, preservado.

Lentamente, eu e Gordon Brander, técnico do Great War Display Team, retiramos a lona e quase fiquei sem fôlego ao ver o avião. Apesar de ser uma réplica, era o mais real possível nos mínimos detalhes. John não havia feito qualquer concessão à modernidade. Combate puro, sem rédea nem selim. Triplanos são máquinas de grande porte. Montei no seu cockpit. Digo "montei" porque subir em um triplano é como subir em um cavalo. A enorme hélice estava na vertical, e à minha frente, viam-se duas ameaçadoras metralhadoras sincronizadas que tornavam o triplano um adversário mortal no combate aéreo.

Senti um calafrio na espinha. A aeronave era primal.

— Eu compro.

Assim que o tempo melhorasse, poderíamos aprontar o avião para voar até o local onde o deixaríamos em condição operacional. Eu já dispunha desse local — era o mesmo hangar onde estavam o Bücker Jungmann e o triplano Sopwith de Gordon. Uma hangar bem bacana, devo dizer.

Já para eu voltar a ter condição operacional de piloto seria mais trabalhoso, mas a temporada de 2014 seria movimentada em função do centenário da Primeira Guerra. O Great War Display Team estava em alta demanda.

Fiz alguns voos com o Bücker Jungmann para obter o brevê de pilotagem de exibição. Na prática, fazia manobras de mentirinha com cercas vivas e árvores simulando plateias, enquanto meu instrutor, Dan Griffiths, me observava do assento dianteiro. Além disso havia uma prova teórica e um voo de teste a cumprir.

Dan é um piloto de testes muito experiente. Aliás, por um tempo chegou a ser o principal piloto de testes do Conselho Britânico de Aviação Civil. Por sorte, ele também havia pilotado o triplano Fokker, portanto eu tinha grande chance de lucrar com a transferência de conhecimento, mas nenhuma de fazer um voo de brincadeira com o próprio avião.

O Fokker tem só um assento. A primeira vez que você o pilota, bem, é a primeira e espera-se que não seja a última em que você vai pousá-lo. Em 9 de abril de 2014, segundo meu diário de bordo, tornei-me piloto de triplano. Fiz alguns *bunny hops* na pista, tirando de leve as rodas do chão e parando a aeronave por completo. Aviões velhos sempre operam contra o vento e, em

BRUCE DICKINSON

especial no caso dos triplanos, é proibido voar durante qualquer vento cruzado. Como o esqui de cauda era de madeira e o avião não tinha freios de verdade, eu teria de operar sempre na grama.

No solo, a visão frontal era praticamente zero; as asas enormes tapavam o horizonte. Taxiar o Fokker era como pilotar um misto de veneziana e prateleira de livros.

Só dar a partida ao Fokker era perigoso. A gigantesca hélice de madeira pode te matar em um instante, e a aeronave não contava com motor de arranque, então só restava ao ser humano girar a hélice. No cockpit — de longe, o lugar mais seguro do Fokker —, um complexo balé tornava necessárias quatro mãos e ambos os joelhos, além de muitos gritos.

Às vezes o avião dava a partida quase que espontaneamente, em especial no frio. Já em dias quentes, às vezes era preciso dar um duro danado por vinte minutos, sempre consciente de que um único erro poderia ser fatal.

Depois de dar minhas voltinhas pela pista de grama de White Waltham, taxiei de volta à cabeceira. O vento estava fraco e soprava na direção do campo. Gordon olhou para mim da lateral. Dei de ombros. É agora ou nunca, pensei. Levantei os polegares e apontei o nariz para o fim da pista. A partida estava para começar.

Quando atingi a aceleração máxima, a cauda se levantou alguns metros e então o mundo surgiu à minha frente entre a camuflagem e o azul-esverdeado da cobertura das asas. Meu triplano não era vermelho; fora pintado nas cores originais do tenente Johannes Janzen. Ele sobreviveu à guerra e, para minha alegria, a Corgi Toys produziu um aeromodelo de metal do triplano, uma réplica da minha réplica, inclusive com a mesma pintura.

No ar, o triplano estava em casa. Só me resta citar o próprio Barão Vermelho, quando lhe perguntaram como era pilotar um Fokker: "Ele sobe feito um macaco e manobra como o diabo."

Minhas três aterrissagens naquele dia, em condições favoráveis, foram bem razoáveis. Sorte de principiante. Eu já tinha uma ideia maluca do que o Great War Display Team poderia fazer pelo rock'n'roll. Por que não uma simulação de combate em um festival, em honra aos combatentes da Primeira Guerra Mundial?

Nosso último show em Knebworth seria o local perfeito para isso, mas antes eu precisaria entrar para a equipe e aprender a delicada arte de perseguir aeronaves centenárias a cinquenta pés do chão sem me espatifar.

292

EXPERIÊNCIA AMARGA

Após dois dias de treino com a equipe, fui encaixado como Fokker Número Um em uma exibição composta de nove aeronaves. Encerrei os quinze minutos de simulação de combate perseguindo o triplano Sopwith para cima, para baixo e paralelo à linha da plateia, arrematando com uma investida de frente um contra o outro; apertei o botão para soltar a fumaça e saí crepitando, fingindo ter sido atingido, mas voltei para a saudação final, em que sobrevoamos o local em linha reta, em formação.

Nada disso deve representar qualquer risco para o público, e, para garantir isso, as regras são muito rigorosas. Mas, durante a apresentação, ainda que se minimize o perigo para o público, ele está sempre à espreita para pilotos que perseguem uns aos outros próximo ao solo.

O maior risco de todos, de longe, é o de se aproximar demais da cauda de outra aeronave, entrando no vácuo e na corrente de vento da hélice. Os controles de voo primitivos e os aerofólios usados nas asas representam um perigo duplo. O avião não só vai projetar a ponta da asa para o solo repentinamente, sem qualquer aviso, como o piloto precisará ser rápido e usar absolutamente todo o controle de voo de que dispõe, em qualquer eixo que seja, para evitar que a aeronave vire uma pilha de destroços fumegante.

Em grande altitude, isso não passa de um mero desconforto, mas ser projetado para o lado a cinquenta pés do chão na frente de 25 mil pessoas em Duxford certamente justifica total atenção.

Enfrentando a tempestade

Passado o verão, eu queria me preparar para o que seria um álbum muito importante para o Iron Maiden. Steve não gostava da ideia de compor no estúdio de ensaios. Tinha razão. Qualquer um poderia ficar do lado de fora com um gravador digital e piratear o álbum antes mesmo de nós o gravarmos. Fomos, portanto, direto para o estúdio de gravação e ensaiamos, compusemos e gravamos o trabalho no mesmo lugar. Foi uma das melhores decisões que já tomamos.

Eu havia levantado a possibilidade de usarmos um Jumbo na turnê mundial, que começaria em fevereiro de 2015. Rod estava dando pulos de animação com a ideia. O álbum em si tinha tanto material que rapidamente se tornaria duplo. Gravação digital, no meu caso, significava tentar aplicar minhas digitais às teclas do piano. Eu havia composto duas músicas sobre aviação para o disco: "Death or Glory" — sobre o Barão Vermelho e a vida e a morte na frente de batalha da guerra aérea — e "Empire of the Clouds", meu épico em piano tocado com dois dedos.

Sentei-me em casa com um piano elétrico bem modesto que havia ganhado em uma rifa beneficente e comecei a dedilhá-lo; consegui chegar a algumas pequenas sequências de notas e a uma introdução climática. O plano era compor um épico de combate aéreo da Primeira Guerra, e a introdução de piano o abriria. No entanto, "Death or Glory" já dizia tudo em bem menos tempo.

ENFRENTANDO A TEMPESTADE

Tenho em casa alguns artefatos que comprei em um leilão de memorabília de dirigíveis. O preço de qualquer objeto alemão era altíssimo: louça, pedaços de alumínio de zepelins derrubados, tudo sendo vendido por valores surreais. O que me interessava era a história da aviação britânica. Dois itens me pareciam fascinantes. Um era um relógio de bolso de um dos poucos sobreviventes do R101, o zepelim britânico que caiu tragicamente em sua viagem inaugural, matando a maior parte das pessoas; o outro, uma caneca de cerveja do R101 — possivelmente um item promocional. Tratava-se de um invólucro de couro em relevo com a caneca de estanho dentro. Dava para ver o próprio dirigível, com código de registro G-FAAW e tudo, em relevo esmaecido no couro marrom.

A borda da caneca trazia a inscrição: "A tripulação lhe dá as boas-vindas a bordo."

Certa vez, tarde da noite, de volta do pub, sentei-me e comecei a tocar repetidamente a introdução. Havia vários livros raros sobre dirigíveis na minha prateleira: um deles, *To Ride the Storm*, é uma análise clássica do acidente com o R101.

Fechei os olhos e, em vez de enxergar uma fileira de aviões da Primeira Guerra Mundial ao nascer do sol, com a bruma pairando sobre as árvores e a geada sobre a estrutura das aeronaves se transformando em orvalho, o que vi foi um grande charuto de prata pairando no céu.

A caneca de estanho e o relógio me eram palpáveis. Representavam uma ligação com o fatídico dia do acidente, e foram eles que me levaram ao piano — desta vez, de cauda — no estúdio, onde fiquei até bem depois de todo o restante da banda ter voltado para casa. "Empire of the Clouds" transformou-se na história do R101. A maior máquina voadora que o mundo vira até então, tão grande que todo o *Titanic* teria cabido dentro dela.

Era uma história de erro humano, arrogância, compaixão, heroísmo e puro azar. O resto do álbum não era menos ambicioso, e, a não ser que uma música fosse curta por natureza, não vimos motivo para fazer concessões com base na reduzida capacidade de atenção das pessoas. Os fãs do Iron Maiden já estavam bem acostumados a usarem o cérebro.

Quando nosso produtor Kevin Shirley chegou, tínhamos duas ou três músicas prontas para gravar e as demais estavam em andamento. Assim que começamos a usar *trackers*, passamos a trabalhar rápido. O Maiden é um curioso misto de instrumentação à antiga — tudo de verdade — com a

BRUCE DICKINSON

nova tecnologia, que entra apenas para representar o que fazemos de forma natural.

Basicamente, os *hard drives* digitais nos permitiam capturar cada som — bom, mau ou indiferente — que tocássemos. Em função da configuração interna do estúdio, era fácil nos aglomerarmos ao redor da bateria. Na encarnação anterior, durante a década de 1930, o prédio havia sido um cinema, então servia perfeitamente como cabine de gravação de bateria. Os recantos e fissuras da parede continham amplificadores de guitarra, todos isolados. Cada músico dispunha de fones para ouvir a mixagem do seu instrumento, controlada por uma pequena mesa de mixagem bem ao lado de cada um.

Obra de Kevin, toda aquela configuração foi fundamental para extrair de nós o resultado que obtivemos.

Começamos em 6 de outubro, ironicamente com "The Great Unknown", e em 25 de novembro finalmente liberamos "Empire of the Clouds" da mesa de mixagem.

Em 12 de dezembro, fui diagnosticado com câncer na cabeça e no pescoço e a vida entrou imediatamente em suspenso.

Foda-se o câncer

Eu mesmo havia chegado àquela conclusão seis semanas antes, me autodiagnosticando via internet. Sabia que havia algo errado com meu corpo. Estava suando um pouco à noite — talvez fosse culpa do lençol do hotel.

Às vezes saía sangue quando eu escovava os dentes — talvez eu estivesse fazendo muita força.

Eu tinha a sensação de estar prestes a pegar um resfriado, mas ele nunca vinha — ah, era novembro e havia um monte de germes no ar.

Por fim, uma das glândulas no meu pescoço inchou — ver desculpa acima —, só que um cheiro muito estranho me vinha do fundo da garganta, parecido com queijo estragado. Era bem nojento.

Joguei todos esses sintomas em mecanismos de busca e, levando-se em conta a minha idade, me saí com um diagnóstico de carcinoma de células escamosas, provavelmente relacionado a uma infecção por HPV. Resolvi ignorá-lo. Tinha um álbum a gravar, estava cantando muito bem e me divertindo à beça. A última coisa de que precisávamos era um hipocondríaco de Google.

De qualquer forma, o caroço no pescoço só aumentava, e o suor também, passando a ocorrer também durante o dia. Assim que soou a última nota nas sessões de mixagem do álbum, pedi a alguém no estúdio que ligasse para um médico.

O médico francês foi incisivo, e mesmo com inglês limitado me deu um conselho claro:

BRUCE DICKINSON

— Você precisa fazer uma tomografia computadorizada na cabeça e no pescoço; precisa tirar um raio X do tórax; e tome aqui uns antibióticos para o caso pouco provável de ser uma infecção.

Decidi fazer tudo quando voltasse à Inglaterra.

Minha médica inglesa apalpou o caroço.

— Você está perdendo peso? — perguntou ela.

— Ha-ha. Bem que eu queria.

— É o que todos dizem — comentou ela, sombriamente, e me mandou para o andar de baixo, onde fiz um ultrassom, não sem antes me extrair quase um braço inteiro de sangue para exames. O cara do ultrassom ficou me sondando; seu assistente era meio que fã do Maiden.

— Você tem problema com agulha? — perguntou. — Eu queria olhar esse seu caroço, extrair algumas células.

Era segunda-feira, 8 de dezembro. Na quarta, chegaram os resultados do exame de sangue, todos bons, mas eu sentia — eu *sabia* — que havia outra coisa.

Na sexta, me deparei com três chamadas não atendidas da médica.

— Apareceram células epiteliais escamosas na sua biópsia, que são cancerígenas.

Naquela noite, fui a um otorrinolaringologista. Um ano e meio antes, havia feito um check-up completo. Estava tudo ótimo.

Era uma sala gigantesca na Harley Street, com uma mesa enorme — e uma médica de aparência respeitável. Ela abriu o folder.

— Recebi um laudo atestando que você tem câncer na cabeça e no pescoço — disse ela, sem rodeios. Fui pego de surpresa pela abordagem tão decidida. Resolvi rebater.

— Ok. Como é que é isso? Onde está? Por quê? E como a gente se livra? — retruquei. Ela gostou da minha postura.

— É, até que você está encarando bem.

— Posso rolar no chão e mastigar o carpete se você preferir, mas vamos logo com isso.

— Tem algum plano para os próximos dias?

— Neste momento, meu único plano é me livrar disso, e minha única meta é conseguir. Se isso não der certo, terei que pensar em outro plano.

Na segunda-feira, passei por uma ressonância magnética da cabeça e do pescoço com um corante que tornava o câncer visível e me dava uma tremenda vontade de fazer xixi. Depois foi a vez do raio X de tórax e, na se-

FODA-SE O CÂNCER

quência, um dia no hospital sob anestesia, passando por biópsia na língua e em outros lugares.

Eu já começava a me sentir bastante importante, mas, apesar da fanfarronice, a tentação para cair em desespero era forte. Por cerca de três dias, só enxerguei hospitais, igrejas e cemitérios. Deus do céu, Londres era cheia dessas porcarias.

A caminho do pub, refleti sobre como me sentia a respeito do câncer. Ninguém tinha a resposta para a pergunta "Por que eu?". Na verdade, concluí, provavelmente é só um azar do cacete. Não havia ninguém querendo me liquidar e meu câncer era uma aberração. Pensei em odiá-lo, mas não sou bom em ódio duradouro — no que se refere à raiva, sou aquele sujeito de rompantes momentâneos. Eu diria que a vida é curta demais para se odiar o câncer; eu o tratei como um visitante indesejado e, com educação mas decidido, o expulsei da minha casa.

A pessoa que atuaria como minha segurança pessoal anticâncer seria o supervisor da rádio-oncologia do Hospital St. Bartholomew's, em Londres. Fiz os exames na segunda-feira, e na sexta, 19 de dezembro, sentei-me diante do dr. Amen Sibtain. Eu tinha dois tumores: um, de cerca de 3,5 cm — tamanho de uma bola de golfe — era o primário, localizado na base da língua; o outro, de 2,5 cm, secundário, estava alojado no linfonodo adjacente ao primário.

Aquele cheiro de podridão na minha garganta era o de células cancerosas necrosadas sendo escoadas do linfonodo. Bacana.

Cânceres são classificados de acordo com o tamanho e a propagação. Estágio 1 significa que o câncer é pequeno e está confinado; estágio 2, que é ligeiramente maior, mas não se espalhou; estágio 3 já indica certo grau de metástase; e estágio 4, que o câncer já se espalhou por grande parte do corpo.

Além disso, cada tumor tem características próprias, e suas células podem ser listadas, grosso modo, como: muito diferenciadas, moderadamente diferenciadas e pouco diferenciadas. Traduzindo: coladas umas às outras — fáceis de matar; moderadamente coladas — é possível que queiram passear um pouco; nada coladas — francoatiradoras agressivas cuja missão é causar estrago.

Para este tipo de câncer, em 80% dos casos as células são moderadamente diferenciadas, e o meu não foi diferente. No momento em que Amen falou pela primeira vez, de forma suave e gentil, acreditei que poderia ser curado.

A princípio me compadeci dele. Que tarefa ingrata ter de dar notícias tão ruins às pessoas e, por vezes, vê-las morrer. À medida que meu tratamento

BRUCE DICKINSON

progredia, porém, percebi que ele amava sua profissão e comecei a refletir sobre o que move um oncologista.

—Você é meio que um misto de atirador de elite e Sherlock Holmes — sugeri.

Ele sorriu. Além de tudo, gostava de rock. Só depois de me curar confessou que seu xodó era o Rush, e não o Iron Maiden.

—Você fuma? — perguntou ele.

— Não. Por quê? Faz muita diferença?

— São 20% a mais de chances de cura e 20% a menos de probabilidade de retorno.

Meu tratamento começaria em 5 de janeiro. Antes disso, tive que fazer uma visita à dentista, pois havia a possibilidade de ter de remover meus dentes. A radiação e o maxilar inferior não costumam se dar muito bem. Apesar de o tecido mole ser capaz de se regenerar sozinho com o tempo, o osso é afetado permanentemente.

A conclusão era que, se qualquer dos meus dentes precisasse de tratamento ou precisasse ser extraído no futuro, o procedimento teria de ocorrer já.

Eu não podia começar a radioterapia até que a região estivesse completamente sarada. Minhas glândulas salivares também corriam o risco de serem aniquiladas pela radiação, ainda que, graças à nova tecnologia, fosse possível recuperar a maior parte de sua funcionalidade. A saliva tem enorme capacidade de proteger os dentes.

Pouco antes eu havia perdido um molar em turnê. O canal havia se rompido, e passei duas semanas morrendo de dor, enquanto os antibióticos lentamente paravam de surtir efeito e tornavam a extração a única alternativa possível. Lá no fundo, havia me restado um solitário molar que mais parecia o platô onde se estende a fortaleza de Masada.

—Você estava considerando um implante? — perguntou minha dentista.

— Eu tinha considerado a hipótese. Por quê?

— Bom, a gente precisaria fazer e esperar sarar para poder...

— Adiar o tratamento, você quer dizer?

— Sim.

— Se eu não fizer esse implante, meus dentes vão ficar parecendo a Torre de Pisa?

Ela riu.

— Não, não é assim que funciona.

FODA-SE O CÂNCER

— Nesse caso, deixa eu tocar a vida e tratar o câncer.

Voltei ao consultório de Amen e fiz mais perguntas. Na verdade, um monte. Por exemplo: meu câncer havia sido causado por HPV?

— Bom, vamos esperar saírem todos os resultados.

Após receber o ok da dentista da oncologia, fiz outro exame. Desta vez fui amarrado a uma maca e criaram um molde termoplástico da minha cabeça e pescoço, molde que seria minha casa durante cada sessão de radioterapia.

Minha única tatuagem mais parece uma marca de caneta no meu esterno. Foi feita pelas enfermeiras para poderem alinhar meu corpo com uma precisão de frações de milímetro no equipamento de radiação.

Amen jogaria videogame com minha cabeça em 3D, disparando pulsos de radiação em ângulos diferentes e com intensidade variada para matar os tumores e irradiar quaisquer outros locais por onde a doença pudesse ter sutilmente se infiltrado.

Ele me avisou que eu perderia muito peso, ficaria muito cansado ao fim do tratamento e que meu sistema imunológico iria para o espaço.

— Dá tempo de eu te inserir um tubo de alimentação antes do Natal.

— Abrir um buraco em mim, você quer dizer?

— Sim. É bem simples. Muita gente não consegue se alimentar nos estágios finais, e é muito importante que você se mantenha nutrido.

— Não quero que abram um buraco em mim. Deixa que eu mesmo me alimento. Se não conseguir, aviso e você pode me enfiar um tubo pelo nariz.

Eu não iria me deixar entrevar em uma cama de hospital.

— Quanto tempo até eu me recuperar?

Amen pensou com cuidado antes de responder.

— Um piloto de caça da RAF esteve sentado onde você está, com exatamente o mesmo tumor. Levou um ano até ele estar saudável, em forma e corado novamente.

Um ano? Tempo demais. Eu já estaria entediado àquela altura.

— Comigo vai ser mais rápido — declarei.

Mal considerei a questão de voltar ou não a cantar, o que me surpreendeu. Percebi que amava a vida acima de tudo e que, se deixar de cantar fosse o preço a ser pago, tudo bem. Amen estava bem ciente do meu dilema.

— Já replanejei seu tratamento duas vezes. Levando-se em conta a superfície normal da anatomia, eu consigo evitar que a radiação atinja a laringe.

Como diz a música de Pat Benatar, *hit me with your best shot.*

301

BRUCE DICKINSON

Claro, toda a minha vida agora se resumia a vasculhar cada informação que surgisse quanto à radioterapia, aos percentuais de sobrevivência e a qualquer tipo de assistência alternativa capaz de ajudar. A questão dos dentes me havia assustado. Li sobre oxigenoterapia hiperbárica, uma possível forma de atenuar os danos ao osso.

— Está preocupado com aquele dente lá atrás, não é? — Ele sorriu.

Fiz que sim.

— Fique tranquilo. Estou passando o feixe de radiação longe dele para evitar problemas.

Dr. Amen Sibtain: mágico.

O Natal se aproximava. Eu estava determinado a comer e beber feito um porco e ganhar o máximo de peso possível antes de 5 de janeiro, quando a químio e a radioterapia teriam início simultaneamente, para durarem nove semanas.

Eu tinha de botar a casa em ordem, pois minha intenção era sair dessa pronto para a luta. Assim que iniciasse o tratamento, meu aval médico para voar nos Estados Unidos e no Reino Unido seria suspenso, e não seria fácil recuperá-lo. Em todo caso, enquanto ainda dispunha dele, renovei as licenças para 737 e 757 no simulador nos dias 3 e 4 de janeiro.

A turnê do Iron Maiden seria adiada, e Rod pretendia contar ao mundo que eu tinha câncer depois da virada do ano.

— Não dá para esse tipo de informação começar a circular sem controle. Com certeza você vai ser reconhecido enquanto estiver em tratamento. É melhor anunciar antes e ter controle sobre a informação. Além do mais, a gente precisa dizer algo aos promotores.

Por sorte, embora já estivesse basicamente montada, a turnê ainda não havia sido anunciada.

— Diga a eles que as razões são tumorais demais para listar — murmurei, soturno. — Não podemos pelo menos esperar até eu terminar o tratamento?

Relutante, ele concordou.

O combate ao câncer é uma luta solitária. Não quero soar sentimental, mas é uma condição tão intensamente pessoal que é difícil para os outros se aproximarem. As únicas pessoas capazes de combater o tumor são você, os médicos e enfermeiros.

Quanto mais eu pesquisava, mais me convencia de que qualquer vantagem que pudesse obter para vencer a batalha valeria a pena. Explorei as alternativas

FODA-SE O CÂNCER

antitumorais, e tanto óleo de semente de uva quanto um óleo de shiitake chamado AHCC haviam se mostrado promissores nos testes clínicos. Um estudo da Universidade do Texas também registrara a cura de infecções por HPV em seis de doze mulheres graças ao uso do extrato de AHCC.

Meu remédio de quimioterapia se chamava cisplatina, um dos primeiros a serem usados para este fim. Reduz tumores, mas é altamente tóxico para o resto do corpo. Baixei o estudo toxicológico do governo. Continha uma frase que era um primor de obscuridade: "O método a partir do qual isto é demonstrado não foi ainda completamente elucidado."

Em outras palavras, ninguém sabe por que esse remédio funciona, mas funciona. E, sim, o nome cisplatina está relacionado a platina; era isso que estava sendo injetado em minhas células. Eu tinha vários álbuns de platina e agora estava me transformando em um deles.

Eu permanecia sentado por seis horas no hospital com uma sonda que pingava vários litros de uma salina especial dentro do meu corpo. Depois, tomava um coquetel de remédios para não vomitar e por último a cisplatina em si. Ficava doidão.

— Enfermeira, o que tem nesse coquetel?

— Remédios contra enjoo.

—Tem esteroides?

— Sim, aos montes.

Os esteroides evitavam que meus rins entrassem em choque quando os álbuns de platina chegassem, e eu não iria para casa até que estivesse mijando platina feito um cavalo de corrida.

A primeira semana do tratamento foi como a guerra fajuta dentro da Segunda Guerra Mundial. Pouca coisa aconteceu, fora a perda do paladar, efeito colateral sobre o qual eu já havia sido alertado. Também havia chance de eu perder cabelo e, em protesto contra o câncer, deixei crescer uma barba espessa e repulsiva.

A cisplatina pode fazer mal à audição e também às faculdades mentais — o que se chama de "cérebro de quimioterapia". Encontrei um estudo da Universidade de Toronto que fazia experiências com aspirinas para aliviar os efeitos colaterais. A Universidade de Southampton, no Reino Unido, estava dando continuidade. Descobri as dosagens e me automediquei.

Fiquei sabendo que minha chance de sobrevivência era de 60%. Não fiquei muito feliz, mas já era 10% a mais do que meio a meio. Contudo, se meu

BRUCE DICKINSON

tumor fosse associado ao vírus do papiloma humano (HPV), as chances de sobrevivência subiam para 70%, podendo chegar a 90% em se tratando de um não fumante em forma.

Meu presente de Natal foi um telefonema do dr. Sibtain na noite do dia 24. Eu estava no supermercado.

— Boas notícias quanto às más notícias. Seu tumor é p16, o que muda por completo a sua probabilidade de recuperação.

Era o melhor presente de Natal possível, salvo se alguém tivesse dito que tudo não havia passado de um engano terrível.

A partir de então, livrar-me do câncer virou um trabalho como outro qualquer. De segunda a sexta, às onze da manhã, eu aparecia no hospital. Meia hora depois, estava de volta à rua com 2 Gy de radiação brilhando em minhas entranhas.

A rotina era a mesma: chegar, dar bom-dia, pôr avental, deitar na maca amarrado, quase sem conseguir respirar. A enorme máquina parecia um torno mecânico em volta da minha cabeça. Deitado, impassível, impossibilitado de me mover, eu era fotografado internamente, no intuito de comparar minha situação da véspera com a do dia. As portas de concreto de um metro de espessura se trancavam. Os ruídos feitos pela máquina iam se tornando familiares. Quando o feixe era ligado, havia três pulsos e eu contava os segundos, 45, mais 45, depois trinta.

Eu era bombardeado por raios X criados por fótons acelerados à velocidade exigida. Não havia qualquer substância radioativa na máquina. O feixe, portanto, era capaz de modular a intensidade da radiação para cada tecido da minha cabeça variando a potência dos fótons.

Não apenas isso, mas o feixe podia mudar de formato graças a um dispositivo chamado colimador. Pense em duas venezianas separadas por um ângulo de noventa graus capazes de abrir e fechar independentemente uma da outra, sendo que a espessura das minúsculas lâminas era inferior à de uma ponta de lápis.

Seguindo-se o mesmo padrão de 360 graus, era possível, portanto, despejar uma alta dosagem em cima dos tumores e doses menores nos outros linfonodos, tudo isso resguardando o tecido adjacente.

O que eu recebia se chamava radioterapia de intensidade modulada (IMRT), uma técnica inovadora. A enfermeira encarregada do meu caso, Mandy, me pediu que comprasse um barbeador elétrico e me deu um tubo de creme de barbear para o pescoço. À medida que o tratamento avançava,

FODA-SE O CÂNCER

os cremes mudavam, e a vermelhidão e as queimaduras da radiação ficavam mais evidentes.

Não precisei de analgésicos no início, mas pouco a pouco a radiação tirou o revestimento mucoso de minha língua, e meu sistema imunológico se esfacelou. Veio a candidíase oral, uma infecção comum, e os analgésicos tornaram-se mais fortes, até que nos últimos dez dias passei a tomar morfina por via oral.

Passei a ter dificuldade para dormir, comer, beber e falar. A dor causada pela exposição de todos os nervos da minha língua era intensa. Minha garganta estava inchada. Desenvolvi um sistema para conseguir dormir algumas horas. Corri as farmácias locais atrás de todos os anestésicos tópicos bucais disponíveis, embebi papel-toalha neles e passei em volta dos meus dentes de trás. Minha língua ficava dormente por tempo suficiente para eu cair no sono. Que maravilha.

Passadas as primeiras duas semanas, eu continuava fingindo que não havia nada de errado comigo. Ia ao pub, ainda que tudo tivesse gosto de água. Um dia meu peito começou a coçar. Dei uma olhada.

É o diabo do gato, pensei. Mas não, os pelos eram curtos demais. Era eu. Minha barba estava caindo. Não há protocolo para quando seu rosto começa a se desfazer na frente de seus colegas de copo.

Fui ao banheiro e cutuquei a parte de baixo do meu queixo. Os pelos simplesmente saíram na minha mão. Retirei mais um pouco e, quando já estava parecendo James Mason interpretando o capitão Nemo em *20.000 Léguas Submarinas*, voltei para o bar.

No dia seguinte, fui receber minha dose de radiação. Como ainda conseguia comer, fui a um café e pedi ovos mexidos e salmão defumado de café da manhã. O cheiro eu conseguia sentir, mas era como se estivesse comendo ovas de sapo — não tinha gosto de nada.

Cocei o rosto distraidamente. Na mesa à minha frente, me encararam com expressão de horror. Olhei para os ovos mexidos; aquilo não era pimenta-do--reino, mas pedaços de barba que caíam do meu rosto.

De volta para casa, fiz um novo ajuste. Ok, nada de James Mason; eu me saí com um belo visual à la d'Artagnan.

No dia seguinte, já havia caído. Restaram-me um bigode que coçava à beça e uns restos de costeletas. Em protesto, mantive o bigode. Todos detestaram, o que só me deixava mais determinado a mantê-lo. Eu tinha câncer — e você? Qual é sua desculpa?

Pouco a pouco, os efeitos colaterais começaram a surgir. Primeiro uma úlcera na boca, rachaduras na pele e a perda de peso. À medida que me alimentar foi ficando difícil, me senti grato por ser cantor. Uma das primeiras coisas que se aprende a controlar é a língua, por isso eu era capaz de achatá-la, abrir a goela e botar para dentro um bom punhado do que conseguisse antes de sentir dor.

Nas últimas três semanas de tratamento estava restrito a dieta líquida, e não podia falar, simplesmente porque mover a língua já era uma agonia.

O creme inglês foi o que salvou minha vida. Eu misturava uma dose de alto teor de gordura com um milk-shake medicinal e conseguia ingerir tudo em três ou quatro goladas. Ainda assim, todo o processo levava quase quarenta minutos, tempo em que, vez ou outra eu emitia um ruído bestial, na impossibilidade de gritar "Puta merda, como isso dói".

No início do tratamento, estava fazendo cinquenta flexões por dia, além de longas caminhadas ao redor do Regent's Park após as sessões de radiação. Eu levava livros para ler e me sentava nos degraus da igreja de Marylebone, onde havia uma banquinha de café ao ar livre. Conseguia sentir o cheiro, mas não o gosto.

Ano após ano, eu nunca havia me incomodado com meu próprio mau gosto para roupas — em particular, calças. Mas a falta de gosto em relação à comida me incomodou mais do que eu esperava. Biscoitos pareciam ter gosto de areia, chocolate, de massa de modelar. Eu só sentia uma vaga noção de sabor quando comia alimentos muito temperados, e isso por causa do cheiro.

Lentamente, minha energia começou a cair. Certo dia, fui ao supermercado, que ficava a pouco mais de duzentos metros de casa. Caminhei um pouco e voltei para casa na metade do caminho, quando percebi que não conseguiria dar mais um passo sequer. Estava esgotado. Era como se cada célula da medula óssea me dissesse: "Deite-se agora. Desista."

Sentei-me por alguns minutos em um muro de pedra baixo para me recuperar. Era fadiga. Eu achava que sabia o que era cansaço, mas a verdade é que não fazia ideia.

Bem no início do tratamento, eu havia planejado meu cronograma televisivo — pretendia assistir a muita coisa. A programação diurna era cheia de anúncios otimistas de associações de combate ao câncer, com direito a vítimas sofridas pedindo contribuições. Se nada daquilo me animasse, havia uma série de anúncios de seguro de vida, além de vários outros oferecendo auxílio-funeral.

FODA-SE O CÂNCER

Eu havia montado minha agenda de tratamento e recuperação em torno da reprise da clássica série de TV *Os vingadores*. Às 8 da noite de segunda a sexta, depois de uma reapresentação de *M.A.S.H.*, iam ao ar os episódios com Diana Rigg.

Minha 31ª e última sessão de radiação foi em 18 de fevereiro. Meu último ciclo de três semanas de quimioterapia começaria em 16 de fevereiro. O pico de radiação no meu organismo ocorreria dez dias depois da última dose, então continuaria agindo no meu organismo por pelo menos mais dois ou três meses, embora em taxas cada vez mais baixas.

Portanto, o pico do efeito da radiação e da químio seria em 28 de fevereiro. Calculei que esse seria o episódio em que Diana Rigg passava o bastão para Linda Thorson no papel de Emma Peel. Nesse dia, eu pararia de assistir a *Os vingadores* e reiniciaria o processo da normalidade, mesmo que precisasse fingi-lo.

A morfina por via oral foi uma tremenda decepção. Eu esperava no mínimo enxergar elefantes cor-de-rosa ou ter inspirações literárias — ou até o desejo de cortar a própria orelha e pintar quadros assustadores de narcisos. Quem me dera. Dava sono, não eliminava tanto a dor e, pior, me impedia de cagar.

A dieta líquida de creme inglês e milk-shakes também não contribuía muito, ainda que eu esvaziasse sachês de aveia diluídos no leite, em uma tentativa de ajudar minimamente o intestino a trabalhar. A soma de remédios contra enjoo e morfina acabava com qualquer esperança de funcionamento normal.

Ao rol de remédios, fora acrescentada então uma delícia de substância chamada Movicol. No começo, eu a encarei com um pé atrás. Já tomava vários comprimidos contra enjoo, de vez em quando esteroides, morfina por via oral e ainda acrescentam uma substância impressionante que criava uma segunda pele, como a de um lagarto, ao redor do meu pescoço, para impedir que a pele em si rachasse. Além de tudo, eu precisava tomar um monte de antibióticos e tirar minha temperatura constantemente para evitar uma combustão espontânea.

Já havia perdido mais de nove quilos e minha cabeça parecia pegar fogo. Mas, levando-se em conta que eu tinha recebido o equivalente a onze doses letais de radiação no corpo inteiro ao longo de 45 dias — tudo concentrado na cabeça e no pescoço —, não era de surpreender.

Meu corpo estava se consumindo. O dano às minhas células havia feito as equipes de reparos e meu metabolismo acelerarem. O dano ao tumor seria, assim esperava eu, permanente.

BRUCE DICKINSON

Nada disso fazia qualquer diferença para meu suplício intestinal. Em *A vida de Brian*, do Monty Python, há uma garota chamada Incontinentia Buttocks — incontinência anal. Quem dera.

Eu vivia com insônia. Duas horas de sono, mais a dor na língua, e eu já saía do quarto. O tratamento tornara meu ronco tão ensurdecedor que passar a noite em claro era um favor que eu fazia ao resto do mundo.

A Copa do Mundo de Críquete estava passando na TV. A Inglaterra não ia nada bem. Este, pensei, seria um momento simbólico para soltar um barro, em consonância com nossos rebatedores. Li as instruções, diluí em água uns dois sachês do temido Movicol, bebi e esperei. Nada se movia; nem os atletas ingleses conseguiam arrancar qualquer movimento de mim. Li um pouco mais das instruções. Já fazia dez dias desde a última vez em que eu conseguira soltar ao menos um cotoquinho. "Caso este medicamento não funcione, você pode estar sofrendo de impactação fecal."

Aquilo não soava nada bem. Parecia o prólogo de um filme de Hollywood sobre asteroides. "Impacto fecal..." A ideia de um asteroide saindo do meu traseiro me fazia tremer.

Recorri à Wikipedia. Digitei "impactação fecal", e eis que surgiu a terrível verdade, em toda a sua horrenda glória. Meu cocô havia virado concreto, e ali estava, em letras que deveriam ser vermelhas e berrantes, o aviso preocupante: "Em alguns casos, é preciso manipular as fezes."

Eu já havia tomado uma overdose de Movicol e nada de o filme começar. Cobri o chão do banheiro com jornal e tentei enfiar os dedos no traseiro para mover o tarugo preso ali dentro. Se eu fosse um chimpanzé, a vida teria sido mais fácil. Fui vasculhar a cozinha em busca de uma ferramenta que funcionasse melhor — um saca-rolhas, talvez, mas achei melhor não.

Após me agachar e sacudir o que estivesse ali, com o barulho do jogo de críquete ao fundo, eu finalmente me entreguei, sentei na privada e fiz alguns ruídos pavorosos. Não imagino como sejam as dores do parto, mas, com todo o respeito às mulheres, minha bola de críquete interna finalmente saiu, e meu medo era de que quase todo o meu ânus tivesse ido junto.

O corpo humano é duro na queda, porém, pelos dez minutos seguintes, expeli o que mais parecia um saco de limões. E eram limões de *Star Trek*: "Limões, Jim, mas não da forma como os conhecemos."

Três dias depois, levei o carro até a oficina para manutenção e peguei o trem de volta para casa — de Watford Junction até Euston. Está lá no meu

FODA-SE O CÂNCER

diário: "Croissant e latte." Pedi um croissant na estação e o mergulhei no latte para empapá-lo. Uma vitória começa com um pequeno passo.

Três dias depois, consegui comer macarrão instantâneo e salada. Levei três horas, mas consegui. Quando estava terminando, Mick Jagger passou do lado de fora da janela, em King's Road.

Estou quase tão magro quanto você, pensei, sorrindo.

No dia seguinte, comi bife e legumes. Em 15 de março, comi uma refeição completa e cheguei a sentir um pouco do gosto.

Por outro lado, eu parecia um membro do Village People morto de fome. Hora de dar adeus ao bigode. Meu sistema imunológico continuava na lona; meus linfócitos T tinham dado no pé. O resto do meu sangue estava em condições notavelmente boas.

O Maiden apresentou o álbum à gravadora, a Warner, em 2 de abril, e compareci à audição para mostrar que estava vivo e bem. Tirei dez dias de descanso em Lanzarote. Em 10 de abril, não consegui me controlar e tentei cantar no chuveiro. Foi horrível. Eu não tinha controle vocal algum; soava como uma vaca mugindo. Tentei não entrar em pânico. Só fazia um mês que o tratamento havia acabado. Jan, minha otorrino, disse:

— Nem pense em cantar até novembro.

Não é para tanto, pensei, *mas pelo menos até o fim de setembro*.

Há uma epidemia de cânceres de cabeça e pescoço causados por HPV. O risco de câncer cervical é bastante conhecido, e o exame de Papanicolau é bastante eficaz, mas não existe um exame equivalente para câncer oral.

Em um futuro próximo, os casos de câncer oral por HPV vão aumentar de 80% a 100% e ultrapassar os de câncer cervical. É uma epidemia ignorada pela imprensa, que prefere crucificar as vítimas com insinuações e reprovação, de uma forma que as pessoas julgariam ultrajante se fosse infligida a mulheres, também vítimas desse tipo de câncer.

Qualquer pessoa, de taxistas a músicos, passando por pilotos, diplomatas, médicos e engenheiros — basicamente qualquer homem que não viva dentro de uma sacola de plástico —, está sujeito a essa doença. É preciso que haja pesquisa, conscientização e prevenção. É um tipo de câncer altamente curável.

Na semana seguinte, fui palestrar em um jantar para advogados da Airbus. Sentei-me ao lado de um simpático canadense, um quarentão pai de três filhos. A primeira pergunta que ele me fez:

— Como está a sua saliva?

BRUCE DICKINSON

O olhar dele dizia tudo.

—Você também?

No pós-tratamento, eu tinha consultas a cada duas semanas com o dr. Sibtain, e ele estava radiante com meu progresso. Quando fui diagnosticado, eu havia subido quatro andares pela escada em vez de pegar o elevador. Foi uma grande alegria subir tudo novamente um mês após o tratamento. Valeu a pena só para ver o sorriso em seu rosto.

Ele me alertou que o exame para avaliar meus resultados só poderia ocorrer após pelo menos uns três meses.

— A radiação ainda continua ativa — explicou ele. — Só o que daria para ver seria um monte de círculos vermelhos.

Em 13 de maio fui fazer o exame. Dois dias depois, tive o momento de maior nervosismo da minha vida.

Estava curado.

— Resposta clínica total — disse ele.

Meu choque foi tamanho que fiquei tonto. Eu iria sobreviver. Li o laudo inteiro. No final, não entendi uma parte.

— O que é "anomalia anatômica"?

Amen começou a rir.

— Significa... que você um dia foi um peixe.

Pouco a pouco, o mundo voltou à vida em toda a sua glória, ou não.

Passei por um exame médico completo para reaver minha licença de pilotagem. O médico comentou:

— Não consigo achar nada de errado nele.

(A não ser pelas guelras e pelo rabo, é claro.)

Em seguida, vieram as provas para poder voltar ao assento da esquerda: materiais perigosos, segurança, treinamento técnico de atualização, treinamento contra incêndio e fumaça, primeiros socorros e, por fim, de volta ao simulador para seis meses de aferições.

Eu vinha pilotando o Fokker por puro prazer. Em 10 de julho, estava a bordo do meu primeiro voo com a nova companhia aérea, de Cardiff a Milão-Malpensa. Era um "voo-teste" para as autoridades de Malta. Eu estava de volta.

Infelizmente, voos de exibição com o triplano estavam totalmente fora de questão. Eu teria de renovar minha licença específica e treinar com a equipe, e a temporada de exibições já estava na metade.

310

FODA-SE O CÂNCER

A Administração Federal de Aviação dos Estados Unidos (FAA) me mandou uma carta muito gentil pedindo que eu devolvesse meu atestado médico. Ao contrário do Reino Unido, que meramente o suspendeu, a FAA o confiscou logo que os notifiquei sobre meu tratamento contra o câncer.

A máquina promocional do Maiden estava à toda. Voei até a selva mexicana para fazer uma sessão de fotos. Graças à radiação, minha barriga era de tanquinho, mas não a recomendo como programa de perda de peso. Repeti a pose do "hooligan de tanga com um bastão" do ensaio que Ross Halfin fizera anos antes nas Bahamas, e algumas das fotos ficaram ótimas.

A gravadora fretou um avião para uma edição especial da Bruce Air, na qual levei um grupo de fãs e jornalistas até Paris. Fomos até o estúdio Guillaume Tell, onde conversei com eles sobre o álbum. Era ótimo estar de volta ao comando no céu, mas igualmente ótimo ter os pés em terra firme e falar sobre música.

O projeto do 747 estava de pé novamente. A Air Atlanta Icelandic estava negociando com os empresários do Iron Maiden, e havíamos orçado alguns outros aviões para a turnê. Fui aos Estados Unidos e ao Canadá para uma série de entrevistas. O álbum havia sido muito bem recebido e todo mundo queria saber informações sobre meu câncer, todos alimentando a onda de tumores. Alguns jornalistas tentaram exercitar a compreensão responsável; outros foram pelo caminho dos golpes baixos e da vulgaridade.

Eu havia voltado a voar mas ainda não estava cantando. Na minha cozinha, olhava desconfiado para a gaveta de talheres e prestava atenção no barulho que fazia ao ser aberta. A casa estava deserta, e fiquei caminhando por ela. Setembro já havia passado e talvez, quem sabe talvez, algum som diferente do barulho daquela gaveta de talheres pudesse emergir da minha garganta.

Tentei "If Eternity Should Fail", composta originalmente para um álbum solo, mas repassada para o Iron Maiden. Foi uma das últimas que cantei antes de ficar doente; na verdade, talvez o tumor já estivesse crescendo durante a gravação da demo.

Eu mal podia acreditar no resultado. As notas mais agudas estavam todas lá. Aliás, pareciam mais puras do que antes. Meus médio graves não estavam muito confiáveis, e não consegui controlar o tom de algumas vogais — o "i", por exemplo. Meu falsete também não estava tão controlado, ainda que o gemido banshee uivante continuasse em evidência.

BRUCE DICKINSON

Ao longo das semanas e dos meses seguintes, procurei entender o que estava acontecendo. Entrei em processo de reabilitação vocal e teorizei sobre o motivo das mudanças. Iniciaríamos a turnê em fevereiro e faltavam três meses para os ensaios. Rod compensara o ano perdido agendando uma turnê mundial de 72 shows.

— Adoro sua confiança em mim, mas e se eu cantar que nem a minha cara?

Essa pergunta não tem resposta, é claro. Tentei analisar o que tinha e o que havia perdido — ao menos temporariamente. Minha teoria era de que, após o tumor ser extirpado, o que restou da superfície remanescente da minha língua havia mudado de formato. Imagine o colarinho espesso de uma Guinness. Se você não beber, as bolhas abaixo da superfície vão estourar aos poucos, e o colarinho diminuirá drasticamente de tamanho. Pois no meu caso as bolhas eram um tumor do tamanho de uma bola de golfe.

A língua é fundamental na formação de sons vocálicos complexos, e passamos a infância aprendendo a falar e treinando-a. O canto aumenta essa complexidade. O dr. Sibtain estava certo quanto à minha laringe — aparentemente, não tinha sido afetada. O gerador de notas estava intacto, mas a qualidade do produto final é fortemente influenciada pelo tônus muscular e pelos espaços nas cavidades do tórax, da cabeça e do pescoço. Fiz um plano para os ensaios: cantaria um pouco e depois me permitiria alguns dias de descanso na preparação para os ensaios com a banda.

Apenas oito meses se passaram entre receber alta e começar a cantar cinco dias por semana. Isso é que é uma margem apertada.

Dediquei-me a fazer o que podia do outro grande projeto — aprender a pilotar o 747. Só havia um grande problema: não tínhamos mais o avião. Dois meses antes da data prevista para o início da turnê, a Air Atlanta Icelandic perdeu o direito de uso do avião que nos fora alocado e nos reembolsou o depósito. O escritório do Maiden ficou em polvorosa. Peguei um voo e fui para a Islândia. O único jeito de descobrir o que estava acontecendo era cara a cara.

Conheci o CEO e o diretor comercial. Nos demos muito bem, e eles me explicaram o dilema. O único 747 que poderiam nos garantir teria de voar para os Estados Unidos para virar sucata dois dias depois do show em Donington.

A Air Atlanta Icelandic estava em vias de comprar duas aeronaves bem mais novas que haviam sido da Air France, mas o acordo ainda não fora fechado. Em vez de quebrar uma promessa, eles preferiram cancelar nosso contrato. Sugeri que usássemos a "sucata" só até o show em Donington. Pa-

312

FODA-SE O CÂNCER

garíamos para que fosse levada até sua sepultura, onde os motores, ainda em bom estado, seriam recuperados. O CEO disse que levaria a oferta ao dono da aeronave. Saí dali, tive uma refeição regada a muita bebida com o diretor comercial e voltei para casa no dia seguinte.

Ao pousar, havia recebido uma mensagem de texto: "Negócio fechado."

Três dias depois, outra: "Acordo com a Air France feito. Tudo de volta ao normal."

Era soltar um suspiro de alívio e voltar a me ocupar do resto do planeta.

Fiz algumas sessões no simulador com veteranos de guerra inválidos para a organização Help for Heroes e retornei a Sarajevo, onde os bósnios estavam dando os últimos retoques em um documentário bastante emotivo sobre a viagem que eu fizera para lá vinte anos antes. Devido ao tratamento contra o câncer, eu havia perdido a comemoração do aniversário de vinte anos, mas queria ajudá-los com um registro posterior e uma entrevista.

Em certos momentos era difícil reconhecer o local, mas de repente uma peça se encaixava e o quebra-cabeça de memórias retornava.

Para poder pilotar o 747 eu precisava de um emprego de comandante da Air Atlanta Icelandic. A exigência me obrigou a me sentar em casa com o laptop e o manual da aeronave. Terminei o curso teórico e fiz as provas finais: tudo certo. A fase seguinte seria o simulador.

Estávamos no inverno de 2015. Eu havia me exaurido. Peguei um resfriado. Aliás, fiquei encantado. Meu sistema imunológico estava funcionando como o previsto. A única coisa que continuava muito estranha era minha mucosa, que ainda não voltara completamente ao normal. Ter um resfriado e não precisar assoar o nariz é uma experiência das mais bizarras.

Que Natal diferente em comparação com o do ano anterior. Sentia-me abençoado por estar ali e, melhor, me sentia *vivo*.

Naquele momento o importante era eu recuperar o peso, mas não poderia fazê-lo comendo todas as minhas sobremesas favoritas. Embora a maioria das minhas papilas gustativas estivesse pronta para outra, as que detectavam o doce haviam sido seriamente danificadas pela radiação. Para o cara que sempre comia o Toblerone do frigobar e adorava se deliciar com creme de caramelo e barras de Crunchies, de início isso foi um golpe no moral.

Após alguns meses, as lembranças permaneciam, mas o desejo de ingerir açúcar havia sumido quase que por completo. Uma consequência imprevista da doença e do tratamento foi a conscientização de como eram horríveis

313

BRUCE DICKINSON

muitos dos "alimentos" (produtos, melhor dizendo) que eu havia botado para dentro por tantos anos.

A descoberta de que "sabor", em geral, não significa acréscimo de açúcar foi uma grande revelação. O consolo era que meu paladar para legumes, carne e leite estava 100%.

A cerveja era uma preocupação. Eu havia concebido a Trooper com papilas gustativas em plena forma. Como seria o gosto agora, e como eu conceberia futuras cervejas sem plena capacidade de sentir o sabor doce?

Inspirei-me no chef que não tinha olfato. Há vários outros sabores e aromas complexos com que se pode fazer experimentos na cerveja, além de açúcar. Meu primeiro teste foi a concepção da nossa nova marca, Red 'N' Black, uma stout/porter imperial. O mestre cervejeiro Martyn Weeks e eu nos sentamos para criar o sabor dela com uma paleta das cervejas existentes. Não tenho problema em admitir que estava nervoso. Percebi que conseguia detectar o doce, mas não sentia o gosto. Ainda assim, Martyn e eu concordamos em todos os aspectos da cerveja. Aliás, com isso passei a encarar com novos olhos a criação de uma cerveja, em uma abordagem mais aromática. Passei a dar muito mais importância às sutilezas da textura, do amargor e das notas finais. Ainda bem que minha velha favorita, a Fuller's ESB, nunca falhava.

Beber cerveja, evidentemente, é algo que se deve fazer bem longe de simuladores de aviação e carros.

Em 2 de janeiro, um dia gelado e com muito vento logo após o Ano-novo, eu já estava comparecendo ao recém-construído centro de treinamento da British Airways.

Que montanha-russa foi esse ano. Olhando mais para trás, que montanha-russa de vida. Dos altos e baixos da escola e da faculdade à mais longa e rápida queda livre de todos os tempos: ser membro do Iron Maiden.

Vivem me perguntando: "Você teria feito alguma coisa de forma diferente?" A resposta é um simples não. Uma pergunta diferente e mais interessante seria: "Você cometeu algum erro?" E a resposta para essa seria igualmente fácil: um monte.

Aprender a cantar e a se apresentar é uma prova de fogo que você supera por tentativa e erro. Já o treino de voo pode ser feito no simulador. Aprender a ser um aviador, só com experiência, e a experiência só se obtém com erros.

Conheci um dos meus mentores no 747. Ele me chamou em um canto da sala do café antes que meu parceiro de simulador chegasse.

314

FODA-SE O CÂNCER

— Como ficou sua saliva depois do tratamento? — perguntou.

Eu mal podia acreditar — mais um momento "você também". Passamos os vinte minutos seguintes falando sobre dentes, mandíbulas, saliva e seu amor por bom uísque escocês e carros de corrida velozes. Seu tratamento havia sido mais brutal que o meu, pois a tecnologia de quinze anos antes não era avançada a ponto de evitar a extinção de suas parótidas.

Mas ali estávamos e logo passaríamos a nos concentrar em coisas mais importantes — como uma máquina voadora de quatrocentas toneladas com capacidade de combustível de 170 toneladas que em breve estaria sob o comando do cara aqui.

Que sonho incrível para um menino de Worksop que bombou nos exames de física no ensino médio e precisou de três tentativas para passar nos de matemática.

Em algum lugar, meu velho avô Austin está tomando uma cerveja com meu padrinho, o 1º sargento John Booker, e provavelmente estão fazendo a conta do quanto gastaram juntos em aeromodelos de plástico. Na infância, nada se perde.

O mesmo entusiasmo infantil tomou conta de mim quando me sentei pela primeira vez no simulador do 747. Com todas as checagens completas e informações passadas ao copiloto, virei-me para o instrutor com um sorriso:

— Para que serve esse botão?

Posfácio

Uma autobiografia é uma fera estranha, das mais indisciplinadas. Seria uma sequência de eventos, como uma lista de compras? Uma seleção de piadas internas que na época pareceram engraçadas? Um exercício sem sentido, sobretudo se você acaba de terminar sua quinta versão do texto e tem apenas 25 anos? Minha resposta é que eu não queria que fosse nada disso. Só queria contar uma boa história. Originalmente escrevi mais de 160 mil palavras. Restaram menos de 110 mil.

Um monte de casos divertidos não entrou no texto final simplesmente por não fazer a narrativa avançar. Em algum lugar existe um livro dessas histórias, mas não seria uma narrativa coerente.

Se eu tivesse optado por incluir dirigíveis, esposas, divórcios, filhos e atividades empresariais, o livro chegaria perto das oitocentas páginas. Seria do tipo que as pessoas usam para cometer assassinatos ou ajudar a trocar pneus de ônibus em Londres. Uma coisa é certa — teria sido um presente de Natal que ninguém leria.

Quando comecei a escrever, tomei uma decisão: nada de nascimentos, casamentos ou divórcios, meus ou de qualquer outra pessoa.

Aqui já tem muita história. Qualquer coisa além disso teria sido um bombardeio excessivo. E bombardeios excessivos, como bem observou Winston Churchill, servem apenas "para sacudir destroços".

Agradecimentos

A Mary Henry, por traduzir e transcrever a Pedra de Roseta do Bruce acima de qualquer expectativa.

A Rod Smallwood, pela liberdade para realizar este trabalho, e a Andy Taylor, por afastar o mau-olhado.

A Dave Shack, por liderar a equipe, e a Ed Stewart-Lockhart, Sarah Philp, Helen Curl e Jake Gould, pela luta.

A todos na HarperCollins, quem quer que sejam, principalmente a Jack Fogg, meu editor e guardião do farol.

A Dave Daniel e aos demais da CSA Agency, vocês sabem quem vocês são.

Trens, aviões e pubs onde fiz meus rabiscos, e aos travesseiros de hotel em que descansei minha cabeça depois de escrever.

Créditos das imagens

Todas as fotos dos encartes são cortesias do autor, exceto:

© Associated Press/Enric Marti, p.13 (acima); © Dimo Safari, p.14 (acima); © Guido Karp, p.12 (acima); © Hans-Martin Issler, p.12 (abaixo); © Iron Maiden, 1993, p.12 (meio); © Iron Maiden, 2003, p.14 (meio, abaixo); © Iron Maiden, 2014, p.15 (meio); © John McMurtrie, pp. 8 (meio, à esquerda), 10 (abaixo), 15 (acima), 16 (abaixo, à direita); © Maiden Brews, 2013, p.15 (abaixo); © Phil E. Neumann, p.3 (acima, meio, abaixo); © Rob Grain, p.4; © Ross Halfin, pp. 5 (acima, abaixo), 6 (acima, à esquerda; acima, à direita; abaixo), 7, 8 (acima, no meio; abaixo, à esquerda, abaixo, à direita), 9 (acima, abaixo), 10 (acima), 11 (acima, abaixo), 16 (abaixo, à esquerda); © Simon Fowler, p.8 (acima, à direita); © Tony Mottram, p.8 (acima, à esquerda).

Embora todos os esforços tenham sido feitos para encontrar os detentores de copyright do material aqui reproduzido a fim de obter as permissões cabíveis, os editores gostariam de se desculpar por qualquer eventual omissão e se disponibilizam a incorporar os créditos em uma eventual futura edição deste livro.

1ª edição	MARÇO DE 2018
reimpressão	OUTUBRO DE 2022
impressão	BARTIRA
papel de miolo	PÓLEN NATURAL 70G/M²
papel de capa	CARTÃO SUPREMO ALTA ALVURA 250G/M²
tipografia	BEMBO